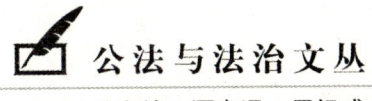

公法与法治文丛

总主编：谭宗泽　周祖成

国家社会科学基金资助项目（批准文号：07XFX012）

行政许可执法制度研究

曾哲 著

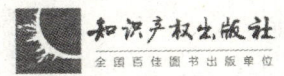

知识产权出版社

全国百佳图书出版单位

图书在版编目（CIP）数据

行政许可执法制度研究/曾哲著. —北京：知识产权出版社，2016.1
（公法与法治文丛）
ISBN 978–7–5130–3964–2

Ⅰ.①行… Ⅱ.①曾… Ⅲ.①行政许可法—行政执法—研究—中国 Ⅳ.①D922.114

中国版本图书馆 CIP 数据核字（2015）第 313394 号

内容提要

任何制度都必须服务于社会、适应时代的发展需求，行政许可执法制度也应在经济社会发展中寻求变革。笔者正是在这样的思想指导下，对行政许可执法制度进行研究，反思其中存在的问题，并寻求一种改革的思路。本书共分六章，分别为行政许可执法的实质与许可制度的改革原因、行政许可执法制度改革的程序、行政许可执法制度改革中的问题与矛盾、行政许可执法管理、公众参与行政许可执法制度研究和行政许可执法制度理论、研究与评价。

责任编辑：甄晓玲　　　　　　　　　责任出版：刘译文
封面设计：邵建文

行政许可执法制度研究
曾哲　著

出版发行：知识产权出版社有限责任公司	网　　址：http://www.ipph.cn
社　　址：北京市海淀区马甸南村 1 号	天猫旗舰店：http://zscqcbs.tmall.com
责编电话：010–82000860 转 8393	责编邮箱：flywinda@163.com
发行电话：010–82000860 转 8101/8102	发行传真：010–82000893/82005070/82000270
印　　刷：三河市国英印务有限公司	经　　销：各大网上书店、新华书店及相关专业书店
开　　本：720mm×1000mm　1/16	印　　张：15.25
版　　次：2016 年 1 月第 1 版	印　　次：2016 年 1 月第 1 次印刷
字　　数：260 千字	定　　价：45.00 元
ISBN 978–7–5130–3964–2	

出版权专有　侵权必究
如有印装质量问题，本社负责调换。

总 序

  公法和私法划分的观念可以溯至古罗马时期，时有伟大法学家乌尔比安为之代言："公法涉及罗马帝国的政体，私法则涉及个人利益。"鉴于罗马法对欧洲法学的巨大影响，这种分类遂流行于大陆法系的法学理论。19世纪伊始，权力向国家的逐渐集中带来了公法的日趋繁盛，公法与私法判然有别亦为必然。然则，19世纪末叶私法独立于国家与社会的观念却趋于消隐，私法公法化似不期而至。虽屡遭批判，公私法的划分并未沦为大陆法系的历史遗迹，反而因对英美法系的成功植入而具有了普适性。公法学家不再是德法等欧陆国家的专利，我们同样见证了美国法学旗帜从肯特、斯托里、卡多佐、霍姆斯向沃伦、马歇尔、伦奎斯特等宪法阐释者的传递。必须承认，各国思想起点不同，历史发展不同，公法理论亦有所差别。然而正如著名公法学家莫里斯·奥里乌（Maurice Hauriou）所言，政治权力与法律之间关系的难题应当是一切公法理论的轴心。据此，公法理论的对象既是政治的，也是法学的，国家不仅仅是支配和管理的体系，也是法律制度的集合。因此，国家与法律之间的关系、国家如何顺服法律之治即为全部焦点所在。

  中国法治进程道路艰险，历经曲折，不啻为一次新的长征。过往无须赘述，前景尚待明察。目前，全面推进依法治国、加快建设法治中国的基调业已定下，这就要求我们必须坚持依法治国、依法执政、依法行政共同推进，坚持法治国家、法治政府、法治社会一体建设。作为一项宪法原则的法治原则，具有至为丰富的含义。但如果搁置宏大叙事，转向一种极简主义的立场，就意味着所有人、所有权力，不管是公共的，还是私人的，都应受到公开而事先颁布的法律的约束，并得分享其利益。鉴于长期与人治思维搏斗的特殊语境，如何限制当权者的恣意权力仍然是我国法治事业的第一要务。但同时也要看到，法治的目标在社会，在人的生活与生存状态。就此而言，法治并非目的，只是达成理想社会状态的手段，我们不能从一个无视法律的社会状态走入一个刻板地遵从法律的社会状态。以法为名而无视人的生活与生存，甚至践踏人的人格尊严，绝对不是法治所应有的状态。法治不是简单的法律之治，不是简单的严格执法，法治是一种价值追求和权利得到普遍尊重的社会存在状态，不同的利益诉求都能在法律上找到合理的平衡并有效协调各种冲突，法治是实现人类美好生活的重要路径选择。我们之所以崇尚法律，不是因为它是法律，而是因其符合我们的生活需求，使我们能协调共存和协同发展。法律以社会为基础，通过法律的社会作用建设法治中国，实现国家富强和人民幸福，这才是我们的目的。在法治建设的过程中，固然需要借鉴有益的理论与经验，但并无普遍适用的模式与方法，从中国实际出发，根据中国问题创造性地寻求自己的发展道路，才是正道。中国如何走向法治，如何不致误入歧途乃至背道而驰，如何把法治与人的幸福生活有机协调，使法律以其规范功能在平衡不同利益冲突过程中展现社会的发展空间和道路选择，提升人类文明，是法治建设不能不注意的问题。正因如此，基于中国特色的法治理论对于刻下中国之法治实践意义非凡，也是本文丛希冀有功于此的目标指向。

　　与法治事业的发展同步，我们也强烈地感受到近年来学界的成长与潜能。优秀丛书精彩纷呈，应接不暇；青年才俊纷纷涌现，活力无限，他们既是动力之源，也是未来的生力军。在建设法治中国的大背景下，作为法学研究者的担当和对创新的追求，我们策划了这套文丛，期望为优秀作品助产，为杰出学者铺路，为学术大厦添砖。

　　西南政法大学向来重视学术研究和学术传承，既深入经典，又关注现实，一直在学术道路上辛勤耕耘。行政法学院作为学校一个重要的法学院，在组建时就被要求承担起公法和理论法学的教学与研究重任，故学院集中了全校相关方面的研究力量，这为学院的发展奠定了良好的基础。在老一辈学者的艰辛努力、带动和培养下，学院师承相继，薪火相传，造就了一大批优秀的中青年学者，他们辛勤育人，笔耕不倦，为学术繁荣和学院发展做出了重要贡献。学院作为教学和学术研究的组织者，志在通过提供条件和服务，让每位老师都能全身心投入教学和科研。在这一过程中，我们提倡和鼓励有组织的科学研究，通过团队组织集体攻关，研究一些重大的学术问题，并在相互研讨启发中寻求学术突破。为展现大家的研究成果，也为使研究更加系统和有针对性，我们组织出版这套文丛，衷心希望得到各位同仁的关注和指教。

谭宗泽　周祖成
2014 年 9 月于重庆

序 言

中国的行政许可执法问题让人唏嘘不已,其许可执法的独特性和权力行使的自由性令人难以置信。我国有不少学者从法治文明或是儒家思想源头的角度进行思考,认为行政许可执法制度在不同的时代背景下有不同的内容。为此,笔者仔细梳理和收集了《行政许可法》实施以来的有关行政许可执法的文章和典型案例并对之进行研究,于2013年由中国人民大学出版社出版了《行政法与行政诉讼法案例教程》一书,获得了来自教学和实践线上的师生乃至法官的好评,这更加促使我借助国家社会科学基金项目支持之力,努力来完成本书的写作。当然基于社科基金项目结题的严格要求,使我对行政许可执法制度的分析更全面、更精确和详尽。

为什么我要这样表达,行政许可执法制度在倡言"依法治国"的当下为何会引起学者们这么大的兴趣并展开了这么多的讨论,甚至国外学者也会广泛参与有关中国行政许可执法制度的权力边界的探讨?我认为,人们正在寻求并迫切地需要一个关于中国行政与现行法律无缝对接的思维框架,而问题恰恰是强大的政府之行政权往往凌驾在法律许可的文本之上,无论是《行政许可法》或是《行政强制法》,每遭遇政府时就会变得"没有法"。近十余年间,行政权一直呈伞状支开,几乎遮蔽了人民应该享有的国家惠泽,特别是在行政许可、行政审批、行政给付领域,执法权变成了行政官员权力寻租贪腐的温床。随着"依宪治国""依法行政"的决议的深入,人们需要一个新的思维和框架来理解执政党领导下的政府,来化解过去政府与国民之间林林总总的矛盾,来寻找新的协调模式替代。

记得民国时期法哲学大师冯友兰在《中国哲学史》的审查报告中曾说,两千年来的华夏民族所受儒家学说之影响最深最巨大者莫过于在制度法律和公私生活权利法律方面。而我们所论的行政许可执行之法律，实则是关乎政府、国家制度层面和国民公私生活方面的权力与权利享有的平衡。不论从其民事、刑事法律层面，还是从行政处罚、行政复议、行政强制法、行政监察到最后的行政许可执行程序的法律视角，我们都能够明了中国行政法律秩序和执行制度生成、衍化、嬗变的诸多因素。应该说，我国的行政许可制度是独树一帜的。

事实上，在中国这样一个多元的行政执法主体国家，虽然所有行政均通过法律授权而产生，但就法律与国计民生之间的关系而言都没有行政许可和行政执行与国民之生存发展关系那样至关重要。如果中国的政府与国民的关系还是像过去那样继续与民争利，还是无限制地放大手中本是由人民赋予的权力，任由权力溜出制度的笼子、刺破法律许可的面纱，那么，中国则很难完成民族伟大复兴的梦想，复归到人民心中的那份神圣与期待。此外，未来的中国行政权，应避免与百姓之间的任何紧张状态和对抗因素，行政法、行政许可法或是行政强制法，其法益的根本宗旨无外乎是欲使法变为"捆住政府手脚的绳，保护百姓权利的伞"。即便很难做到，但我心依然期许。

谨以此为序言。

曾 哲 于西南政法大学天高鸿苑寓所
2014 年 12 月 30 日

目 录

第一章 行政许可执法的实质与许可制度的改革原因 …… (1)
  第一节 行政许可执法的定义 …… (1)
    一、行政许可内涵的学理阐释 …… (4)
    二、行政许可执法的定义 …… (7)
  第二节 行政许可执法制度的历史沿革 …… (8)
    一、中国行政许可制度的产生和发展 …… (8)
    二、行政许可制度在西方的发展历史 …… (12)
  第三节 行政许可的分类 …… (13)
    一、国外关于行政许可的分类 …… (14)
    二、国内关于行政许可的分类 …… (15)
  第四节 行政许可执法制度改革的理由和进路 …… (23)
    一、行政许可执法制度改革的原因 …… (24)
    二、行政许可执法制度改革的稳妥与必要性 …… (28)
    三、行政许可执法制度改革的目标与进路 …… (32)

第二章 行政许可执法制度改革的程序 …… (35)
  第一节 行政许可执法制度改革程序与内容 …… (35)
    一、几组相关概念的学理厘析 …… (36)
    二、我国行政许可执法制度的历史沿革与现状分析 …… (37)
    三、行政许可执法制度的改革举措 …… (40)

第二节 制度的核心要素：信息、参与、责任 ………………… (43)
　一、信息要素 ……………………………………………………… (43)
　二、参与要素 ……………………………………………………… (47)
　三、责任要素 ……………………………………………………… (51)

第三节 行政许可模式对应的执法变化 ………………………… (54)
　一、执法方式的一般内涵 ………………………………………… (54)
　二、《行政许可法》的颁布对执法方式变革的影响 …………… (54)
　三、相对集中行政许可 …………………………………………… (55)
　四、行政许可执法中的协商机制 ………………………………… (57)

第四节 例外、免除与规避 ……………………………………… (61)
　一、例外与免除 …………………………………………………… (61)
　二、规避 …………………………………………………………… (64)

第五节 许可执法的规则及其外延扩张 ………………………… (67)
　一、行政执法规则与行政许可执法规则 ………………………… (67)
　二、行政许可执法规则的内容 …………………………………… (68)

第三章 问题与矛盾 ……………………………………………… (73)

第一节 行政许可执法制度的多元类型 ………………………… (73)
第二节 行政许可执法制度创新质的飞跃 ……………………… (77)
　一、政府许可执法理念的柔性转变 ……………………………… (77)
　二、新时期行政方式的温和变革 ………………………………… (79)
　三、进一步明确许可执法制度创新的方向 ……………………… (83)

第三节 行政许可执法制度改革的时效性 ……………………… (87)
　一、行政许可执法制度改革是当前经济发展的必然要求 ……… (87)
　二、行政许可执法制度改革是转变政府职能的客观需要 ……… (88)
　三、行政许可执法制度改革是其制度内在价值的要求 ………… (90)
　四、行政许可执法制度改革是建设法治中国的要求 …………… (92)

第四节 改革的参与性 …………………………………………… (94)
　一、执法主体要体现出广泛性 …………………………………… (94)
　二、执法责任问题 ………………………………………………… (96)

三、关于机构设置 …………………………………………………… (98)

　第五节　官僚的行政自由裁量权 ……………………………………… (98)

　　一、官僚，尤其是"街头官僚"的决策分析 …………………………… (99)

　　二、官僚的行政自由裁量权存在的领域以及隐含的问题 ………… (101)

　第六节　不可分割的行政权强制问题 ………………………………… (106)

　　一、行政许可执法的法律依据问题——强制执行法的缺失 ……… (107)

　　二、强制执法中的证据问题 ………………………………………… (109)

　　三、执法人员自身的问题 …………………………………………… (110)

　　四、行政机关之间的干扰 …………………………………………… (112)

第四章　行政许可执法管理 …………………………………………… (113)

　第一节　政府行政许可权管理 ………………………………………… (113)

　　一、有限政府：政府行政许可权管理的理论基础 ………………… (113)

　　二、简政放权，是有限政府的必由之路，也是政府行政许可权的
　　　　创新管理 ………………………………………………………… (115)

　　三、政府行政许可执法的相关配套制度 …………………………… (120)

　　四、行政许可管理：凝聚改革合力，释放社会经济活力 ………… (126)

　第二节　机构层次的管理 ……………………………………………… (127)

　　一、行政许可设定权管理 …………………………………………… (127)

　　二、行政许可实施机关管理 ………………………………………… (132)

　第三节　专项改革管理公用事业之特许经营权 ……………………… (138)

　　一、公用事业特许经营权内涵及发展 ……………………………… (138)

　　二、公用事业特许经营地方立法的权限及现状 …………………… (139)

　　三、公用事业特许经营立法困境消解的前提性问题 ……………… (140)

　　四、公用事业特许经营权亟待立法变革 …………………………… (146)

第五章　公众参与行政许可执法制度研究 …………………………… (148)

　第一节　公众参与理论分析 …………………………………………… (149)

　　一、公众参与理论的兴起——从传统行政法模式到
　　　　参与式行政法模式 ……………………………………………… (149)

　　二、公众参与的基础——公民社会 ………………………………… (153)

三、公众参与机制研究 …………………………………………… (158)
  第二节　公众参与行政许可执法制度 …………………………… (163)
    一、公众参与行政许可执法的必要性 …………………………… (163)
    二、公众参与行政许可执法的内容 ……………………………… (166)
    三、公众参与行政许可执法的案例分析 ………………………… (172)
  第三节　完善公众参与行政许可执法制度 ……………………… (175)
    一、公众参与行政许可执法的法律保障 ………………………… (175)
    二、公众参与行政许可执法的过程完善 ………………………… (177)
    三、公众参与行政许可执法的后续监管 ………………………… (181)

第六章　行政许可执法制度理论、研究与评价 ………………… (186)
  第一节　行政许可执法制度改革及其构建理论的价值与研究现状 … (186)
    一、行政许可执法制度之理论基础与研究现状 ………………… (186)
    二、行政许可执法制度改革的路径选择 ………………………… (188)
    三、行政许可制度改革的价值取向 ……………………………… (191)
    四、行政绩效维度下的行政许可执法制度之评价 ……………… (201)
  第二节　行政许可执法制度改革理论的要素 …………………… (202)
    一、主体：市场和第三方机构在执法过程中作用的强化 ……… (202)
    二、工具：行政许可执法的制度成本及其效益分析 …………… (205)
    三、制度：透明性与利益的平衡性 ……………………………… (206)
    四、发展路径：行政许可执法的改革发展方向和路径选择 …… (208)
  第三节　行政许可执法存续现状与制度重构 …………………… (209)
    一、许可执法原则：合法性与合理性 …………………………… (210)
    二、许可执法主体：政府角色的重新定位 ……………………… (213)
    三、许可执法方式：差异性的行政许可执法过程 ……………… (214)
    四、对于执法结果的监管和行政相对人的法律救济 …………… (216)
  第四节　评　价 …………………………………………………… (218)

参考文献 ………………………………………………………… (220)

跋 ………………………………………………………………… (229)

第一章　行政许可执法的实质与许可制度的改革原因

第一节　行政许可执法的定义

从"行政许可执法"一词的词汇构成及其现代汉语语义进行研究，其属于典型的合成语汇结构：可以理解为"行政许可"和"许可执法"，这两个词均与《行政许可法》《行政处罚法》《行政强制法》等法律和国家强制性法规的许可执行有关。特别是近年来，政府在推动法治政府、法治中国的社会实践中，将"行政许可执法"作为一项既是历史的又是崭新的课题呈现在我们学界和广大行政与执法实务部门面前。西方宪政的"大社会小政府"之理论及其言说，其中最核心的一点就是用人民的权利限制政府或是国家权力的无限扩张，在具体的执政行政过程中，则演变为行政许可执法这一令国民忧心的问题——多年所形成的一个痼疾"令苛则不听，禁多则不行"。[1] 意思是：法令过于严厉，人们反而不听从；禁令过于繁多，反而不能执行。如是，当下中国之行政许可及其执行制度改革变迁的复杂性和面临的困难，远不是法令的严苛和禁令的繁多造成的，可能还存在更多更深刻的社会历史原因和制度原因，亟待我们研究。

其实，韩非子早在《心度篇》中就说过"法与时转则治，治与世宜则有功"。意思是：政府许可执行的法度能够跟着时代一起变化，就会使国家安定；治理的方式方法能够与社会实际相适应，肯定就会有成绩，社会就会发展

---

[1] 出自《吕氏春秋·适威》。

进步。基于中国乃至世界的行政法律法规维度以观，当下，除了中国以外，世界上还没有哪一个国家制定了专门的《行政许可法》对行政许可进行规范。但是，大多数国家都在其行政程序法及单行法律中规定了行政许可，如德国、美国和日本。❶

古贤云：一马之奔，无一毛而不动；一舟之覆，无一物而不沉。意思是：一匹马在奔跑时没有一根毛不是跟着震动的，一条船遭遇颠覆后，船上所有的东西都会因之而沉没。古人以此来比喻国家的最高治者和赖以御制的法律对百姓、对整个国家有着举足轻重的作用。若按照现行宪法和行政法推演："共和国的百姓，是主人；中央和地方政府是替老百姓办事的机关，但政府公共权力机关如果损害了主人的权利，怎么办呢？共和国的法律，是管老百姓的，同时也是管国家和政府公权机关的。如果老百姓违法，国家公权的处罚或法律制裁即随之而至，但各级政府机关或政府机关工作人员行法而违法，那又怎么办呢？"这是民国时期法学研究会会长居正在为南京中华民国政府《诉愿法》颁行所题写的序言之语。其实对行政许可执行的尖锐问题，近代以降就一直毫不隐讳地存在着。

建基于上述问题意识，我们将着重研究政府公共权力在抽象行政和具体行政中是如何规范行政许可与行政强制执行中的权力制约和权利救济。

本题原初立项的名称为行政许可执法制度改革研究，作为立项者的初衷是从完全学术语境来研究解决行政许可执法制度的理论和实践问题，后来在研究中发现，具体的执行法律规范会受其具体环境、对象、措施的影响，传统意义上的执行制度面临诸多现实的挑战。因此，笔者不得不将研究的视角放到制度和文化理论的层面。

梁启超曾经写过一篇文章叫《学与术》，对于传统哲学社会科学课题研究有着独到的洞见和体悟："学也者，观察事物而发明其真理者也；术也者，取所发明之真理而致诸用者也。"这是迄今为止笔者看到的对学术一词所做的最明确的注疏。在行政法学领域里，行政许可与行政强制两大执行系统将"学与术"连用，其意既深刻又深远。学的内涵贵在能够提出研究对象的制度成因，形成建立在积累知识基础上的理性认识，在行政许可执行制度改良之学理和法理上有所发展和创新。术则是这种理想认知的进一步深化和在行政执法与

---

❶ 顾爱平：《中国行政许可制度改革探究》，苏州大学，2005年，第2页。

执行制度之中的具体运用。梁启超曾经告诫学界："学者术之体，术者学之用。"传统法哲学中"体与用"的关系，演化为通俗不过的"学主知，术主行"的法律制度规范与执行制度规范的关系。

具体到行政许可执法制度，上述理论可谓发挥得淋漓尽致。我国的行政许可制度是独树一帜的，其形成与发展和我国的市场经济息息相关，可以说许可制度是我国发展市场经济的一种管制手段。在改革开放之前，强调的是计划，经济的性质属于计划经济，生产什么或者需要什么都要按计划来，所以存在很多的行政审批，只有审批之后的计划才可以纳入生产销售之中，产品的流通通道是受到许多限制的。这样极端管制的思想在改革开放之后不断受到冲击并慢慢有所改变，但是行政审批并没有从此消失，而是一直存在于行政法学之中，审批和许可在学理上讲是一类概念，是相同概念的不同表达。不可否认的是，许可在我国经济发展中发挥了重要的作用，然而因受管制、审批和计划思想的影响，很多事务都被纳入许可中来，没有重视市场的作用，因而也出现了不少的问题。从20世纪90年代开始，我国一直在进行行政审批制度改革，并取得了显著效果，到21世纪初，《行政许可法》开始施行，许可制度的发展进入一个新的阶段。虽然如此，在许可制度的具体执行过程中，存在的问题还是不少，主要表现为：行政许可执法主体混乱、职权划分不清、许可管辖不明，尤其是省（市）与县（区）两级政府的许可职权非常模糊，同级政府的部门之间权责相互交叉，导致"多重""多头"许可的现象严重地存在着；行政许可执法程序复杂烦琐，现有的"行政审批中心"或"一站式审批"流于形式且并未发挥出应有的作用，政府部门各自为政，许可环节在"依法行政"和各种技术性标准审查的名义下有增无减；行政许可执法责任制尚未得到健全和完善，这不仅表现为《行政许可法》中所规定的"法律责任"没有得到严格的遵循和执行，而且还表现为行政许可过程中存在推诿扯皮、超延时限、效率低下的现象，行政许可过程中的法律监督和行政相对人的权利救济也还存在许多问题。由此可见，在当前和今后一个相当长的时期内，《行政许可法》的贯彻实施及其执法制度的改革完善依然是我国建设法治政府的关键。2012年8月下旬，国务院又取消和下放一批行政审批事项，至此，国务院10年来分6批共取消和调整了2497项行政审批项目，占原有总数的69.3%。并且此次和以往不同的是，确立了以广东省为行政审批事项改革的试点，批准其"先行先试"，这是我国第一次在省的层面上对审批制度改革进行探索，是行政许可制度改革中的一个很重要的措施。在减少行政审批事项的同时，也由以前的"重审批、轻监管"逐步转变为"轻审批、重监管"。所以行政许可执法制度改革将是完善许可制度的一个重点。我国的经济已经获得长足的发展，但是审批制度因循不变，这在很大程度上限制了经济的发展，如何让制度更好地服务于经济的发展，探索合适的许可制度，是改革面临的首要问题。

任何制度都必须服务于社会，适应时代的发展需求。在我国经济社会发展变化的情况下，制度不能一成不变，因循守旧的思想必定会影响发展，导致落后。行政许可执法制度也必须在经济社会发展中寻求变革。笔者正是在这样的思想指导下，对行政许可执法制度进行研究，对其中存在的问题进行反思，从学理上寻求合理的答案，以寻求改革的思路。

一、行政许可内涵的学理阐释

科学界定行政许可的内涵是研究行政许可执法制度改革的逻辑起点。当前，我国《行政许可法》第2条规定："本法所称行政许可，是指行政机关根据公民、法人或者其他组织的申请，经依法审查，准予其从事特定活动的行为。"虽然我国的《行政许可法》已经明确了行政许可的内涵，但是，到目前为止，理论界和实务界对行政许可的内涵还没有形成统一的认识，仍然争论不断。

"对行政许可性质问题上的不同态度决定了在描述行政许可的基本内涵时存在着不同的看法和观点。"[1] 对行政许可性质认识的不同在很大程度上决定了对行政许可内涵界定的不同，归纳起来主要有以下三种观点：

第一，"赋权说"。这种观点认为，行政许可是行政机关的一种授益性行政行为，是对行政相对人权利的赋予，即行政相对人原本没有这项权利或者资格，是行政主体根据行政相对人的申请给予相对人的权利或资格，行政相对人权利的享有和资格的获得取决于行政主体的最终决定。绝大多数的学者持此观点，如美国公法学者伯纳德·施瓦茨认为："许可是行政机关允许相对人从事某种活动、授予他某种权利的行为，即许可是赋权行为。相对人本没有这项权利，只是因为行政机关的允诺和赋予，才获得该项一般人不能享有的特权。"[2]

---

[1] 应松年：《行政许可法教程》，法律出版社，2012年版，第3页。
[2] 伯纳德·施瓦茨：《行政法》，徐炳译，群众出版社，1986年版，第7页。

张树义教授认为:"行政许可是行政机关根据管理相对人的申请,依法赋予其从事某种法律所禁止的事项的权利和资格的行为。"❶ 与此相类似的还有,"行政许可是行政主体应行政相对方的申请,通过颁发许可证、执照等形式,依法赋予行政相对方从事某种活动的法律资格或实施某种行为的法律权利的行政行为"❷,"行政许可的特征是赋予相对人从事某种特定行为的自由和权利,是一种权利性行政处理决定"。❸

第二,"解禁说或恢复权利说"。在该理论看来,行政许可是对法律所一般禁止行为的解禁,是对相对人自由的恢复。某事项在设定许可前是人人可为的行为,但是一旦设定许可,就受到了限制,只有通过许可才能恢复自由。我国台湾学者林纪东认为:"应受许可的事项,在没有这种限制以前,是任何人都可以作为的行为,因为法令规定的结果,其自由受到限制,所以许可是自由的恢复,即不作为义务的解除,并非权利的设定。"❹ 西南政法大学王连昌教授认为:"行政许可是行政主体依相对人申请,在一定条件下解除法律的一般禁止,允许相对人从事该一般禁止的行为的行政行为。"❺ 此外,"行政许可通常指行政机关根据当事人的申请,在一定条件下解除禁止,准许个人或组织从事某种活动的一种行政行为"。❻

第三,"折中说或者综合说"。这种观点综合了以上两种观点,认为行政许可既是一种赋权行为同时也是一种解禁行为,即"行政许可既是对相对人禁止义务的免除,也是对相对人权利、权能的赋予"。❼ 此外,中国政法大学马怀德教授认为,"从表面上看,许可的确表现为政府赋予相对人某种权利,称之为赋权行为未尝不可,但从根本上看,许可不仅是国家处分权力的表现形式,而且是对原属公民、法人某种权利自由的恢复,是对特定人解除普遍禁止的行为"。❽ 王连昌教授则认为,"行政许可的性质表现在两个方面。一方面,从行政主体的角度看,行政许可表现为政府赋予管理相对人某种行为资格或能

---

❶ 张树义:《行政法学新论》,时事出版社,1991年版,第133页。
❷ 罗豪才:《行政法学》,北京大学出版社,1996年版,第175页。
❸ 杨海坤:《中国行政法基本理论》,南京大学出版社,1997年版,第332页。
❹ 林纪东:《云五社会科学大辞典》(第7册),台湾商务印书馆,1976年版。
❺ 王连昌主编:《行政法学》,中国政法大学出版社,1994年版,第168—178页。
❻ 张正钊、韩大元:《中外许可制度的理论与实务》,中国人民大学出版社,1994年版,第1页。
❼ 张焕光、胡建淼:《行政法学原理》,劳动人事出版社,1989年版,第276页。
❽ 马怀德:《行政许可》,中国政法大学出版社,1994年版,第11页。

力,是行政主体的行政行为,因而使其具有赋权行为的性质;另一方面,从管理相对人的角度看,行政许可实质上是解除了某种普遍禁止,恢复了被许可人的某种行为自由,使其具备了解禁行为的性质"。❶

以上三种观点在学界的影响较大,此外,还出现了"特权说""验证说""无害审查说"等观点。前述的各种观点,是从不同角度对行政许可性质的审视,各有其存在的合理性。当然,有利就有弊,它们也存在不足之处。

"赋权说最大的问题在于,权利的形成主要是通过立法过程来完成的,而不是通过行政机关的许可行为使相对人获得某种权利。"❷公民拥有的权利必须由宪法和法律明文规定,享有行政许可权的机关是无权赋予公民相关权利的。

就"解禁说"而言,该理论有扩大公民义务范围的嫌疑。"解禁说"认为,许可事项是法律所禁止的一般性事项,换言之,就是公民负有不经许可不得为许可事项的义务。众所周知,对公民而言,"法无规定即自由",公民的法律义务是法律加以明确规定的,公民无须履行法律规定范围外的义务。因此,可以说该学说扩大了公民义务的范围,进而缩小了公民权利的范围。

就"折中说或综合说"来看,它是"赋权说"和"解禁说"的综合,在逻辑学上,要使一个联言判断为真,构成联言判断的每个联言肢必须为真。也就是说,"折中说"作为一个联言判断,要成为一个毫无瑕疵的学说,那么它的两个构成部分即"赋权说"和"解禁说"必须也是毫无瑕疵的。但是,从上述内容可以清晰地看到"赋权说"和"解禁说"的缺陷和不足。因而,"折中说"也是存在瑕疵的。此外,这种观点的不足还在于"如同大多数调和性理论一样,折中说并没有对行政许可的性质给予一个清楚的答案,只是具有理论意义"。❸

综上所述,笔者认为行政许可不仅是一种行政行为,也是一种行政法律制度。从微观方面来看,行政许可是享有行政许可权的行政机关根据行政相对人的申请,对其是否符合条件进行审查从而做出准许或者不予准许决定的行政行为;从宏观方面来看,行政许可是包括行政许可的设定、实施和监督等内容在

---

❶ 王连昌主编:《行政法学》,中国政法大学出版社,1994年版,第169页。
❷ 应松年:《行政许可法教程》,法律出版社,2012年版,第25页。
❸ 郭道晖:"对行政许可是'赋权'行为的质疑——关于享有与行使权利的一点法理思考",《法学》,1997年第11期。

内的一项行政法律制度。"行政许可既是一项法律制度,也是一种行政行为,而之所以产生这样的争议,原因仅仅在于认识角度上的差异。"❶ 此外,需要强调的是,行政许可并非完全等同于行政审批,行政审批包含行政许可。从严格意义上来说,行政审批并不是一个规范的法律术语,而是行政管理实践中的一个约定俗称的日常用语。2001年国务院发布的《关于贯彻行政审批制度改革的五项原则需要把握的几个问题》明确地指出了行政审批的内涵:"行政审批是指行政审批机关根据自然人、法人或者其他组织依法提出的申请,经依法审查,准予其从事特定活动,认可其资格资质,确认特定民事关系或者特定民事权利能力和行为能力的行为。"

二、行政许可执法的定义

行政许可是包括行政许可的设定、实施和监督等内容在内的一项行政法律制度,对行政许可执法可以这样定义:行政许可执法是行政主体实施行政许可并对其进行监督的行政执法行为。对此定义可以从以下几个方面来理解:

第一,行政许可执法是行政执法行为的一种。行政执法的作用有三:其一,行政执法有使法从文本规定转化为人们的实际行为规范的作用,即实现法的作用;其二,行政执法有将公民权利从"应然"变成"实然"的作用,即保障和实现人权的作用;其三,行政执法有将国家的社会、经济秩序从静态设计转化为动态建构的作用,即确立、维护和保障秩序的作用。❷ 作为一种行政执法行为,行政许可执法理所当然应具有上述作用,因此,执法机关在执法的过程中,应做到合法、合理、及时、有效,以保证行政许可执法作用的发挥和实现。

第二,行政许可执法的主体是法定的行政主体,即包括行政机关与法律、法规授权的组织。行政许可执法主体规范化,有助于保证行政机关执法的效率,防止偏私武断和权力滥用,进而保护公民的合法权益。因而,行政许可执法的主体只能是法定的行政机关或被授权组织,除此之外的其他国家机关、社会团体和个人则无权实施行政许可执法行为。

第三,行政许可执法的内容是实施并监督行政许可,具体包括:细化法律

---

❶ 应松年:《行政许可法教程》,法律出版社,2012年版,第3页。
❷ 姜明安:"行政执法的功能与作用",《湖南社会科学》,2004年第1期,第158–167页。

有关行政许可的规定，对行政相对人的申请进行审查并做出决定，对被许可人是否依法从事许可事项以及未获得许可的相对人是否违法实施许可事项进行监督。在行政法学研究中，学者们习惯于将行政的内容一分为三：一类为制定规范行为，谓之"行政立法"；一类为直接处理涉及行政相对人权利义务的各种事务的行为，谓之"行政执法"；一类为裁决行政相对人与行政主体之间或行政相对人相互之间的与行政管理有关的纠纷的行为，谓之"行政司法"。❶ 但是，笔者认为，行政机关通过制定规范性文件的方式对行政许可的设定进行规范的行为，也应当属于"行政执法"的范畴。

第四，行政许可执法的实质是将行政许可的内容予以动态实现的一种媒介，离开了这一媒介，行政许可就可能成为一纸空文。行政许可是包括行政许可的设定、实施和监督等内容在内的一项行政法律制度，行政许可执法就是将行政许可的设定、实施和监督从"文本"转化为"现实"、从"静态"转化为"动态"的媒介。

第二节 行政许可执法制度的历史沿革

《唐会典》有云："以铜为鉴，可以正衣冠；以人为鉴，可以知得失；以史为鉴，可以知兴替。"因此，有人说历史是一面具有特殊功能的镜子，它照鉴政府现实，也可以照亮国民未来。在依法治国大背景下对行政许可执法制度进行深入研究，当全面地知悉行政许可执法制度在中国的历史沿革与基本变迁。

一、中国行政许可制度的产生和发展

按照事物发展的一般规律，一个好的或完善的制度，都必定经历这样的过程，即"产生—发展—成熟"。行政许可制度也不例外。

关于中国的行政许可制度的产生可追溯到先秦甚至更早。大禹时期的一条禁令是我国官方干预经济的最早记载，《逸周书·大聚篇》有这样的记载："春三月，山林不登斧，以成草木之长，夏三月，川泽不入网，以成鱼鳖之长。"即阳春三月，不准砍伐林木草场，初夏时节，不准下网捕捞，相当于现

---

❶ 姜明安："论行政执法"，《行政法学研究》，2003年第4期，第4－11页。

代的休渔期。商周时期，农耕经济繁荣，农业、畜牧业、手工业、商业各个领域都得以迅速发展，诸侯的政令成为当时地方官的行政规范。与此同时还出现了管理经济的官员，如官府"监市"，他们的主要任务是"治商理市"，就是对整个城市进行日常管理，监督商人们的经营范围和出售物品的价格。西周时，开始对重要的民生物品买卖进行严格限制，出现了"不中不粥"的制度，❶"粥"的古意有卖的意思。

其实，中国古代官方干预经济社会生活最有代表性的制度，当属盐铁专卖制度，古称盐铁"禁榷制度"，通说认为该制度起始于春秋时期管仲提出的"官山海"政策，后有人考证出现得要更早一些，这一制度发展到汉武帝时期基本定型。此后的历代王朝大多沿用此制度，具体的内容在承继中有所创新和改变。如唐宋时期，专卖制度的内容不再仅限于盐铁，茶叶、矾、醋等也被纳入专卖制度中，同时对专卖的管理也更加严格，出现了专门管理专卖的官员（如盐铁使）和专门性的规制法律，如唐朝时的盐铁法和五监制度❷。

历史上行使行政监察权的即"观察使"。在唐代后期出现的地方军政长官，称为观察处置使。由于汉代设立的专门监督地方官员的刺史逐渐侵蚀了地方行政官员的行政执行权力，到隋朝时中央政府就明令将刺史改为太守，这样，朝廷中央便没有了专门巡查地方政府官员廉政的观察使，而是用"采访使"取而代之。到宋代，朝廷在各州设置观察使，观察各地对中央政策法律的执行情况，实为一虚衔，为武官升迁前的寄禄官，辽、金时也曾设专司行政权行使和执行的"观察使"。❸

市舶司是我国古代在沿海城市设立的负责外贸事宜的行政官署，相当于现

---

❶ 张正钊、韩大元：《中外许可证制度的理论与实务》，中国人民大学出版社，1994年版，第6页。

❷ 唐代五监制度，是十分具体且分工明确的行政监察制度，即将工程建设、教育、军需、后勤保障等重大事宜交由国子监、少府监、将作监、军器监、都水监管理。唐代制度多沿袭隋代，其中，国子监负责管理全国的教育及考试部门，少府监负责推动和普及农业、手工业技术创新，将作监负责宫廷建设、金银玉器制作等，都水监负责全国的水运、海事及黄河治理。唐代是中国行政法律制度建设的一个历史转折点，各项政府法律规章在社会管理与民生安排上都取得了较好的绩效，政府职能职权的提高极大地提升了综合国力。具有古代行政法许可执法意义的五监制，其基本结构为后世历代政府所采用或沿袭。

❸ 其实，宋代行政权的行使和执行是颇有特色的，如宋代的"参政知事"，也称参知政事，同平章事、枢密使等，另设有专门负责中央和地方财政机构的计相、税务官，以打击地方官员吃空饷以及重大贪腐事件。

在的海关。早在汉代开启丝绸之路的同时，就以广州为口岸，进行大宗海上贸易。经魏晋南北朝及隋唐，我国的海上贸易已经相当繁荣。于是，朝廷在广州、扬州等口岸设立专职官员——市舶司使，负责检查出入口市舶（大小商船）的经贸许可并征收商税，同时对一些珍贵或特殊商品实行政府垄断，坐地起价。到了宋代，市舶司使嬗变成了一个专门的行政权力官署——市舶司，朝廷在广州、密州（今山东胶县）、秀州（今上海松江区）、杭州等地均设有市舶官署。即便是个体工商户亦须经市舶司颁发许可证，才能完成海上贸易。元代本身的外向型心怀使海上贸易得以空前发展，明代的商队更是前无古人，后无来者，郑和统领的商船之浩浩然，开创了中国海上贸易之最。明代时，在对外贸易方面主要实行贸易许可制度，如在福建泉州设立市舶司，专门对海外贸易进行管理，并且对朝贡者发放"勘合"一扇作为朝廷贸易许可证，朝贡者进行贸易时，与市舶司所存的另一扇勘合相符，方可贸易通关。清代时，行政许可制度已经广泛应用于社会生活的方方面面，如婚姻登记、采矿、渔政和工商企业作坊登记等。清初曾经一度施行海禁政策，政府取消了海上贸易的行政许可制度，一律不准许域外通商，至康熙时才开始解禁，并在广州、宁波、漳州、云台山（今连云港）四处设立通商口岸，行政许可其域外通商。而至乾隆时期，只留下广州一处通商口岸了。鸦片战争后，设税务司，总税务司管理海关诸事，其行政许可执法的大权却落入洋人之手。有学者认为，我国现代意义上的行政许可制度最早出现在民国初年，即当时的段祺瑞政府颁布的《矿业条例》。民国时期，政局动荡，军阀间战争频繁，武人政权更迭多变，许可制度并没有得到快速发展，即便是比较简单粗糙，但也建构了一些行政许可和许可执行制度、法则的雏形，甚至可以说"有的是中国现行许可证制度的原型"。❶

    抗战时期，受战事影响，经济控制严格，许可的范围进一步扩大，如结婚登记制度、林木砍伐许可证制度，进出口货物也必须到有关机关登记、检查、领取许可证。新中国成立后，受苏联影响，我国实行高度集中的计划经济，在这种经济体制下，国家是社会生产的唯一组织者，控制着所有的社会经济资源。此时的行政许可制度作为国家对社会经济进行有效控制的手段，侧重甚至过分强调许可的限制作用而忽略其保障作用，主要体现在：首先，在许可的设

---

❶ 杨解君：《行政许可研究》，人民出版社，2001年版，第27－30页。

定上，国家尽可能地将所有的事项都纳入许可的范围之内，以便控制经济；其次，在许可的实施上，主要采取"行政审批"的方式，换言之，申请许可必须经过政府内部的层层请示和审批的环节。申请许可的程序繁杂，获得许可的难度大。所有这一切都为未来我国行政许可制度的健康发展埋下了隐患。

1992年，随着党的十四大对我国社会主义市场经济体制目标的确立，市场机制初步形成、公民权利意识凸显、民主与法制观念日益深入人心，这一切都对政府的职能内涵、管理模式及运行机制提出了新的挑战。与此同时，新旧观念、价值标准、体制、运作机制和管理模式的剧烈变动，也引发了社会各领域不同层次、规模和程度的矛盾与冲突，导致"政府失灵"现象大量存在。所有这些都对重新审视政府管制的制度典型——行政许可提出了全新的要求。[1] 为此，自1998年开始，国务院在全国范围内进行了行政许可制度改革，这次改革取得了重要的阶段性成果，取消了一大批行政许可项目，改变了行政许可的方式，规范了行政许可的程序。但是，要从根本上解决行政许可及其执行制度中存在的问题，仅仅依赖行政审批制度改革是不行的。必须制定专门的法律来规范行政许可制度，限制政府的权力，明确许可执行的范围。

2004年我国《行政许可法》的颁布，是我国行政许可制度改革取得的阶段性成果，也标志着我国的行政许可制度开始走上法制化的发展道路。不可否认，《行政许可法》存在诸多亮点和制度性创新，在一定程度上推动了我国行政许可制度的向前发展，但是立法技术的限制、体制的制约、相关法律法规的不配套等因素制约了该法的实施效果，在实践中也不可避免地会出现一些问题，如对于行政许可主体的设定主体，缺乏明确、具体的规定。行政许可者是否可以作为执法者，政府执法是否会变成"运动员与裁判员"。根据我国现行的《行政许可法》第14、15、17条的规定，全国人民代表大会及其常务委员会制定的法律、国务院制定的行政法规和发布的命令、地方各级人民代表大会及其常务委员会制定的地方性法规和省级人民政府制定的规章等有权设定行政许可，除此之外，其他规范性文件一律不得设定行政许可。换言之，狭义上的法律、行政法规、地方性法规、省级政府的规章甚至国务院的命令等都是行政许可的设定依据，在实践操作中，行政许可的设定存在较大的随意性，很多机

---

[1] 徐斌：《我国地方政府行政许可制度改革的现状与路径研究——以地市级政府为主要分析对象》，苏州大学，2004年。

关从自身的利益出发自行设定行政许可，损害了公共利益和行政相对人的个人利益，严重阻碍了国家和社会的健康发展。除此之外，行政许可的范围、行政许可的程序、行政许可的监督和救济制度等都存在不合理之处，仍有待完善。《行政许可法》在实施中出现的这些问题，必然要求深化行政许可制度改革，促使行政许可制度的完善。中共十八届三中全会通过的《中共中央关于全面深化改革若干重大问题的决定》明确指出，要深化行政执法体制改革。行政许可执法制度作为行政执法体制中的一员，也必将借这一契机进行大幅度地改革。

二、行政许可制度在西方的发展历史

行政许可作为一种"舶来品"制度，其原产地是西方社会。探究行政许可在西方国家产生和发展的历史，有助于我们进一步地认识行政许可制度，同时可为行政许可执法制度的创新研究提供一些经验。

较早在法典中规定行政许可制度的是由诺曼王朝颁布实施的近代历史上的第一部王室法典——《阿里亚诺法令》，该法令第36条规定，医生必须有国王签发的执照方可行医。当时的诺曼王朝事实上已经开始对医生执业采取严格的考试制度，这是欧洲许可制度的第一个例证。❶ 而现代意义上的行政许可制度最早出现在英国，"19世纪英国地方政府改革时，1835年《自治市法人法》就规定只有国会有权决定地方的新设施计划，如电灯、自来水、马路卫生的管理权须经国会特许，这可视作是现代行政许可制度的起源"。❷ 行政审批制与严格的行政许可制度，在现代行政法语境表达中可谓是肇始性法律规范。

自由资本主义时期，受亚当·斯密的自由主义政治经济思想的影响，当时的人们普遍认为，市场这只"看不见的手"是万能的，能够解决经济运行中出现的一切问题，因此排斥政府对经济进行干预；政府扮演的只是一名"守夜人"的角色，管得越少的政府才是好政府，甚至有人说"直到1914年8月，除了邮局和警察以外，一名具有守法意识的英国人可以度过他的一生却几乎没有意识到政府的存在"。❸ 作为政府干预经济的一种事前调控手段，行政许可

---

❶ 伯尔曼：《法律与革命——西方法律传统的形式》，贺卫方译，中国大百科全书出版社，1993年版。

❷ 马怀德：《行政许可》，中国政法大学出版社，1994年版，第13页。

❸ 威廉·韦德：《行政法》，楚建译，中国大百科全书出版社，1997年版，第3页。

没有了发挥作用的舞台。但是完全依赖市场的竞争机制不可能解决所有的经济、社会问题，市场经济的正常发展受到了阻碍。随着社会生产规模的逐渐扩大，弊端日益显现，最终导致了经济危机的爆发。此时，人们开始认识到，市场并不是万能的，经济的正常运转离不开政府的干预。垄断资本主义时期，垄断组织大行其道，常常利用自己的优势地位损害交易者的利益，造成市场竞争中种种不平等的现象频繁发生，市场的调节机制失灵。此时，凯恩斯的"政府干预说"逐渐深入人心。政府不再是一个处于消极地位的"守夜人"，政府开始积极全面地干预经济。正是在这样的背景下，行政许可制度作为"'唯一能够把强力控制（规定了从事某项活动的条件）和灵活应用（达到条件的认可可以自由活动）结合起来的手段'出现了。行政许可制度出现后，就在全世界范围内得到了广泛的应用"。❶

但是，由于政府过度干预经济，政府机构日益膨胀、权力寻租行为增多、社会经济效率低下、人民生活水平不高等现象日益严重。这促使人们对市场经济条件下政府的管制模式及理论进行了反思：一方面，要注重发挥市场自身的调节作用；另一方面，政府干预应当逐渐获取人们的认同。因此，自20世纪70年代以来，在英、美等国家掀起了一场以"放松规制"为核心的行政许可和行政执法改革运动，政府对经济干预的程度变弱，行政许可的范围缩小，更多交由市场决定。诚如已故的美国制度经济学家、芝加哥大学法经济学派创始人科斯所言，政府许可是双刃的，最好的办法就是"上帝的归属上帝，恺撒的皈依恺撒"。

总之，伴随着社会的发展，行政许可愈加完善，其对经济的干预历经了这样一条道路即"市场的巨大力量—市场失灵—政府管制—政府失灵—放松管制"，并在反反复复的利益博弈中曲折前行。

第三节 行政许可的分类

分类研究是全方位掌握某一事物的主要方法，要实现行政许可执法的合理化和科学化，应该首先从分类的角度对行政许可进行梳理，以便针对不同的种类，采取不同的研究对策。

---

❶ 张兴祥：《中国行政许可法的理论和实务》，北京大学出版社，2003年版，第27页。

一、国外关于行政许可的分类

(一) 德国政府关于行政许可的分类

在德国行政法学界,学者们将行政许可分为普通许可、例外许可、特许和备案。"普通许可和例外许可都是'解禁'性的,即对法律所设立的暂时性禁止或本质上的禁止进行解禁,后者扩大了公民原有的权利范围。"❶ 普通许可是指,依据相对人的申请,行政机关解除法律对公民权利行使设立的暂时性禁止的行为,如营业许可证、建设许可证等就属于此类型。例外许可是指,根据当事人的申请,在某些例外情况下,行政机关对法律本质性禁止事项的解除行为。某些例外情况,一般以必要为限即如果不解除本质上的禁止,会损害公民的基本权利的情形,即使这样做有扩大公民权利的嫌疑。特许,实质上是一种特别"赋权"行为,是授予公民原本不应享有的权利。因而,将特许定义为:依据公民的申请,行政机关授予当事人原本应由国家享有的权利的一种行为资格,如建设铁路、路灯等。备案,是指公民在行使权利前对行政机关进行告知的行为。这种告知行为是公民行使权利前必须履行的义务,一般以书面形式进行。备案的目的在于提前告知行政机关以采取必要的预防措施,防止危险的发生。此外,还存在控制性许可和例外性许可,实物许可、人员许可和混合许可等分类。

(二) 美国政府关于行政许可的分类

在美国,政府行政许可的类型可分为以下四种:"一是允许,即对具备了某种客观技能和水平的人从事某种活动的一种许可,如汽车驾照;二是资格证明,即对具有相应教育经历或者专业资格的人从事特定职业的一种能力证明;三是特许,是对有限资源通过政府公共权力进行配置的一种方式,如出租车业的经营许可;四是执照,是对经营关系公众健康、社会福利事业的一种许可,如餐馆经营执照。"❷ 从性质上来说,与大陆法系的德国基本相似,特许类许可属于"赋权"行为,是赋予申请人原本不应拥有的权利,是对申请人权利的扩大。"对特许利益的保护,以创设特许的法律中的规定为限,实质的正当法律程序规制仍然适用于当事人的特权利益,只是程序方面的正当法律程序不

---

❶ 应松年:《行政许可法教程》,法律出版社,2012年版,第24页。
❷ 李富莹:"美国专家谈行政许可立法",《政府法制参考》,2000年第4期。

适用于保护当事人的特权利益。"❶ 允许类和执照类许可，在性质上亦类似于德国、法国的普通许可，属于"解禁"，是对法律禁止事项的解除，恢复申请人的权利。资格证明类许可类似于德国法律上的备案，即公民负有对行政机关进行告知的义务。

（三）日本政府关于行政许可的分类

在学理上，日本学者将许可分为两大部类，即许可和特许。许可，实质上是一种"解禁"，是根据当事人的申请，在符合法律规定条件的情况下，解除法律一般禁止的事项，恢复其自由从事有关行为的行为。"行政许可制度，首先要设立一般的禁止，当国民向行政厅申请解除一般的禁止时，行政厅通过审查，认为即使依据该申请予以许可，恢复其自由地从事该行为的资格或权利，在公益上也不具有产生障碍的危险时，便予以许可，恢复其原本拥有的自由的制度"❷，如营业许可和建设许可。特许，是一种"赋权"行为，是将原本应由国家拥有的权利授予私人，使私人能够从事其原本不能从事的行为。电力、煤气、铁路、航空等涉及高度公共利益的行业的许可属于此种类型。此外，日本学者以对象为标准，将行政许可分为对人的许可、对物的许可和对营业的许可等。"对人的许可，是行政机关对申请人是否具备从事某些行业的资格的认定，一般由国家组织相关的考试来检测，如律师的许可、会计师的许可、医生的许可等。对物的许可中的'物'主要是指国家所有或者公共所有的事物，如公共的道路、国家所有的山河湖泊等。对营业的许可，是指某些与人们日常生活密切相关的经营活动及对于国家的经济和秩序有重大影响的事业的经营许可，如文物经营的许可、风俗营业的许可、各类公共企业的许可等。"❸

可以说，大多数西方国家关于行政许可的分类都是基于行政许可的性质进行的，将具有同种性质的许可归入同种类型中，然后针对不同类型的许可采取不同的规范方法，从而便于行政许可的执行。

二、国内关于行政许可的分类

在我国台湾地区，学者们一般认为行政许可的性质是形成处分。"形成处

---

❶ 王名扬：《美国行政法》，中国法制出版社，1995年版，第392页。
❷ 杨建顺：《日本行政法通论》，中国法制出版社，1998年版，第410－413页。
❸ 杨建顺：《日本行政法通论》，中国法制出版社，1998年版，第427－433页。

分指设定、变更或消灭某种具体法律关系的行政处分,如核发执照、撤销执照、任免公务员制度规范、核准专利等均是。对一个非经审查不得从事的行为,所做的同意为之的决定,是形成处分的一个重要类型,无论其在实定法上的用语是同意,或与之等义的许可、核准、准许或核备等,依学者见解,大致上均可在进一步区分为许可和特许两种类型。"❶ 这里的许可,在性质上属于"解禁",是对法律暂时性禁止事项的解除,是行政机关依据申请对申请事项的合法性进行事先审查,从而决定是否允许的行为,如建筑许可执照、各类商业营业许可等。特许则是一种"赋权"行为,是法律对一些于社会不利或社会不容许的行为设立了一般性的禁止,但是在特殊情况下,根据私人的申请,行政机关允许申请人从事这些行为的情形。许可和特许最大的区别在于:许可,在性质上属于"解禁",对于公民而言,他只是恢复了自己原本所拥有权利的行使自由,在事实上并未增加其权利;与之不同,特许实质上是一种"赋权",对公民来说,他取得了自己原本不应该拥有的权利,实际上扩大了他的权利范围。而在我国大陆地区,行政许可的分类详见下文。

(一) 学理上的分类

行政许可标准不同,分类也不同。学理上,许可的分类主要有:"行为许可与资格许可、一般许可与特别许可、羁束许可与裁量许可、排他性许可与非排他性许可、独立的许可与附文件的许可、可转让的许可与不可转让的许可。"❷

第一,根据许可的内容不同,行政许可分为行为许可与资格许可。行为许可,是指行政机关依据申请,允许符合条件的申请人从事某种行为的许可,如餐饮服务许可、食品生产和销售许可等。资格许可,是指行政机关对申请人是否具有从事某些行为的资格进行审查并决定是否准予的许可。与行为许可不同,该类许可的申请人一般需要经过专门的考试或培训,如律师的执业许可、医生的执业许可、会计师和审计师的执业许可等。

需要注意的是,行为许可与资格许可只是学理上的一种分类,在实践中二者可能很难区分开来。"有的时候,行为许可可能同时包含了资格许可,而资

---

❶ 翁岳生:《行政法》(上),台湾元照出版社有限公司,2006 年版,第 502 页。
❷ 应松年:《行政许可法教程》,法律出版社,2012 年版,第 35 - 37 页。

格许可也可能意味着行为获得许可"❶条件的成就。

第二，根据许可的范围不同，行政许可分为一般许可与特别许可。一般许可，也叫普通许可，是指只要申请人符合法定条件，行政机关就必须通过颁发许可证、执照等行政监管方式，批准其申请的许可。原则上，该类许可对申请人并无特殊限制，只要符合相关规定即可。律师执照、医生执照、驾驶执照等都属于此类型的许可。特别许可，也叫特许或特别许可行业的政府审批登记，是指除了要符合法定条件外，对申请人还存在特殊限制（一般是数量上的限制）的许可。在我国，特许适用于对有限自然资源的开发利用、有限公共资源的配置以及直接涉及公共利益的特定行业的市场准入等事项，如海域排污许可，无线电频谱资源许可，烟草专卖许可，特殊废旧物质的回收许可，特种种植、养殖业的许可等。

需要说明的是，二者的主要区别在于："普通许可的背景条件是有关许可事项本来就是社会或者私人自由的范畴，仅是对法律一般禁止的解除，而特别许可是赋予行政相对人可以与他人抗衡的新的法律效力的行为，是为特定人设定新的权利和资格的行为。"❷

第三，根据行政机关在许可过程中是否拥有裁量权，行政许可分为羁束许可与裁量许可。羁束许可，是指对于许可的条件，法律已经做出明确规定，申请人只要符合条件，行政机关就应做出准予许可决定的一种许可。对于羁束许可，行政机关原则上不具有裁量权，是否批准许可申请，由法律明确规定。裁量许可，是指法律对于授予许可的条件未做明确规定，是否授予许可需要行政机关在实施许可的具体行政行为过程中综合衡量各种利益后方能做出决定的一种许可。

在德国，行政机关在实施许可的过程中是否享有裁量权由法律予以确定。"对于起防范危险作用的许可，德国的宪法规定了受约束的行政决定。如果不存在立法者所确定的危险标准，则行政机关必须颁发许可。申请人对此享有权利上的请求权。而对于资源经营管理的许可则不同，在这类许可上涉及经营管理裁量权。"❸ 这便给予了政府行政机关更多更大的裁量空间，因此，在裁量

---

❶ 应松年、杨解君：《行政许可法的理论与制度解读》，北京大学出版社，2004年版，第24页。
❷ 王学辉：《行政法与行政诉讼法学》，法律出版社，2011年版，第133页。
❸ Eberhard Schmidt‐Apmann："德国法中的行政许可——高效率的和法治国家式的行政管理的工具"，载《行政法制度：比较法文集》，对外经济贸易出版社，2003年版，第160页。

许可的范畴内，政府机关的审批登记许可与执法行为可能成为舞弊寻租的行政法渊流，这可能仍是一个法律盲点，即便是宪法文本规定的权利或国家义务，在一定历史条件下，特许权颇为容易地被公权机关误用或滥用。

第四，根据许可的享有程度，行政许可分为排他性许可与非排他性许可。排他性许可，是指某个申请人获得许可后，其他任何人或组织都不能再申请获得的许可，如商标许可、专利许可、地方性烟草专卖许可等。非排他性许可，是指凡是符合法定条件的申请人，均可以申请获得的许可，如律师、税务师、审计师及会计师等的执业许可，常见的驾驶许可也属于此类，还有一般的营业许可等。"一般来说，普通许可都是非排他性许可。不过，当某一领域中的许可存在数量限制时，一定条件下的非排他性许可也会转化为排他性许可。"❶

第五，根据许可的书面形式，可将行政许可分为独立的许可与附文件或附条件的许可。独立的许可，是指被许可人所获得的单独的许可证、执照等能够充分表明被许可人所获得的许可事项的全部内容，不需要再附加其他文件进行说明的许可，如律师许可、驾驶许可、护照等。而附文件的许可，是指需要附加其他相关文件对被许可人所获得的许可进行补充说明和限制的许可。此类比较常见的许可有商标许可、专利许可和建设施工许可证等。

（二）行政许可立法中的分类

根据行政许可的性质、功能和使用事项的不同，我国《行政许可法》将行政许可分为五类，即普通许可、特许、认可、核准和登记。

第一，普通许可，是指一旦申请人符合法定的许可条件，行政机关就应该做出准予许可决定的许可。普通许可是对法律一般禁止事项的解禁，申请人只是恢复了其原本就应享有的自由。这类许可的功能主要是预防可能出现的各种危险，保护个人、集体和国家的生命和财产不受损害。根据我国现行的《行政许可法》第12条的规定，普通许可主要适用于：直接涉及国家安全、公共安全的活动；直接涉及经济宏观调控的活动；直接涉及生态环境保护的活动；直接关系人身健康、生命财产安全的活动。

第二，特许，是指行政机关在申请人符合法定条件的基础上，综合考虑各方面的因素，从而决定是否授予申请人有关权利的许可。对于特许，行政机关拥有自由裁量权，且除法律、行政法规另有规定外，一般由行政机关通过招

---

❶ 王学辉：《行政法与行政诉讼法学》，法律出版社，2011年版，第133页。

标、拍卖等公平竞争方式择优做出最终的选择决定。对于特许，法律一般会规定较为严格的条件且相对人取得许可一般要支付一定的费用，所取得的许可也可以依法转让、继承。特许的功能主要在于合理分配有限的资源，一般来说有数量上的限制。排污许可、与公共利益直接相关的营业许可等都是典型的特许。在我国，特许主要适用于有限自然资源的开发利用、有限公共资源的配置、直接关系公共利益的特定行业的市场准入等。

第三，认可，是指行政机关对申请人是否具备从事某一职业或某一行业所要求的特殊信誉、特殊条件或者特殊技能等资格、资质的确认。在我国主要适用于提供公共服务、直接关系公共利益并且需要具备特殊信誉、特殊条件或者特殊技能等资格、资质的职业或者行业，如律师资格认可、医生资格认可、教师资格认可、注册会计师资格认可、审计师资格认可等。是否做出认可的决定，一般需要根据相关专业考试的结果而定，行政机关并无直接自由裁量权，而且由于资格、资质与申请人的身份密切相关，具有人身专属性、较高专业水准和技术含量，通过严格考试认可的资格不能转让和继承。认可的功能在于为社会提供某种信誉证明或者提高从业者的从业水平和技能，从而有利于某个行业甚至整个社会在法治规范内良性发展。

第四，核准，是指行政机关对某些事项是否达到特定技术标准的审查和确定。根据我国《行政许可法》的规定，核准主要适用于两类事项：其一，直接关系公共安全、人身健康、生命财产安全的重要设备、设施、产品、物品的用益物权和使用规范；其二，需要按照技术标准、技术规范，通过检验、检测、检疫等方式进行审定的事项。电梯安全核准、消防产品检验和生猪屠宰核准等就属于此种类型。核准的功能在于预防、避免危险的发生，只要这类许可的申请在内容上不具有危害性即可做出准予的许可决定。

第五，登记，是指行政机关对企业或其他组织的主体资格进行确认的一类许可。一般来说，企业或者其他组织的设立等，需要确定主体资格的事项必须进行登记，如公司或者其他经济组织的法定代表人注册登记、社团的登记。从功能上看，登记主要是确立申请人的市场主体资格，没有数量上的限制。许可机关也无裁量权，原则上只要申请材料在形式上符合条件即可当场做出决定。

（三）实践中的行政许可分类

在广泛的社会实践中，政府机关和研究院所的学者对我国行政许可执法的认识实际上是很难达到统一的。因为时间、地点不同，社会背景存在差异，文化心态不同，必然会导致人们包括具体行政行为的每一位执行者对同一法律条款的认识存在差异。具体来说，实践中的行政许可分类不外乎如下几类：

第一，安全类许可。划分此类许可的目的在于保护国家安全、公共安全以及个人的生命、财产安全，避免侵害行为的发生。行政相对人在申请该类许可时，行政许可机关首先应该严格审查相对人申请的事项是否会对国家安全、公共安全以及个人的生命、财产安全产生威胁；其次，若可能产生危险，申请人能否保证避免这种威胁的发生。只有在充分满足上述条件的情况下，行政机关才可以做出准予许可的决定。一般来说，这类许可的许可权应该由公安机关享有。如管制刀具的生产制造、运输及销售，管制采矿用的炸药、雷管、引线等暴力型的危险物的生产、销售的许可都属于安全类许可。

第二，经济类许可。设定这类许可的目的主要在于调节经济活动，维持市场秩序的稳定，从而促进市场经济的良性发展。该类许可可以进一步细分为微观经济类许可和宏观经济类许可。前者是指对某一具体行业的经济活动进行调控的许可，而后者是指对整个国家的经济活动进行总体调控的许可。微观经济类许可的许可权应该归属于工商、质量技术监督、食品药品安全监督、卫生监督等经济监督部门。如要生产某类药品，就必须向药品安全监督局申请并获得相关许可。宏观经济类许可的许可权可由中国人民银行等综合经济部门来掌控。如商业银行或信用社要从事有关金融业的经济活动，此类行政许可权就应该归属于中国人民银行。

第三，环境保护类许可。环境保护类许可，是指申请人在从事有害污物或可能有害环境的活动之前，必须向有关机关提出许可申请，经审查，许可机关再确定是否做出准予许可的决定。依据目的的不同，可将环境保护类许可进一步划分为防止环境污染类许可及保障自然资源合理开发和利用类许可。根据我国现有的法律法规，防止环境污染类许可主要有：排污许可，海洋倾废许可，危险废物收集、储存、处置许可，废物进口许可和放射性同位素与射线装置的生产、使用、销售许可等。保障自然资源合理开发和利用类许可有：林木采伐许可，渔业养殖、休渔期、捕捞许可，野生动物特许猎捕许可，采矿许可和地下地表水资源开采利用许可等。

第四，资格、资质类许可。设置这类许可旨在通过许可提高从业者的水平，同时也向社会提供某种信息和证明。资格、资质类许可可以进一步划分为个人的资格、资质许可和组织的资格、资质许可。这两类许可最大的不同就在于申请人或者说被许可人不同，前者主要是自然人，如个人通过国家司法考试后去申请律师资格证，而后者主要是企业、社团等组织，如合伙企业和社团的登记。从许可权的享有主体来看，这两类许可的许可权都归属于相应的主管部门，而且相应的主管部门在许可的过程中不享有自由裁量权。

第五，技术设备类许可。设置这类许可的主要目的在于预防危险，保障安全。该类许可可能会与安全类许可产生交叉和重合，技术设备类许可针对的是直观可见的技术设备且此类许可的专业性较强，与安全类许可相比，更具针对性和特殊性，在实践操作中，公安机关只要将安全类许可中对象为技术设备的许可排除在管理范围之外即可。这类许可的特殊性在于：对于技术设备类许可的申请，行政机关一般需要进行实地检测或检验，在实地检测或检验结果的基础上才能进一步决定是否准予许可。

需要注意的是，对实践中的行政许可进行分类时应该遵循以下原则：第一，合法性原则。"合法性原则是行政法治的最原始和最基本的含义，是建设法治政府最起码的要求。合法性是行政权力获得正当性、获得其作为国家权力的权威与强制的一个重要基础。行政许可是行政机关的一项非常重要的行政职权，也是一项重要的行政规制手段。因此，合法性原则对于行政许可具有十分重要的意义。"❶ 在行政许可分类的问题上，合法性原则的要求就是在对行政许可进行分类的过程中，应以《行政许可法》及相关法律法规为依据，并结合行政许可的实际状况，以优化行政许可程序、提高行政许可效率、维护行政相对人的合法权益为目标，对现有的行政许可进行分类。在实践中要谨防出现以划分行政许可为借口，设置新的行政许可，为私人谋利益的情形。

第二，公开原则。"行政公开，是指将行政权力运行的依据、过程和结果向相对人和公众公开，使相对人和公众知悉。行政公开的目的在于增加行政的透明度，加强公众对行政的监督，防止行政腐败，保护公民的合法权益。行政许可公开原则是行政公开原则的具体化。行政许可行为关联着较大的经济利益，本身存在着非常大的异化可能，如果搞暗箱操作，行政腐败更是不可避免。因此，公开原则对于行政许可而言，尤为重要。"❷ 在行政许可领域，公开原则作为基本原则在《行政许可法》中有明确规定。我国现行的《行政许

---

❶ 江必新：《行政许可法理论与实务》，中国青年出版社，2004年版，第21页。
❷ 江必新：《行政许可法理论与实务》，中国青年出版社，2004年版，第24页。

可法》第5条规定,"设定和实施行政许可,应当遵循公开、公平、公正的原则"。具体到行政许可分类的问题上,公开原则主要是指对许可分类的依据和条件、许可分类的程序、许可分类的结果、许可分类的主体等事项进行公开。遵循公开原则的好处在于一方面可以增加行政许可的透明度、控制行政许可权力、监督许可机关的行为;另一方面也可以维护行政相对人的合法权益,提高行政行为的可接受度。

第三,便民原则。"现代国家与行政都已经融入了深厚的'服务'观念。行政机关的角色已经悄然发生转变,从过去的管理者向服务者转变、行政职能由过去的社会管理逐渐向提供公共服务转型,服务行政成为现代行政的潮流。基于这一行政法理念的转变,行政活动应尽可能地方便相对人,提高办事效率,而不能以陈旧的居高临下的管理思维来运行行政权,为相对人增加不必要的负担。"❶ 我国《行政许可法》已将便民原则确定为行政许可的一项基本原则,《行政许可法》第6条规定,"实施行政许可,应当遵循便民的原则,提高办事效率,提供优质服务"。具体要求是,在划分行政许可的过程中,行政机关要本着方便民众、服务民众的精神,尽量减少不必要的程序,能够及时有效地对行政许可做出决定,使行政相对人能够真正从细分行政许可的结果中受益。

第四,遵循经济发展规律原则。市场具有自发性、盲目性和滞后性,为了追求个体利益,可能损害社会公共利益;为了追求个体最大利益,可能损害生态环境。市场不是万能的,改善客观经济环境、合理利用公共资源、维护社会公共利益等方面的问题,难以靠市场来解决,需要政府发挥作用。"我国是发展中的大国,又处在经济体制转轨、产业结构调整、经济快速发展的社会转型期,尤其需要政府担当起应负的责任,把职能切实转变到经济调节、市场监管、社会管理、公共服务上来。"❷ 行政许可是政府的一种经济管制手段,政府设置行政许可的目的之一就是调控经济活动,保证经济的平稳、快速发展。市场经济是竞争经济,通过竞争优化资源配置,最具活力。因而,在对行政许可进行分类时,也要考虑政府与经济之间的关系,遵循经济发展自身所具有的规律。

---

❶ 肖金明:《行政许可要论》,山东大学出版社,2003年版,第74页。
❷ 中国行政管理学会公共管理研究中心:《公务员行政许可法教程》,北京广播学院出版社,2004年版,第27页。

第五，充分调动公民、法人或者其他组织的积极性原则。行政许可作为一项公权力，它的行使不可避免地会影响到公民、法人或者其他组织的私权利。因此，凡是公民、法人或者其他组织能够自主决定，不致损害国家、社会、集体的利益和他人的合法的自由与权利的，通过民事赔偿或者追究其他民事责任能够解决，并且不致造成难以挽回的重大损害的，都不应当设定行政许可，以充分发挥公民、法人或者其他组织的积极性、主动性。需要说明的是，细分行政许可不是设定新的许可，而是在原有行政许可基础上做进一步划分，这既有利于行政许可的管理和实施，也有利于行政相对人自身利益的真正实现。

第四节 行政许可执法制度改革的理由和进路

中国共产党的十八届三中全会做出的《中共中央关于全面深化改革若干重大问题的决定》明确发出"推进法治中国建设"的号召，深刻指出："建设法治中国，必须坚持依法治国、依法执政、依法行政共同推进，坚持法治国家、法治政府、法治社会一体建设。"建设法治中国是发展社会主义民主政治的改革方向和目标。《中共中央关于全面深化改革若干重大问题的决定》同时还将"深化行政执法体制改革"作为建设法治中国的一项重要任务，深化行政执法体制改革作为建设法治中国的两大支柱和两大"抓手"之一，是行政体制的核心内容，是坚持依法行政、建设法治政府的条件，也是我国行政机关依据宪法和法律履行行政职能、治理国家与社会的机制和方式的综合体现。深化行政许可执法制度改革能否取得显著成效，直接关系到法律法规能否全面正确实施，关系到人民群众的合法权益能否得到切实保障，关系到经济社会秩序能否得到有效维护，关系到依法行政能否真正落到实处。❶ 而行政许可执法制度改革又是深化行政执法体制改革的重要环节之一。深化行政许可执法制度改革，要求全面正确履行行政许可职能，优化许可执法主体结构，提高科学执法管理水平，创新行政许可执法方式，建立有效制约权力的监督机制，增强许可执法机关的公信力和执行力，实现公平正义、高效便民，进而实现有效的行政管理。

---

❶ 袁曙宏："深化行政执法体制改革"，光明网，http://theory.people.com.cn/n/2013/1127/c40531-23669003.html，2013年11月27日最后访问。

一、行政许可执法制度改革的原因

20世纪80年代以来，西方主要发达国家为解决经济增速放缓的问题，进行了不同程度的改革，并呈现出放松政府管制之趋势。英国从撒切尔政府开始就抛弃了过去一贯奉行的国家强力干预政策，采用私有化、分权、放松管制、竞争机制、企业精神等所谓新的"自由市场经济"和非官僚化制度来促进经济发展。❶ 日本政府为应对20世纪90年代的泡沫经济，采取放弃规制、保护模式的体制，力图构建创造性与竞争性并重的市场环境。在美国，解除政府对经济的过度管制一直是20世纪80年代里根政府执政8年的热门话题；20世纪90年代，克林顿政府亦宣称"大政府的时代已经结束"，政府的管理模式正由过去的强制管制朝着市场自律式发展。❷ 我国的行政许可执法情况虽与西方国家不完全相同，但如果不对现有制度进行完善，将会难以适应高速增长的经济发展水平和日益健全的行政执法体制。随着市场经济体制的逐步发展，行政机关的管理职能由控权、管理向服务与合作的方向转变，行政许可执法作为行政执法体制中的一个重要部分，存在着一系列的问题亟待进行改革，主要涉及行政许可执法的前提性要件，即行政许可权的设定；行政许可执法的实施及程序；行政许可活动的后续监督及行政许可相对人的权利保障和救济。

（一）行政许可执法制度中行政许可的设定、范围以及存在的问题

行政许可的设定，是指有权的国家机关根据行政管理活动的需要，通过制定法律、法规和规章，对公民、法人或其他组织从事某些特定活动设置一定的限制条件，并规定许可的主体、许可的程序以及法律责任的活动。❸ 由于现有的行政许可制度有相当一部分是由行政规章或规范性文件规定的，导致一些相关的行政许可标准在地区、部门之间不一致，下级标准与上级标准不一致。比如，有的行政许可要求"先证后照"，而相关的行政许可则要求"先照后证"，易使申请人无所适从。❹ 我国目前的行政许可制度，基本上没有把行政许可作为一种对拟发生的"错误经济行为"的事先预防措施来评价，一些行政机关将本来属于事中的管理、事后的监督层面上的检查或备案范围的职责，巧立名

---

❶ 杨明成：《我国行政许可制度的弊端及其改革》，《法制日报》，2001年10月21日，第3版。
❷ 杨明成：《我国行政许可制度的弊端及其改革》，《法制日报》，2001年10月21日，第3版。
❸ 周佑勇：《行政许可法理论与实务》，武汉大学出版社，2004年版，第54页。
❹ 陈伟："对我国行政许可制度改革的思考"，《新疆社科论坛》，2002年第1期，第31页。

目，擅自将其前置到预防的层面来设置许可，成为滥用行政权攫取行政团体私利的手段。❶ 文本规定上，我国《行政许可法》规定涉及国家安全、公共安全、宏观经济秩序、生态环境、人身健康和生命财产安全等的事项可以设定行政许可，但这一规定过于抽象和不确定，在具体的行政许可执法中易出现许可权力的错用和滥用，背离了行政许可制度设计的初衷。同时，《行政许可法》赋予了地方性法规和省级政府规章行政许可设定权，但只规定了地方性法规和省级政府规章不得设定的事项范围，这种排除式立法并没有使地方性法规和省级政府规章的设定权限得到明确。这就会造成哪一类许可事项由哪一级法律法规设定的困惑。

行政许可的设定范围，即哪些事项可以设定行政许可，哪些事项不能设定行政许可。而设定范围的厘定是一个非常复杂的问题，也是一个世界性的难题。这一问题实质上是行政权力和公民权利之间的关系，意味着行政权力可以在多大程度上干预公民的私人权利。对这个问题的探索，实际是对政府管理规律的探索、对社会发展规律的探索。从目前来看，无论是在理论上还是在实践上都还没有很好地解决这个问题。世界各国解决此问题的基本方法是个案解决，一事一议，通过单行的法律、法规按照法定的程序来决定。❷ 但设定范围的问题又会衍生出行政许可分类的种种新问题：各类行政许可的名称和含义同现行法律、法规的用语和人们的习惯称谓不一致，概念不够周延和科学，执行中也容易产生分歧；从行政法理论来看，普通许可和特许是许可的类别，认可、核准、登记是许可的形式，分类的标准不统一；各类行政许可之间存在交叉，界线难以划清，并且未能涵盖现行的行政许可事项；认可、核准、登记等是否属于行政许可，如果现在就将其定位为行政许可，会限制行政审批制度的改革空间。

（二）行政许可执法中的主体问题

目前，我国立法还未从根本上解决哪些机关可以行使许可权，哪一级机关可以行使什么样或什么层次的许可权问题。下级越权行使上级许可，此许可机关越权行使彼机关许可权，多个部门就同一事项重复许可、多头许可，甚至非

---

❶ 张武扬：“论市场经济条件下行政许可制度的改革与完善”，《安徽大学学报》（哲学社会科学版），2001 年第 26 卷第 1 期，第 78 页。

❷ 祖亚锋："行政许可的规范分析"，北大法律信息网，http：//article.chinalawinfo.com/article_print.asp? articleid=32470，2013 年 12 月 3 日最后访问。

法定许可机关及组织擅自行使许可权,随意设卡、收费等现象较为普遍。这不仅使一些行政机关争权夺利,进而破坏从政之德、影响政府的形象和声誉,而且大大增加了相对人的成本和负担。❶《行政许可法》规定由行业组织、中介机构自律管理的事项可不设定行政许可。而在机构精简的过程中,本该被撤销的行政机关为了维护其既得的利益,摇身一变成为社会中介组织或社团,仍旧变相行使原来的权力,"顺利实现"权力转移。而转移后的行政许可权受到的法律制约明显减少,这可能会给公民、经济组织、法人的利益造成更大的危害。

(三) 行政许可执法中的程序问题

行政许可实施的程序包括申请与受理、审查与决定听证以及变更与延续等方面的内容。首先,在申请与受理部分,我国《行政许可法》第32条最后1款规定了许可受理程序中的书面凭证制度。对于许可申请人的申请,行政主体无论受理与否,都必须出具书面凭证。出具书面凭证,对于行政许可申请人诉权的保护相当重要。但我国行政许可制度对受理程序中的出具书面凭证制度并没有详细的规定,致使行政主体拥有自由裁量权,这一机制形同虚设。同样,在《行政许可法》第30条规定了许可的条件必须公开化,条件要明示,却没有规定许可的条件要法定化。实践中行政机关在实施一项许可时有可能创造出多项甚至无数项许可的条件,每一个条件又会是一个新的许可。其次,在审查与决定听证部分,根据《行政许可法》规定,行政机关在做出行政许可决定之前应当举行听证,但同时在立法中使用了诸如"直接涉及""重大利益关系"等模糊字眼,这又给了行政机关很大的自由裁量权。且对于听证程序的适用范围、行政许可听证参加人、听证主持人的规定过于简单,不具有可操作性。实际操作中难以落实听证的有关规定,特别是规划许可和房屋拆迁许可。《行政许可法》还确定了行政机关应当根据听证笔录做出行政许可决定的案卷排他原则,但没有规定行政机关没有根据听证笔录做出行政许可决定时行政相对人的救济权。最后,在许可期限部分,行政许可法对行政许可实施程序的每一个环节,包括申请、受理、审查、决定、变更、延续等均设定了法定期限,这不仅极大地方便了许可相对人,且有利于行政许可的顺利、高效实施。但是

---

❶ 张武扬:"论市场经济条件下行政许可制度的改革与完善",《安徽大学学报》(哲学社会科学版),2001年第26卷第1期,第79页。

《行政许可法》在规定法定期限的同时，又规定了一些"法律法规另有规定的除外"的但书条款，这些条款如果在立法中不能严格控制，就可能会使原本很好的期限制度设计的作用大打折扣。

（四）行政许可执法监督机制和权利救济机制的问题

行政许可的监督是对行政主体通过检查、监控等手段，发现行政主体以及行政许可相对人的行政许可活动有无违法或者不当情况，进而进行相关纠正、调整以及行政处理或司法救济等活动的总称。❶ 我国《行政许可法》详细规定了对行政机关许可行为的监督方式，如行政机关内部的层级监督、行政复议；来自行政管理相对人的监督，如许可公开制度、听证制度、举报投诉制度等，但其监督保障机制仍然存在问题，这些问题主要体现在责任体系的不配套，或者根本没有责任规定。例如，我国《行政许可法》规定，行政机关应当及时核实、处理有关违法从事许可事项活动的举报。但是，行政许可制度对于行政机关不及时核实、处理举报的行为，并无相对应的监督与责任条款。

在行政法上，权利救济是当行政权力侵犯行政相对人的权利时，对行政相对人的损害给予补救的法律制度的总称。❷ 因此，在行政许可制度中，其权利救济就是指对被许可人权利的救济。虽然现行的行政许可制度中对权利救济进行了相关的规定，但是由于行政法上权利救济涉及行政许可制度与相关法律制度之间的衔接问题，如与行政诉讼制度、行政复议制度以及行政赔偿制度之间的延伸结合，相关法律没有及时修改完善，从而导致了我国行政许可救济制度方面的不完善。例如，行政诉讼对于具体行政行为仅限于合法性审查，确立了合法性审查原则。只是对显失公正的行政处罚，法院才可以判决变更。这在实际上便排除了对行政自由裁量权的审查。根据我国《行政诉讼法》的有关规定，行政诉讼的受案范围仅仅限于具体行政行为，人民法院不受理公民、法人或者其他组织对行政法规、规章或者行政机关制定、发布的具有普遍约束力的决定、命令提起的诉讼。这就使得与行政许可有关的抽象行政行为无法受到司法审查。国务院决定、行政法规、地方政府规章被排除在司法审查的范围之外。当以上行政许可设定主体违法设定或设定事项侵害公民合法权益的现象出现时，公民权利救济就不可能通过司法途径实现。

---

❶ 罗文燕：《行政许可制度研究》，中国人民公安大学出版社，2003年版，第284页。
❷ 罗文燕：《行政许可制度研究》，中国人民公安大学出版社，2003年版，第297页。

二、行政许可执法制度改革的稳妥与必要性

在现代国家运行中,行政许可执法是行政主体维护正常社会秩序和市场经济秩序所必需的行政管理手段。行政许可执法制度改革使得行政主体所代表的国家能够对社会和经济的发展进行宏观把控,进而发现哪些领域应当介入行政许可执法,哪些领域虽实行了行政许可执法但应当修正或是完善;能够将国家和行政主体的宏观调控与被管理者的主观能动性连接起来,从而弥补制度存在的缺陷,维护公共利益、经济发展和社会秩序的稳定。行政许可执法制度改革的必要性首先反映在改革的实体任务和目标要求上,要深化行政许可执法制度改革必须着力抓好以下五项重要改革任务。

(1) 深化行政许可执法制度改革,要以着力解决权责交叉、多头执法问题为重点,以建立权责统一、权威高效的行政执法体制为目标。在横向上,应厘清许可执法机关职责权限,整合执法主体,相对集中许可执法权,深入推进行政许可综合执法。在纵向上,应根据不同层级政府的职权,合理配置许可执法力量。特别是行政许可执法针对的范围,应以涉及民生安全的领域为重点,如食品药品、安全生产、环境保护等,从而有效保障人民群众的生命财产安全。

(2) 完善行政许可执法程序。行政程序是约束行政权力、保护公民权利的重要方式。当前行政许可执法实践中不重视执法程序的现象较为普遍,许多侵犯、损害群众利益的突出问题,如由土地征收征用、房屋拆迁、环境保护等引发的纠纷甚至群体性事件,往往是由于许可执法机关不按程序办事或程序不规范引起的。因此,应把加强行政许可执法程序建设作为深化行政许可执法制度改革的重点工作之一。制定具体执法细则、裁量标准和操作流程,切实做到步骤清楚、要求具体、期限明确、程序公正。推行行政许可、非许可审批管理标准化。[1]对许可执法自由裁量权予以细化、量化和严格规范。坚持法律面前人人平等,任何公民、法人和其他组织的合法权益都要受到平等保护。健全行政许可告知、听证、集体讨论决定、执法争议协调等制度,规范行政执法文书,充分保障行政许可相对人的知情权、表达权、参与权、申请回避权、监督

---

[1] 袁曙宏:"深化行政执法体制改革",光明网,http://news.gmw.cn/2013-11/27/content_9614904_2.htm,2013年11月27日最后访问。

权、救济权。

（3）创新行政执法方式。正确选择行政执法的方式，是行政执法实现预期效果的有效保证。行政许可执法机关应当主动适应经济社会发展的新形势和人民群众民主法治意识加强的新要求，加快推进执法方式创新，给予行政管理相对人技术支持、法律帮助和专业指导，寓执法于服务之中，全面提高许可执法人员素质，克服执法的简单化、粗糙化的倾向。

（4）加强行政许可执法经费的财政保障。落实、加强行政许可执法经费的财政保障，从源头上解决许可执法经费不足、许可执法机关受利益驱使执法。行政许可执法机关履行法定职责所需经费，要统一纳入财政预算，并予以保障。县级以上地方各级人民政府要建立责任明确、管理规范、投入稳定的经费保障机制，保证许可执法经费足额拨付。要进一步改善许可执法条件，有针对性地逐年安排资金，加大装备配置、科技建设、基础设施方面的投入和保障。同时，各级财政部门要健全监督检查制度，加强对行政许可执法经费使用的监管。

（5）全面落实行政许可执法责任制。严格落实行政许可执法责任制，是深化行政许可执法制度改革的重要环节之一，也是监督和制约行政执法权力的有效途径。监督机关应根据有权必有责的要求，加强对行政许可执法的监督，排除对许可执法活动的非法干预，防止和克服地方保护主义和部门保护主义，对许可执法工作中的不当执法、违法及利益驱动和腐败现象进行严肃查处，对存在上述问题的执法人员要严格问责。

行政许可执法制度改革的作用主要表现在：①有利于强化国家对社会经济活动的宏观管理，促进执法手段由直接管理向间接管理发展。社会活动和经济活动的多样性导致行政主体在进行行政管理活动时不可能对每一个行政相对人的行为都进行直接管理，但因为市场经济固有的局限性、自发性和盲目性等缺陷，需要国家从宏观上对社会经济活动进行调控。为了平衡上述矛盾，行政主体在一些行业的准入上采用一定的行政许可方式进行把关，从而引导市场主体的经济活动，防止产业结构不合理、投资集中和过热、劳动力分布不均等现象出现。②有利于维护社会秩序和经济秩序，维护社会公共利益和公共安全。社会的发展和进步致使社会生活和经济生活中出现了越来越多的新兴事物，如知识产权、小微金融业、互联网电商等。行政许可中行政主体除了对许可申请人的生产经营能力、条件和资质等进行审查之外，针对过去没有出现过的空白领域采取怎样的许可执法制度会影响到相对人的权益、公共利益及社会的正常秩序的运转。行政许可执法制度改革能够在一定程度上发挥事前预防的作用，使得市场主体在经济活动中受到指引并合法地进行一系列活动。而国家行政机关通过行政许可制度对食品、药品、金融衍生品等具有一定特殊性的行业进行管理，对武器、爆破物和其他危险品的生产、运输、保管、持有和销售等进行有效控制，在客观上保证了正常的生产生活秩序，为社会经济的发展创造了良好的环境。③有利于合理分配和利用市场资源，促进国民经济发展。行政许可执法制度改革的一大要求就是使服务和管理的绩效水平得到进一步提高。从宏观角度看，通过行政许可可以适当调整各个行业的资源分配。如在环境行政许可执法领域，通过设计和建构具体制度，对高污染高能耗行业的准入加以控制，许可支持能源利用率高的行业及污染处理行业，不仅能够避免资源、人力和财力的浪费，更能有效解决环境和生态问题。而对关系到国计民生的行业和进出口产品实施严格的许可制度，对本国的"朝阳产业"给予特别保护，对外资的进入予以适当的控制，从而促进国民经济持续快速健康发展，提升我国的经济实力和综合国力。④有利于行政主体行政管理的良性发展，消解行政许可过多过密的消极影响。现实生活中存在这样一种错误的认识，即如果某件事情较为重要且需要管理时就订立一部法律，设置一套相应的机构。这种错误认识使得行政许可在一段时间内呈现出不断增长的态势，并直接导致行政机构的膨胀及国家财政的大量支出，市场主体受到越来越多的管制，各种权力寻租、权力腐败现象层出不穷。从行政主体自身看，行政许可设置的不合理易造成各部门之间行政许可执法的矛盾冲突，使得政府职能发生错位和越位；在具体的行政许可执法中，如果行政主体不转变职能态度，把大量的精力投入到过多的行政审批上而不是对市场运行的监管和服务上，将造成行政管理效率的低下。上述问题都是行政许可执法制度改革需要解决的方向和进路。

深化行政许可执法制度改革的重要意义是：①行政许可执法制度改革是全面推进依法治国、加快建设法治政府的迫切要求。习近平总书记明确指出：全面推进依法治国，必须坚持严格执法。"行政机关是实施法律法规的重要主体，要带头严格执法，维护公共利益、人民权益和社会秩序。"我国大约80%的法律、90%的地方性法规和几乎所有的行政法规都是由行政机关执行的。而行政许可执法又是行政机关最大量的日常行政活动，是实施法律法规、依法管理经济社会事务的主要途径，是实现政府职能的重要方式。可以说行政许可执法是否严格公正,直接体现着各级政府依法行政的水平和程度。应当看到,自《行政许可法》颁布后,行政许可执法总体上有了很大改善,取得了明显进步,但仍然存在着不少问题:许可不作为问题日益凸显;执法人员素质参差不齐;许可执法不重视程序、违反程序的问题也较为普遍。因此,必须深化行政许可执法体制改革,明晰权责配置,完善运行机制,规范裁量行为,强化程序约束,严格责任追究,从而为实现严格规范、公正文明执法提供体制保证,为到 2020 年基本建成法治政府奠定坚实基础。②行政许可执法制度改革是保障人民群众权益、实现社会公平正义的迫切要求。在行政机关的所有活动中,行政许可执法与人民群众的切身利益密切相关,这就要求行政执法机关决不能仅仅将执法看作一项孤立、简单的法律技术和法律操作行为,而必须看作是保护人民权益、体现公平正义的权力行使行为和社会系统工程。❶ 目前,一些地方和部门在行政许可执法过程中仍然缺乏宗旨意识和群众观念,要求群众履行义务多,主动保护群众权利少;讲方便执法多,讲方便群众少;处罚制裁多,提供服务少;硬性管理多,说服疏导少。❷ 结果很多时候从表面上看似乎完成了执法任务,实际上则是损害了人民群众对法律的信仰,影响了人民群众对实现社会公平正义的信心,扩大或激化了社会矛盾。要解决这些问题,必须深化行政许可执法制度改革,把"一切为了人民,一切依靠人民"作为深化改革的指导方针,牢固树立以人为本、执法为民的宗旨意识,真正做到执法与服务相结合。③行政许可执法制度改革是维护经济社会秩序的迫切要求。当前是我国改革发展的关键阶段,利益格局调整困难复杂,社会矛盾高发多发,无论是在经济调节、市场监管领域,还是在社会管理、公共服务领域,都存在不少严重失序失范的突出问题,仅靠道德、自律难以有效制止违法行为,仅靠常规执法也不足以矫正少数违法者长期形成的行为惯性。执法宽严的抉择,当以社会需要和人民意愿为标准,审时度势,依法而行。❸ 为了让诚实守信和公平正义在法治的阳光下茁壮成长,必须通过深化行政许可执法制度改革建立起更加权

---

❶ 袁曙宏:"深化行政执法体制改革",光明网,http://news.gmw.cn/2013-11/27/content_9614904_2.htm,2013 年 11 月 27 日最后访问。

❷ 袁曙宏:"深化行政执法体制改革",光明网,http://news.gmw.cn/2013-11/27/content_9614904_2.htm,2013 年 11 月 27 日最后访问。

❸ 袁曙宏:"深化行政执法体制改革",光明网,http://news.gmw.cn/2013-11/27/content_9614904_2.htm,2013 年 11 月 27 日最后访问。

威、高效和有力的行政许可执法机制，努力形成规范有序的经济社会秩序，显著提高全社会对行政许可执法工作的认可度和满意度。

三、行政许可执法制度改革的目标与进路

行政许可执法制度改革的发展方向或称目标问题是我们必须关注的重点理论问题之一。行政许可执法制度是伴随行政管理客观存在的，有行政管理就有行政许可执法，就有行政许可执法体制。尽管行政许可执法体制是客观存在的，但是其内容和运行方式却有不同，即在改革的方向目标上有不同的选择。有观点认为，目前进行的相对集中行政许可权的改革，其发展方向是综合行政许可执法。也就是说，综合行政许可执法是行政许可执法制度改革的目标模式，综合行政许可执法是相对集中行政许可权今后发展的高级形式。对于行政许可执法制度改革的目标模式问题，笔者认为有必要予以分析说明，法律的立法目的并非单一而常常是复合的，当一部法律具有多个立法目的时，需要明确它们之间的关系，这一方法被称为法律的"目标模式"，由此推之，行政许可执法制度改革也应该明确改革的目标模式，确定这一目标模式非常重要，因为它决定着行政许可执法制度的整体制度安排，并且影响着改革的每一个具体环节，甚至是每一个行政许可的运作。行政许可执法制度改革的目标模式从宏观上主要分为两种：一种是"权利模式"，侧重保障行政相对人的合法权益和社会公共利益；另一种则是"效率模式"，侧重提高行政许可执法效率。笔者认为，就行政许可执法制度改革而言，不应只采取单一的目标模式，而应采取权利与效率并重的目标模式，这一模式要求在涉及具体行政许可执法制度时，尽可能做到兼顾多种改革目的。

对于行政许可执法制度改革的发展方向究竟应当怎样认识，的确需要深入研究。我国深入推行政许可制度改革的总体目标是："行政许可事项进一步减少，许可行为实现公开透明、规范运作，行政许可相关制度和制约监督机制较为健全，利用许可权谋取私利、乱收费等现象得到有效遏制，人民群众的满意度有新的提高。"[1] 即建立"权责分明、配置科学、程序严密、行为规范、监督有效、保障有力"的行政许可执法制度。在总体目标确立的大的方向和目标下，还有以下几点具体认识。第一，在对行政许可执法制度改革方向的认

---

[1] 蔡靖：《我国药品管理行政许可制度改革探析》，吉林大学，2010年，第12页。

识上,必须明确改革的根本目的是促进法治政府的建立,为经济社会的发展提供良好的法制环境并为全面建设小康社会服务,而不应当是为了改革而改革,因此,行政执法体制改革在方向上必须适应和符合经济社会发展的需要和要求。第二,行政许可执法制度改革的重点是执法权的重新配置,这也是执法权的调整。这种调整的实质是更改法律规定,必须依照法定的权限和程序进行。调整的结果既可能是新的执法主体的产生,也可能是原执法主体的职权增加。执法权变化,但执法主体不一定变化。❶ 如果只是简单地把许可执法机构的设置作为许可执法制度改革的唯一目标和全部内容,那么行政许可执法制度改革势必陷入困境。第三,行政许可执法制度中的主体结构、权力配置、程序建构三要素固然重要,但绝不能忽视权力的运行和监督机制。"只要启动了权力,就应当预设其责任。"❷ 行政许可权是行政执法权力中最重要的权力之一,它的行使必须遵守一系列的原则、程序并运行监督机制,必须树立和体现社会主义法治理念,必须真正做到执法为民。简而言之,就是不能为许可而许可,更不能为谋求私利、权力寻租而乱许可、滥许可。而这些恰恰才是制度改革需要解决的更深层次的问题,也是仅仅调整权力、执法主体和程序所无法解决的。

(一) 行政许可设置的科学化

行政主体在设定行政许可时应当考虑到自身在市场中的角色定位,发挥"看不见的手"的作用,保持行政管理行为与市场需要之间的互动平衡,努力使尽可能多的社会成员的正当利益和需求与社会整体的利益和活力维持在相对较大的状态。现有的规范性文件在设定行政许可时价值取向不统一,不符合行政法的基本原则和精神,上述情况是行政许可执法制度改革的一大原因。科学合理地设置行政许可的基本制度内容,不但可以促使市场资源按照市场经济规则的要求进行配置,而且可以促进相关监管行政资源的合理配置,使行政权得到更好的行使,进而有效保障人民群众的合法权益。

(二) 行政许可执法行为的公开化、公正化

行政许可行为的公开,既有利于保障行政相对人的知情权,又有利于实现对行政许可执法行为的多层次多角度监督,从而有效地防止行政主体不当行使和滥用行政许可执法权。首先,行政许可执法行为的依据公开。行政主体应当

---

❶ 青锋:"关于深化行政执法体制改革的几点思考",《行政法学研究》,2006年第4期,第4页。
❷ 张文显:《法理学》,法律出版社,1997年版,第249页。

将其所依据的法律、法规、规章以及自由裁量权的考虑因素进行公开。其次，行政许可行为的程序公开。许可执法机关应当将相应的许可申请、受理、审查和决定等各项程序进行公开，并严格遵守法定办理期限。对于许可事项涉及行政相对人重大利益的，还应当依法举行公开听证。❶ 最后，行政许可执法行为的监督公开。一方面，在具体的行政许可执法权行使过程中，许可执法机关应当主动接受相对人和社会各界的公开监督，并实现制度化；另一方面，在行政许可执法行为完成后，许可执法机关同样要受到内部和外部的双重监督。而行政许可执法行为的公正，是指行政许可执法机关在行使许可执法权时，对待行政相对人要做到平等、公平、一视同仁和没有偏私。追求行政许可执法的公正，可以有效监督行政许可权利的行使，保护相对人的合法权益；还可以提升行政许可执法机关的威信，树立其理性执法、公正执法的良好形象，从而赢得人民群众较高的满意度，有效缓解群体性事件、社会矛盾冲突等。

（三）行政许可执法的高效化

行政许可执法权是行政权的重要组成部分，是由行政许可设定权、行政许可执行权等组合而成的权力，是一种对社会资源进行配置和利用的主要权力。出于服务社会并不断证明自身存在合理性的需要，行政许可权的运行必须以提高效率为目标。❷ 在行政许可执法的具体领域，许可机关要坚持高效便民的行政法的基本原则，尽可能简化权力运行过程中的各个环节，尽量减少权力运行中的各项成本，使有限的行政许可执法资源发挥出最大的效用，切实提升行政许可执法的水平。

---

❶ 蔡靖：《我国药品管理行政许可制度改革探析》，吉林大学，2010年，第13页。
❷ 蔡靖：《我国药品管理行政许可制度改革探析》，吉林大学，2010年，第13页

第二章　行政许可执法制度改革的程序

第一节　行政许可执法制度改革程序与内容

行政许可是所有法治社会存在和发展不可或缺的一项制度,但它必须根据经济社会发展的需要与时俱进地进行改革,当然,与之对应的行政许可执法制度也要随着行政许可制度的改革进行相应的调整。中国的行政许可制度改革是在改革要求与改革条件存在某种失衡的特定背景下启动的,虽然取得了巨大成绩,但总体上尚未完全摆脱所谓的在"探索中徘徊"的尴尬境地。如果说立法也是改革的必由路径的话,那么为行政许可进行统一立法可以说是一条具有中国特色的路径,也是行政许可制度改革的重要成果。《行政许可法》将减少和规范行政许可作为立法的指导思想,以合法、高效、有序、便民为基本精神,是继《行政处罚法》后对行政权行使的又一次重大的反思与重构。它不仅是中国近些年来市场取向的行政许可制度改革的延续和升华,更是全面履行加入世界经济贸易组织承诺的一个重要举措。因此该法的通过被誉为"我国民主法制建设史上的又一里程碑"。❶ 有鉴于此,笔者认为,我国在进行行政许可执法制度改革的探索中,一定要立足于这一现实,把行政许可执法制度改革的每一步发展都深深嵌入中国的具体国情下,只有这样,行政许可执法制度改革才可以收到很好的效果。

---

❶ 《法制日报》评论员文章标题,参见《法制日报》,2003年8月28日,第3版。

一、几组相关概念的学理厘析

在开始论述之前,笔者认为,首先必须厘清行政许可与行政许可执法程序的概念、行政许可与行政许可执法之间的关系问题。只有明确了行政许可的本质属性,才能进一步论述行政许可执法行为。

所谓行政许可是指行政机关根据行政相对人的申请,经依法审查,认定其享有特定权利或者自由所应具备的条件或标准的行政程序行为。❶ 行政许可是一种程序性的权力。借鉴民法的有关理论,"民事权利依其全部要素是否具备,可分为既得权和期待权"。❷ 其中,既得权是其全部法律要件都具备,从而为当事人实际享有的权利;期待权是只具备部分要件,必须等到全部要件都具备时方可实际发生效力的权利。行政许可作为一项政府管制制度,直接构成对相对人权利和自由的限制。有关行政许可的法律、法规一旦生效,符合法定条件或标准的行政相对人便由此获得了从事被许可事项的权利或者自由,只不过在行政机关依法确认其行为能力之前,尚处于应然状态即为期待权而已。所以,换句话说,行政机关的行政许可行为,仅仅是相对人行使权利的一个程序性条件而已,是相对人法律权利或自由的构成性事实;缺失该条件时,相对人的权利并不因此而消灭。因此,行政许可说到底是一种程序性的权力。由于行政许可是行政许可执法行为的前置条件,因而与此相对应,行政许可执法行为在一定意义上也是一种程序性的权力。❸

静态的行政组织本身是无程序正当性可言的,因为任何行政组织的设立均是依法授权而设立。行政许可执法程序是针对行政许可执法行为而言的,是为了规范行政许可执法行为、避免相对人的权利因为行政主体的随意判断而受到侵害而制定的,是行政许可执法行为在时间和空间上的表现形式。

所谓空间形式是指行政许可执法行为的表现形式,如口头形式、书面形式、动作形式等。而所谓的时间形式,则是指行政许可执法行为在实施过程中的先后顺序以及所必须履行的每个环节,如《行政许可法》第四章行政许可的实施程序中规定,要进行一项合法的行政许可行为,必须有以下几个阶段:

---

❶ 顾爱平:《行政许可制度改革研究》,苏州大学,2005年。
❷ 张俊浩:《民法学原理》(第三版)上册,中国政法大学出版社,2000年版,第78页。
❸ 顾爱平:《行政许可制度改革研究》,苏州大学,2005年。

申请与受理，审查与决定，期限，听证等。

因此，行政许可执法的过程和内容，其实就是行政许可执法制度的程序性要求以及与其对应的程序性规定的内容。行政许可执法的程序性特点主要表现在如下两个方面：一是从相对人的权利或者自由受到行政许可制度的限制，到获得行政许可而实施许可事项的过程中，以及与此对应的行政许可执法过程中，虽然行政许可只是一个程序性的要件而非实质性的要件，但是，从行政许可本身的特点以及行政许可与行政许可执法之间的关系来看，行政许可执法行为在某种程度上也是一种程序性的规定；二是行政许可执法本身的程序化要求。所谓的程序化"意味着行政许可执法机关及其公务人员行使行政许可执法权的每一步骤和形式都有严格的法律约束，任何违反程序的行为都会受到制裁"。❶ 这两个方面是统一的，后者是从行政许可执法的运作过程考虑的，尽管所有的权力行使都要遵循法定的程序，否则其合法性必然受到质疑，但是出于对行政权这一"最容易导致腐败"的权力的畏惧，行政许可执法制度对行政许可执法程序的运作做了非常详细、谨慎的程序规制，从而使行政许可执法几乎近似于程序的组合，同时组合的程序又增强了它的程序性条件的地位。❷

如果仅仅从字面上来理解的话，行政许可执法似乎仅仅是指行政机关执行行政许可法律法规的一系列行为的总称。其实，行政许可执法从动态角度来看，是一种行政行为；从静态角度来看，是一种法律制度。因此，将行政许可执法仅仅作为一种行为方式来理解，并不能揭示出行政许可执法的全部内涵。因为行政许可执法的实质是一种制度而不仅仅是一种行为方式。作为一种法律制度，行政许可执法是行政机关基于维护公共利益的需要而对相对人的特定权利或者自由进行调控和影响相对人实质权利义务的规则体系，是一套规范行政许可执法的设定、实施、监督检查的制度体系，是包括"行政许可执法的立法、实施以及执法过程中的监督与对行政许可执法行为的司法控制等内容的有机整体"。❸

二、我国行政许可执法制度的历史沿革与现状分析

由于行政许可执法与行政许可天然的内在联系，因而要探究我国的行政许

---

❶ 应松年：《行政法学新论》，中国方正出版社，1998年版，第271页。
❷ 顾爱平：《行政许可制度改革研究》，苏州大学，2005年。
❸ 徐超华："宪政视野下的行政许可"，《湖南城市学院学报》，2005年第3期。

可执法制度的历史，必定要联系我国的行政许可制度的历史，进而做进一步的比较分析。

(一) 我国行政许可执法制度的历史沿革

行政许可制度在中国具有悠久的历史，因而行政许可执法制度在中国也是历史悠久。在商代已经出现了专门从事手工业的氏族，并有了专职管理手工业的官吏，被称之为"尹工"或者"司工"，这就是比较早的行政许可执法的雏形。到了西周，官府对手工业及商业的垄断已经逐渐完备，官府通过对商业市场的管制来制约民间手工业的发展，这是行政许可执法的进一步发展阶段。宋初至明末年间（一如前言），也一直存在着贸易许可制度，如实行盐、茶的官营专卖制度，同时与其相对应的行政许可执法也得到了进一步发展，行政许可执法的形式和内容也在不断丰富和完善。到清朝时期，实行许可执法制度的领域逐渐增多，如结婚登记、采矿、捕捞、渔猎、企业登记等。❶ 所以行政许可执法行为在结婚、采矿以及企业登记方面也进一步得到完善。新中国成立以后，行政许可执法制度得到了较大的发展。由于计划经济的影响，政府以管制与全面干预作为自己的行为导向，从而导致行政许可执法权行使的泛化和不规则化。过度以及不合法的行政许可执法行为，加上极端的不规范，导致了行政权力过分挤占社会与个人的自由空间，从而滋生了严重的腐败。

纵观历史长河，政府或者说官方历来对社会经济生活的干预和管制近乎到了无孔不入的地步。官府在重农抑商的同时，对手工业和商业实行垄断。高度的集权主义、令人窒息的国家控制和管制，使社会丧失了许多活力，这也是近代中国技术落后、政治腐败从而导致落后挨打的主要原因之一。而历史上"文景之治""贞观之治"的盛世，恰好是管制相对松懈，行政许可范围和权力相对弱化之无为而治的结果。❷ 这一点值得我们深思。

(二) 我国行政许可执法制度的现状分析

由于我国的行政许可制度建设起步比较晚，行政许可执法制度有待进一步完善，而整个国家又处于社会体制与经济体制的重大变革和转型期，因此无论是行政许可执法制度的内容设立本身，还是在制度适用的过程中，都存在着大量的问题，并且在许多方面已经变成了社会经济发展的异化力量。

---

❶ 杨解君：《行政许可研究》，人民出版社，2001年版，第27-30页。
❷ 蔡珮：《中国行政许可合法性问题探究》，苏州大学，2002年。

第二章 行政许可执法制度改革的程序

首先，由于《行政许可法》在设定方面的不足，导致行政许可执法的过程有很大的自由空间，容易滋生腐败和"权力寻租"现象。《行政许可法》第12条规定了"可以设立行政许可"的6种情况，第13条又规定了"可以不设定行政许可"的4种情形。这些规定中适用的关键词都是"可以"，用语模棱两可，存在着一定的灰色地带，具有极大的不确定性，从而给是否设定行政许可留下了肆意发挥的空间，进而为行政许可执法的自由裁量埋下了伏笔。这背离了严格设定行政许可项目的立法初衷，违背了许可法定的确定性原则，也为行政许可执法程序的瑕疵埋下了"恶之伏笔"。此外，由于目前我国的立法工作仍处于粗放的阶段，缺乏进行规制及合理性分析的立法技术与手段，这便直接导致《行政许可法》对设定行政许可以及行政许可执法制度相关方面真正管用的措施基本全部在合法性环节，而不是合理性环节。这无疑加大了行政许可执法过程中的合理性执法难度。

其次，行政许可实施程序方面的不足，导致行政许可执法程序存在瑕疵。"法治的实现离不开程序。没有程序，法治理念和要求无法转化为法治规范；没有程序，法治的规范和限制无法转化为法治现实。"❶ 西方国家对行政许可执法的制约，首先体现在行政程序法对行政许可执法程序规则的规定上，其次在行政实体法中也规定了较为详尽的行政许可执法规则。到目前为止我国没有专门的行政程序法典，《行政许可法》虽然注重对行政许可程序方面以及行政许可执法方面的程序性设计，但其中仍有欠缺和疏漏，并且这种不足在现实生活与实践中表现得越来越明显。在行政许可执法实施的每一个具体环节上，都有可能出现现行法律未能考虑到的情形。这也是本课题致力解决的问题之一。

如关于听证程序的规则，《行政许可法》第47条规定，行政机关对直接涉及申请人与他人之间重大利益关系的行政许可事项做出行政许可决定前，应当告知申请人、利害关系人享有听证的权利，并依申请人、利害关系人申请举行听证。但对于行政机关做出变更、撤销或者撤回行政许可的决定是否需要听证没有规定。而且依据《行政许可法》第47条规定，申请人和利害关系人只有在被行政机关告知的情况下才可以申请听证，该法并没有明确其在不被告知的情况下是否也可以申请听证。至少从立法语言的描述上，表现出了限制听证适用范围的倾向，这与立法目的和立法本意是相悖的。正是这一行政许可实施

---

❶ 应松年：《行政程序立法研究》，中国法制出版社，2001年版，第15页。

程序方面的不足,导致在行政许可执法过程中,行政相对人在合法权益受到侵害时不能及时有效地得到救济。这也是行政许可执法遇到的棘手之问题。

最后,行政许可执法制度在法律责任方面的不足,导致行政许可执法制度方面司法救济的缺失。有权必有责、权责一致是现代法治社会的一个基本理念和要求。罗尔斯指出:"在一个较大的共同体中,不可能期望得到那种在相互诚实的基础上建立起来的使强制成为多余的相互信赖。在一个组织良好的社会中,必需的刑罚无疑是温和的,而且也许永远不会被使用。但即使在这个场合,必需的刑罚的存在仍然是人类生活的一个正常条件。"❶ 我国当前的《行政诉讼法》充分体现了"责任行政"的原则,但是在整个法律体系的建构上也存在着不配套的地方。这一漏洞使得对因行政许可执法造成的损害进行司法救济的途径不能有效发挥应有的作用。如根据《行政许可法》第36条规定,行政机关对行政许可申请进行审查时,发现行政许可事项直接关系他人重大利益的,应当告知该利害关系人。但是行政机关如果不告知利害关系人又应该承担什么责任?即采取什么措施保证行政机关履行告知义务?在对应的法律责任条款中并没有相应的内容。正是因为这样,当行政许可执法行为对相对人的权益造成损害时,相应的救济渠道得不到有效的保障,同时,程序或者实体有瑕疵的行政许可执法行为得不到有效的纠正,被侵害的法益也得不到应有的恢复。

三、行政许可执法制度的改革举措

鉴于行政许可执法的程序和内容存在着诸多不尽如人意的地方,因而需要进行改革和进一步的完善,这是本书的应有之义,也是本课题想要完成的研究目标,即通过探究行政许可执法制度为何必须变革的深层原因,从而寻找一种更为明确和理性的进路。

中国社会科学院语言研究所于1978年编写的《现代汉语词典》,对"改革"一词的解释是:"把事物中旧的不合理的部分改成新的、能适应客观情况的(活动)。"笔者认为,行政许可执法制度改革,就是指根据市场经济和社会发展的要求,在正确的行政许可执法改革理念的指导下,合理确定行政许可执法的范围,规范行政许可执法实施的主体、加强行政许可执法的监督,提高

---

❶ 约翰·罗尔斯:《正义论》,何怀宏等译,中国社会科学出版社,1988年版,第269页。

行政许可执法的效率,建立内容科学、程序规范、权责一致、监督有力的与社会主义市场经济体制相适应的科学、合理的行政许可执法制度,逐步形成行为规范、运转协调、公正透明、廉洁高效的行政许可执法体制,实现行政许可执法的科学化、民主化、法治化和现代化。❶ 实际上,这里的改革,是对行政许可执法制度建构上的创新表达。

就目前而言,虽然行政许可执法制度改革已经取得了阶段性成果,而且《行政许可法》的颁布实施标志着中国行政许可执法制度改革慢慢进入了法制化轨道,但是由于社会主义市场经济体制还不完善,政府管理职能和管理理念的转变还不到位,行业组织和中介机构发育还不成熟、运作还不规范,使得《行政许可法》在实施过程中会遇到许多无法回避的困难和问题,行政许可执法制度改革所面临的任务仍很艰巨很复杂,需要在实践中继续探讨,这项改革还要向纵深推进。今后,应当不断满足完善社会主义市场经济体制和社会全面发展进步的需要,以贯彻实施《行政许可法》为契机,切实转变政府职能,全面推进依法行政,严格规范行政许可执法行为,加快行政管理体制改革,不断更新管理理念、创新管理方式,努力提高社会主义市场经济条件下政府管理经济和社会事务的能力和水平。

第一,严格设定行政许可的范围,对行政许可执法的实体性内容做细致合理的规定。西方市场经济发达的国家对行政许可设定的范围控制得比较严格,如在德国,设定行政许可的事项主要有四类:一是预防性控制的事项,指公民行使这部分权利不当可能会对公共利益造成不利影响,通过设置许可以达到预防性控制的目的,如公害防治上的设施许可、建筑法上的建筑施工许可等;二是对一般禁止解禁的事项;三是资格确认性事项,指对申请人从事本该由国家承担的公益事业的主体资格的确认;四是履行告知或程序义务的事项,指当事人在行使权利前必须向行政机关履行告知和必要的程序上的义务,以便行政机关了解公民拟从事的可能影响公共利益的活动,在必要时采取防范措施。❷ 我国在对行政许可执法进行改革的过程中,应该借鉴国外的相关经验,进一步完善我国的相关立法规定,这样才能从立法层面来完善我国的行政许可执法制

---

❶ 顾爱平:《行政许可制度改革研究》,苏州大学,2005 年。
❷ 汪玉凯等:《中国与韩国行政体制改革比较研究》,国家行政学院出版社,2002 年版,第120 – 124 页。

度，更好地规范我国行政许可执法的过程和内容。

第二，规范行政许可执法的程序。多数市场经济发达的国家都非常重视对行政许可执法程序的规范，并且把对行政许可执法程序的规范作为行政执法行为公开、公平、公正的保障，故在一些发达国家的行政许可执法程序中都涉及以下内容：

（1）建立政府信息公开制度。政府信息公开主要指除法律规定的涉及国家机密、影响公共安全等免于公开的信息外，政府应当承担向公众公开相关信息的义务，以保障公众的知情权，保证申请人获得公平的机会和公正的待遇，避免暗箱操作，推行阳光行政。

（2）适用听证制度。目前，世界各国有关行政许可执法程序的规定中基本上都采用了听证制度。如美国《联邦行政程序法》第554条规定：行政机关实施包括核发、拒绝、吊销、修改许可证的裁决时，行政机关应为利害关系当事人提供机会，使他们能够提出和研究各种事实、论据和解决办法；在当事人之间不能以协商方式解决争端时，依法得到听证和裁决的权力。机关开始听证程序后，当事人有权用证言或文书证据提起诉讼或抗辩，有权提出反证，进行反询问，以弄清全部事实真相。机关在听证审核原始许可证申请时，只要无损于一方当事人的利益，便可以采用书面形式提交全部或部分证据。❶

（3）适用说明理由之明示制度。说明理由制度在行政许可执法过程中的适用，一方面是迫使行政执法机关事前充分考虑实施行政许可执法行为的事实和法律依据，做到依法执法，合理裁量；另一方面也可以使公民了解行政执法机关的理由说明是否存在问题，并据此选择适当的合法救济途径。该项制度设计，对于行政许可执法制度的程序和内容方面的变革都具有重要的现实意义。

第三，明确行政许可执法机关的权责。

（1）建立权力制约机制，避免权力的过度集中所造成的权力滥用。权力的过度集中会使心怀不轨者的目标更加集中、单一，而且行政执法机关由于受到人员数量、知识结构的限制，许可执法的随意性会随之增大，这会使执法人员和行政相对人之间的博弈更加隐秘。为此，一些国家往往把同一许可执法项目分解为若干个环节，由不同部门分别对与各自相关的环节提出具体意见和建议。这其实就是在行政许可执法过程中实行分权的具体表现。

---

❶ 王名扬：《美国行政法》，中国法制出版社，1995年版，第1121－1122页。

（2）为避免行政执法机关之间由于权责界限模糊而相互推诿，应依法明确行政执法机关各自的权责划分。首先，明确各自的职责，既能相互配合也能相互制衡；其次，对于行政许可执法期限一般也应做出严格的规定。只有这样，权力和责任才能实现——对应，在具体的行政许可执法过程中才能做到依法执法、做到合法合理，进而实现法律效果与社会效果的统一。

（3）尽量减少行政许可执法的环节，提高行政许可执法的效率。国外行政许可执法制度都很注重尽量减少执法环节，以提高行政效率。如澳大利亚、新加坡的许可项目、许可执法手续普遍较少，而且不同许可执法项目的执法程序和内容都有所不同。国外之所以这么规定，就是针对不同的行政许可执法活动采取不同的行政许可执法手段，从而提高行政许可执法效率。

对行政许可执法的程序和内容进行有效厘清和分析，对我国行政许可执法制度的完善具有重要的理论意义。当然，在具体的改革过程中，要始终立足于中国的国情，不能离开国情谈改革，否则那只是空谈，最终也只能是"一纸空文"，不会产生实际的社会效果和法律效果。行政许可执法的程序与内容是在不断发展、不断更新的，但只要立足现实与行政许可执法的具体实践，把握其内在逻辑结构，就可以更好地使我国的行政许可执法制度得到有效的长足发展，使其真正合法合理，真正达到社会效果与法律效果的高度统一。

第二节 制度的核心要素：信息、参与、责任

根据社会学制度构建的基本原理，构建行政许可执法制度的核心要素可以依据执法过程的不同阶段而涵盖信息、参与与责任这三个核心要素。这三个要素所构成的原则无论是在立法还是执法过程中都有充分体现。同时，在行政许可执法制度中这三者又体现出各自特有的含义。

一、信息要素

行政许可执法制度中的信息要素是执法过程中的关键要素。信息如何发挥作用以对行政许可执法产生影响？笔者认为，信息一般在下列两个事项中发挥作用：第一种是在行政许可申请人提出申请后的执法前期，行政主体应当在做出行政许可决定前进行的信息搜集和审查；第二种是在整个行政许可执法过程中相关政府部门以及行政执法主体应当向公众提供的信息，也可称为信息公开。

（一）行政主体在行政许可决定审查过程中应当纳入考量范围的信息

分析行政主体在做出行政许可决定前的审查过程中需考量的信息，首先要明确一个与之相关的关键概念——行政许可申请的审查深度。行政许可的审查深度，即行政机关对行政许可申请究竟采取形式审查还是实质审查，这直接影响着一项行政许可的被赋予与被拒绝，也涉及对行政机关自由裁量权的规制，甚至行政责任的承担与行政赔偿。[1] 形式审查，是指行政主体在审查行政许可申请时只做形式上的审查，一般包括行政许可申请是否有明确的意思表达，材料是否齐全，是否符合法定要求等；实质审查是指相关行政许可机关对行政许可的申请做实质上的审查，它主要审查行政许可申请相关条件的真实性。实质审查是在形式审查合格的基础上对许可申请事项的相关内容，如申请人的行为能力、场所、设备、卫生环境等进行审查、调研。

根据我国《行政许可法》第34条规定："行政机关应当对申请人提交的申请材料进行审查。申请人提交的申请材料齐全、符合法定形式，行政机关能够当场做出决定的，应当当场做出书面的行政许可决定。根据法定条件和程序，需要对申请材料的实质内容进行核实的，行政机关应当指派两名以上工作人员进行核查。"根据上述规定可知，我国的行政许可审查一般以形式审查为主，实质审查为辅，只有在根据法律规定需要对申请的实质内容进行核实时才进行实质审查。

行政许可机关所需要掌握的信息应当体现在进行实质审查的过程中。从目前的情况来看，我国的行政许可在实质审查时并不注重对信息的搜集和考量。以我国《行政许可法》中的相关条款为例，我国《行政许可法》第12条第4项对需要做出行政许可申请才能从事的行为有如下规定，"直接关系公共安全、人身健康、生命财产安全的重要设备、设施、产品、物品，需要按照技术标准、技术规范，通过检验、检测、检疫等方式进行审定的事项"。即在对上述许可申请审查时，应当以检验、检测、检疫等方式为前提，只有在通过检验、检测、检疫对相关信息进行鉴定确定其符合相关条件的前提下才能进一步做出行政许可决定。这里便涉及行政许可申请受理机关对相关信息要素进行搜集、检验与分析。

---

[1] 胡建淼、汪成红："论行政机关对行政许可申请的审查深度"，《浙江大学学报》，2008年第38卷第6期，第84页。

行政机关在行政许可申请审查过程中注重对相关信息的搜集和考察对行政许可申请决定的做出具有重要意义。行政机关基于相关数据的搜集、考察与客观分析做出决定，可以加强行政决定的合法性、合理性、客观性与可靠性。

（二）信息公开

行政许可执法中的另外一个关键性信息要素涉及行政信息公开。要探讨行政信息公开，首先应明确行政信息的定义。行政信息，即政府信息，根据我国《政府信息公开条例》第2条的规定，我国的政府信息主要是指"行政机关在履行职责过程中制作或者获取的，以一定形式记录、保存的信息"。我国《行政许可法》第5条明确规定"设定和实施行政许可，应当遵循公开、公平、公正的原则。有关行政许可的规定应当公布；未经公布的，不得作为实施行政许可的依据。行政许可的实施和结果，除涉及国家秘密、商业秘密或者个人隐私的外，应当公开"，即确立了在行政许可过程中的行政公开原则。同时，《政府信息公开条例》已于2007年1月17日国务院第165次常务会议通过、公布，并自2008年5月1日起已开始施行，《政府信息公开条例》主要对行政信息公开的主体、要求、基本内容、重点内容、公开程序、监督检查、权利救济等内容做出具体规定。

从世界范围来看，行政信息公开已成为一种世界潮流。西方国家在法制建设方面一直处于世界前列，在信息公开领域也不例外。美国、英国、日本等发达国家在过去的几十年里已率先实践信息公开、建立信息公开相关机构并且完善信息公开立法，确立信息公开制度。此外，许多发展中国家也开始探索建立信息公开制度，如印度、中国等许多亚洲国家。基于什么目的使越来越多的国家开始注重对信息公开原则的发展，原因就在于"行政公开对于实现民主行政和法治行政具有重要作用，被认为是现代法治国家、法治政府的一种基本理念，是当代行政法制发展的一个基本趋向，也是防治行政权力腐败的一项重要举措，而且是促使行政机关和其他公共性组织积极优质地为公民和社会提供行政服务的一项制度设计"。[1]

---

[1] 莫于川："政府信息公开法的基本理念、立法目的和指导原则再检讨——兼从年度报告看政府信息公开法的基本理念、立法目的和指导原则的实现情形"，《河南省政法管理干部学院学报》，2009年第6期。

从我国的实践情况来看,《政府信息公开条例》的出台推动了我国信息公开制度的建立和完善,其在实际中的施行有利于保障相关行政相对人的知情权、参与权与监督权,有利于从制度构建上规制、约束行政机关利用优势地位滥用权力,有利于我国建设公开、公正、透明的民主政府。然而,在具体实施环境中,信息公开原则的推行也遇到很多阻力。下面以《重庆市政府2012年政府信息公开工作年度报告》为切入点,探讨我国政府信息公开制度面临的困境。

根据重庆市政府发布的《重庆市政府2012年政府信息公开工作年度报告》,重庆市政府在2012年针对信息公开的推行所做的工作主要包括出台政府信息公开工作要点、召开全市政府信息公开工作会议、进一步加强政府信息公开重点工作、建设市政府网站信息公开专题栏目、有序推进预决算信息公开工作、加大食品安全信息公开力度等。从具体数据来看,在主动公开信息方面,2012年重庆市政府共主动公开政府信息105.95万余条(卷),其中政府网站公布信息4.8万余条,档案馆公布档案80.62万余卷,以新闻发布会、政务微博、传单、板报等其他方式公布信息21.5万余条;在依申请公开信息方面,重庆市政府共收到政府信息公开申请93件,其中征地拆迁信息71件,"三公"经费和财政预决算信息12件,人力社保信息4件,其余信息6件;在依申请信息公开的答复方面,93件政府信息公开申请均已全部答复,在答复中"同意公开"82件,"同意部分公开"3件,未能提供相关信息8件;在信息公开救济方面,2012年重庆市政府未发生涉及信息公开的行政诉讼案件;受理涉及政府信息公开的行政复议申请2起,均妥善结案。❶

通过对以上数据的分析可以看出,政府信息公开在重庆市得到了基本贯彻,但执行力度仍然有待提高。且不论发布数据的真实性问题,行政机关关于信息公开的推行工作也存在诸多问题。首先,当前越来越多的信息公开通过网络发布如微博、政府网站,这就导致那些不具备网络条件的公民无法及时有效地获知相关信息;其次,重庆市政府主动公开的信息中有80%都是通过档案馆发布,这无疑不利于公众就近、便利地获取信息,尤其对于一些交通不便、地处偏远的公众。

---

❶ "重庆市政府2012年政府信息公开工作年度报告",重庆市政府网,http://www.cq.gov.cn/publicinfo/web/views/Show!detail.action?sid=1098824,2014年4月8日最后访问。

从信息公开救济来看，重庆市一年内竟没有关于信息公开的诉讼案件，行政复议案件也仅仅只有两例。这种立法保障与实际执行之间存在巨大落差的怪象，既体现了我国信息公开制度的实际落实情况，同时也反映了信息要素在我国现实行政活动中的尴尬地位，进而对我们在行政许可执法制度的改革过程中应当侧重的方向有所启发。

二、参与要素

参与要素是我国行政许可执法制度改革中应当纳入考量的另一重要因素。关于参与原则的法理分析，一般认为，参与的执行可以解释行政执法的合法性。政府的权力来自于人民的授权，尤其在我国这样的社会主义国家，国家的一切权力属于人民，人民根据自己的意志选出代表来代替他们管理国家事务。换言之，行政机关工作人员基于职位所享有的管理相关事务的权力并不真正属于他们自己。然而，"一切有权力的人都容易滥用权力，这是万古不易的一条经验。有权力的人们使用权力一直到遇有界限的地方才休止"，❶ 行政机关在执法的过程中非常容易滥用权力，侵害人民的合法权益。因此，参与的运用有利于控制公权力，保障人民的合法权益。另外，一项制度建立以后如要获得可信度与持续性必须依赖于自身确立时的精确性与完整性。执法制度要想得到有效实施与贯彻就必须从公众中获取信息，以确保其可以精确、完整地体现制度优势，从而获得合法性、合理性。因此在制度构建过程中，须充分发挥公众参与的作用。

（一）公众参与

公众参与是一个公众介入政府行为、表达自身诉求的过程。随着现代法治的发展，公众参与渗透到刑法、民法、行政法各领域，适用于立法、执法、司法的方方面面。本课题中，我们主要探讨公众参与在行政许可执法中的基本理论、运行机制以及困境与改革方向。

关于公众参与的含义，学术界观点不一。姜明安教授认为，公众参与是在法治环境下，社会公众为维护自身具体的、实际的权利和利益通过各种途径和形式，参与国家事务管理、经济文化事业管理、社会事务管理的过程。❷ 蔡定

---

❶ 孟德斯鸠：《论法的精神》（上册），张雁深译，商务印书馆，1997年版。
❷ 春燕：《中国公共听证研究》，法律出版社，2009年版。

剑教授认为公众参与是"公民参加决定的权利，各阶层民众参与到决策或行政程序中来，保障他们所关涉的事是否被了解和考虑，使公众对决定结果产生一定影响"。❶ 王锡锌教授认为，所谓公众参与，是指在行政过程中，"政府相关主体通过允许、鼓励利害相关人和一般社会公众就立法和决策所涉及的与其利益相关或者涉及公共利益的重大问题，以提供信息、表达意见、发表评论、阐述利益诉求等方式参与立法和决策过程，并进而提升行政立法和决策公正性、正当性和合理性的一系列制度和机制"。❷ 笔者认为，公众参与行政，是指行政机关在履行职权、管理国家事务和社会事务的过程中，广泛听取公众对于相关行政决策、行政计划、行政立法、行政执行等行政立法或执法活动的意见、建议及诉求，"充分尊重公众的自主性、自立性和创造性，保障公众在行政管理过程中主体地位的发挥，促进行政的民主化、理性化、科学化和规范化，提升行政活动的公开、公平、公正和效率"。❸

我国《行政许可法》中的大量规定体现了公众参与原则。该法第 7 条、第 19 条、第 20 条、第 36 条、第 45 条以及整个第 4 节关于听证的规定都是为了保障公众的参与而做出的具体规定。这些条款规定的内容一般可总结为以下几个方面：第一，行政执法行为的依据、条件、程序等必须向社会公众公开，行政机关应在行政相对人参与行政执法前为其提供必要的信息；第二，具体行政执法行为做出前，行政机关应告知行政相对人做出行政执法行为的事实、理由及依据，并告知当事人和其他利害关系人依法享有的权利；第三，行政机关对其做出的行政执法行为必须向行政相对人说明理由；第四，行政相对人对行政机关实施的行政执法行为，有权进行陈述、申辩，行政机关必须充分听取当事人的意见，对当事人提出的事实、理由和证据，应当进行复核；当事人提出的事实、理由或者证据成立的，行政机关应当采纳；第五，行政机关做出涉及相对人重大权益的行政执法行为，当事人或其他利害关系人有权要求举行听证；行政机关做出涉及重大公共利益的行政执法行为，行政机关应当向社会公

---

❶ 李楣编：《听证：中国转型中的制度建设和公众参与——立法建议、实践指南、案例》，知识产权出版社，2008 年版。

❷ 王锡锌：《公众参与和行政过程——一个理念和制度分析的框架》，中国民主法制出版社，2007 年版。

❸ 莫于川：《公众参与潮流和参与式行政法制模式——从中国行政法民主化发展趋势的视角分析》，《国家检察官学院学报》，2011 年第 19 卷第 4 期，第 53 页。

告，主动举行听证。

(二) 行政许可执法中的听证制度

听证的含义广泛，且各种说法不一。广义的听证主要包括立法听证、司法听证、行政听证等。本书中所涉及的听证主要是指行政听证。行政听证，一般认为是指行政机关在做出对公民有影响力尤其是不利影响的行政决定前要保证相关利害关系人有发表自己意见、提供证据的权利，以确保行政决定的合法性、合理性。具体到行政许可执法中的听证程序，则是指行政机关在审查行政许可申请的过程中，在做出行政许可决定前允许许可申请人以及与该申请相关的利害关系人发表自己的意见、提供证据，行政机关根据听证笔录做出是否准许行政许可申请的决定。

听证制度起源于西方。一般地，普通法中的"自然公正原则"被认为是听证程序的最初法理基础。此后，美国的"正当程序"理念的兴起进一步巩固了这一程序。同时，德国的依法治国理论特别是依法行政理论的完善为大陆法系国家的行政听证制度提供了法理基础。❶"自然公正原则"一般包括两项内容，即任何人不得做自己案件的法官以及听取对方意见。听取对方意见被认为是听证制度的最初法理基础。在美国，听证程序被认为是"正当程序"理念的具体体现。关于"正当程序"，美国宪法修正案明确规定"未经正当的法律程序不得剥夺任何人的生命、自由或财产"，"任何州不得未经正当的法律程序而剥夺任何人的生命、自由或财产"。这些规定要求当行政机关要做出对公民不利的行政行为时必须听取当事人的意见。与英美法系国家不同的是，德国的听证程序直接来源于德国确立的依法行政原则。

听证制度是对公众参与理念的直接体现，通过在行政执法过程中融入听证程序，可以确保公众参与到涉及自身利益的行政行为中，提出自己的观点与诉求，实现民主行政。具体而言，听证程序一般包含以下几方面内容：第一，通知，即指公民在合法权益可能受到行政行为不利影响时有获得来自行政机关通知其相关听证权利及申请时间、听证时间的权利；第二，陈述，公民的陈述是指在听证过程中当事人可以合法地表达自己的意见、提供自己认为有利的证据；第三，影响行政决定。听证一般要制作听证笔录。关于听证笔录对行政决定的影响力因听证适用的不同领域以及各国的规定不同而有所差异，但一般情

---

❶ 杨海坤："关于听证制度若干问题的探讨"，《江苏社会科学》，1998年第1期。

况下，依据听证过程做出的笔录都会在一定程度上影响行政决定的最终结果。例如，我国《行政许可法》第48条规定："行政机关应当根据听证笔录，做出行政许可决定。"从字面意义上可知，在我国的行政许可听证中听证笔录对行政决定的影响在程度上是比较大的。

我国《行政许可法》对行政许可执法中适用听证程序做了较全面的具体规定。该法在第四章行政许可的实施程序中用一节的篇幅来规定听证程序，这是我国行政许可听证程序适用的主要依据。然而，从最近几年的施行情况来看，行政许可听证制度仍然存在很多缺陷。首先，由于《行政许可法》对需要进行听证的事项进行了概括性规定，这可能导致在实际执行中行政机关利用自由裁量权规避听证程序。关于听证的事项，《行政许可法》规定："法律、法规、规章规定实施行政许可应当听证的事项，或者行政机关认为需要听证的其他涉及公共利益的重大行政许可事项，行政机关应当向社会公告，并举行听证"，"行政许可直接涉及申请人与他人之间重大利益关系的，行政机关在做出行政许可决定前，应当告知申请人、利害关系人享有要求听证的权利。"换言之，除了相关法律规范硬性规定要求进行听证的事项外，其他行政许可申请是否举行听证由行政机关运用自由裁量权自行决定。这样就可能导致行政机关在实际执行过程中滥用自由裁量权剥夺相关当事人的听证权。其次，在听证主持人的选任上往往违反自然公正原则。《行政许可法》第48条第3项规定：行政机关应当指定审查该行政许可申请的工作人员以外的人员为听证主持人，申请人、利害关系人认为主持人与该行政许可事项有直接利害关系的，有权申请回避。在实践中，虽然听证主持人是在许可申请的工作人员以外确定，但是一般也是从该行政许可申请机关的其他工作人员中选任。实际上，整个行政机关内部已经形成完整的组织体系，是一个"利益共同体"，在这种情况下即使不是由许可申请审查的当事人担任听证主持人，听证的公正性也无法得到有效保障。最后，对于涉及公共利益的重大事项的听证流于形式，并没有得到真正的执行。以环境行政许可听证为例，在举行听证的过程中能够参与听证的公众极少，一般是直接涉及利益关系的相对人才可以提出听证要求；同时，利害关系人提出的建议与证据在多大程度上可以真正影响行政许可决定，是一个有待进一步研究的问题。

鉴于参与要素在加强民主行政、公正合理执法中的重要性，在行政许可执法制度改革过程中应进一步完善依照这一要素确立的原则，使我国的行政许可执法制度更适应现代法治理念并且得到有效施行。

三、责任要素

如果缺乏确保行政机关对所做出的行政行为负责的责任机制，那么将无从限制与规范行政机关的行为同时也无法保障依法行政的实现。因此，责任要素是行政许可执法制度改革中必不可少的又一重要因素。

在政府行政中推行责任行政是现代民主法治与民主行政的必然要求。责任行政这一理念是随着现代民主政治国家的产生发展而发展起来的。现代民主政治理念认为，公民是国家权力的来源，是国家的主人，而政府及国家工作人员是国家权力的代为执行者。政府做出行政行为的目的是管理国家和社会事务，从根本上保障人类权利的实现。因此，行政机关必须向社会公众提供行政服务，并且就其做出的公务行为向社会成员负责，同时受到有效的制约与监督。

（一）责任行政的含义

责任的概念有广义与狭义之分。广义的行政执法责任不仅包括行政机关在违反相关规定的情况下应当承担的法律责任，还包括行政机关在做出行政行为时应当履行的义务，即职责。前者可称为消极责任，而后者可称为积极责任。

行政职责，与行政职权相对，是对于行政主体而言，国家为了实现行政职能而赋予其完成一定的行政任务的义务。关于行政职责与行政职权的关系问题，存在两种不同的观点。有人认为，行政职责是行政主体在行使行政职权过程中必须承担的法定义务。任何行政主体在享有或行使行政职权时，必须同时履行职责。❶ 有人则认为行政职权是为了完成一定的行政义务、履行行政职责而赋予行政主体及其行政人员一定的行政权力，❷ 即先有行政职责才有行政职权。实际上，第二种观点更加符合现代民主法治理念。行政职责是行政主体在法律上对国家、社会、行政相对人应为或不应为一定行为的义务和责任。正是基于对这种义务的履行，社会成员才进一步赋予行政机关相应的行政职权。

狭义的行政执法责任，是指行政机关及其工作人员在行政执法的过程中怠于履行职责或者违反相关法律规范的规定履行职责而应当承担的相关法律责任。事实上，行政责任的确立是对行政机关未按照法律的要求做出行政行为的

---

❶ 王连昌：《行政法学》，中国政法大学出版社，1994年版，第69页。
❷ 王学辉、宋玉波：《行政权研究》，中国检察出版社，2002年版，第117-118页。

惩罚机制。只有相应完善的惩罚机制的督促，才能促使行政机关正确地行使职权、履行职责，达到保障社会成员基本权利实现的最终目的。

（二）责任行政的归责方式

责任行政的归责方式一般分为内部归责与外部归责两种。

内部归责的理论来源于现代行政法上兴起的行政自制理论。所谓行政自制，是指行政系统或者行政主体自发地约束其所实施的行政行为，使其行政权在合法合理的范围内运行的一种自主行为。概言之，行政自制就是行政系统或者行政主体对自身的违法或不当行为的自我控制，包括自我预防、自我发现、自我遏止、自我纠错等一系列内设机制。❶ 行政自制理论是对外部控权理论的补充与完善。进入现代社会，人们逐渐认识到外部控权相关制度存在着很多功能性不足，因此逐渐将视野转向行政系统的内部规制与制衡。发展到后来，行政自制理论逐渐走向普遍化，主要表现在如下几个方面：首先，行政政策和内部行政法律规范对行政权力的指导和制约，也就是说对行政权力的限制越来越多地依靠行政机关内部制定的相关政策与规范性文件，即加强内部立法制约；其次，行政系统组织结构对行政权的控制作用加强，如上级行政机关对下级行政机关及其工作人员在行使职权过程中的监督，或者是主管行政机关对被管理的行政机关的行政行为的监督；再次，既重视对行政结果的监督又重视对行政过程的监督，这是对现代法治重视程序正义理论最直观的体现；最后，行政自制理念走向普遍化还体现在行政义务和责任伦理的培养这一方面。无论是何种行政行为最终将由个人来具体执行，因此增进国家公务人员的职责与责任伦理也是促进行政自制的有效途径之一。

行政自制主要以内部行政法关系包括行政系统内部的层级关系、行政机关与公务员的隶属关系为调整对象，以内部行政法律规范为规制准则，以行政自觉为价值取向，通过行政系统内部的自制机制来实现对行政权力的自我控制。具体体现在行政执法制度上的归责方式即为内部归责。因此，内部归责主要包含两个方面——基于层级关系，上级行政机关对下级行政机关责任的追究，如行政复议；基于隶属关系，行政机关对公务人员责任的设定与追究，如行政处分。在行政许可执法过程中，行政机关怠于行使职权或者违法行使职权，上级行政机关有权追究下级行政机关的责任；并且当行政公务人员出现上述情况

---

❶ 于立深："现代行政法的行政自制理论"，《当代法学》，2009年第6期，第6页。

时，所属行政机关也有权对该公务人员追究责任。

外部归责作为一种从外部追究行政违法行为责任的方式，是一种外部控权模式，是对行政权力的外部监督。在我国，外部归责一般包括权力机关对行政违法行为责任的追究与司法机关对行政违法行为责任的追究。然而，考察当前我国的社会实践情况，这两种归责方式似乎都没有起到应有的作用。司法权对行政权的制衡在现代社会被认为是控制行政权最有效的方式之一，然而由于我国司法机关设置的特殊性使得司法权的行使有时不得不依附于行政权，导致司法权在面对行政权时倍感无力；同时，我国《宪法》明确规定，我国的人民代表大会作为国家权力机关有权监督行政权的实施，政府受其监督、对其负责。但是从实际情况来看，人民代表大会对行政机关的违法行政行为进行追责的制度缺乏保障体系，使得人民代表大会在规制行政权方面力不从心。

因此，在未来的立法、司法过程中，如何加强司法与立法对行政许可执法的监督与责任追究，理应成为更受关注的问题之一。

（三）关于对直接关系公共安全、人身健康、生命财产安全的设备、设施、产品、物品的检验、检测、检疫的法律责任的归责问题

我国《行政许可法》第 28 条规定："对直接关系公共安全、人身健康、生命财产安全的设备、设施、产品、物品的检验、检测、检疫，除法律、行政法规规定由行政机关实施的外，应当逐步由符合法定条件的专业技术组织实施。专业技术组织及其有关人员对所实施的检验、检测、检疫结论承担法律责任。"这是对直接关系到公共安全、人身安全、生命财产安全的设备、设施、产品、物品等的检验、检测、检疫等的执行主体与责任主体的规定。按照该规定，上述事项的执行主体和责任主体为专业技术组织及其相关人员。这里须注意一个问题：如果专业技术组织及其相关人员做出检验、检测及检疫的行为是受行政机关的指派、委托，或者专业技术组织是行政机关的下属机关，此时基于相关检验、检测、检疫结论产生的责任，行政相对人是否可以要求行政机关来承担？笔者认为是可以的。这里的理论依据类似于行政法中行政机关的委托行为责任承担主体认定。在一般的行政委托中，如果行政机关委托其他机关、组织或个人从事某项行政行为，则由此产生的责任仍然由委托机关来承担以确保行政相对人在相对弱势的地位中权利能够得到有效救济，此处亦然。

第三节 行政许可模式对应的执法变化

一、执法方式的一般内涵

行政执法，简称执法，是指国家行政机关在行政管理的过程中，组织、贯彻和执行法律规范的活动。

行政执法有广义的行政执法和狭义的行政执法之分。广义的行政执法是指国家行政机关行使行政权的一切活动，包括行政日常组织管理活动、行政立法、行政监督活动和行政准司法活动。狭义的行政执法指行政机关把法律、法规、规章的规定适用于具体行政对象或案件的活动。广义的行政执法适用于各类行政行为，贯穿于行政活动的始终。而狭义的行政执法仅存在于具体行政行为中，单指行政机关将法律规范适用于具体的行政相对人的具体活动。本节所探讨的行政执法行为是在狭义的行政执法范畴内展开的。

行政执法行为最重要的特色之一即它以国家强制力为后盾，通过对国家相关法律规范文件的实施来做出执法行为，对相对人的权利与义务产生实际影响。因此，依法执法亦是贯彻依法行政的重要路径之一。

行政执法方式是行政执法的主要内容之一，行政权的实现形式主要是指行政机关及其工作人员依据依法享有的行政职权，将相关行政法律规范文件适用于具体行政事务，进行行政管理时采用的具有直观现实特点的手段或方法。换言之，行政执法方式就是行政机关在适用法律规范解决具体问题时所采用的手段或者方法。

行政执法方式是行政机关实施行政执法行为、进行行政管理的最直接的物质手段。没有执法方式，行政机关的执法权将无法付诸实施。同时，不同的执法方式，将导致不同的执法后果。行政相对人对行政权力、行政机关以及行政执法人员的认知，首先是从执法方式上去判断。因此，行政执法方式对于行政权的行使具有重要影响。并且，行政执法方式的变革，也直观反映着一个国家行政水平的发展程度。

二、《行政许可法》的颁布对执法方式变革的影响

在我国《行政许可法》颁布施行之前，我国的行政许可与行政审批并没有明

显区分。在传统观念中，凡是涉及行政管理，就离不开审批。而行政审批环节繁多、手续烦琐、期限没有明确限制，致使通过行政审批不能有效实现行政管理。其间虽有一些改革措施但成效不大，更重要的是没有相关立法对改革予以保障。

2004年7月1日《行政许可法》的正式实施标志着我国行政许可制度正式确立，同时也意味着与之相关的行政执法方式发生了新的变化。

《行政许可法》充分体现了现代行政的原则和理念，促使我国多年以来的行政执法理念发生了重大变化。具体来讲，我国行政模式逐渐由全能行政向有限行政转变，由管理行政向服务行政转变，由封闭行政向公开透明行政转变，由权力行政向责任行政转变，同时也逐步树立了个人自治优先、市场自律优先、事后监管机制优先等先进理念，牢固树立了"便民""亲民"和"为民"的服务行政意识。

具体到行政执法方式上，《行政许可法》第6条规定："实施行政许可，应当遵循便民的原则，提高办事效率，提供优质服务"；第25条规定："经国务院批准，省、自治区、直辖市人民政府根据精简、统一、效能的原则，可以决定一个行政机关行使有关行政机关的行政许可权"；第26条规定："行政许可需要行政机关内设的多个机构办理的，该行政机关应当确定一个机构统一受理行政许可申请，统一送达行政许可决定。行政许可依法由地方人民政府两个以上部门分别实施的，本级人民政府可以确定一个部门受理行政许可申请并转告有关部门分别提出意见后统一办理，或者组织有关部门联合办理、集中办理。"上述规定为行政许可执法方式的变革发展提供了立法依据，发展了相对集中行政权理论，推动了行政许可执法方式的变革。

三、相对集中行政许可

我国的相对集中行政许可的产生与发展源于西方的"一站式"（one-stop service）服务。这种形式最早出现在商务活动中，指企业一次性为客户提供完整的"一条龙"服务。英国在撒切尔夫人执政时期，为了改变传统官僚制带来的机构规模膨胀、人浮于事、效率低下、部门利益倾向严重等弊端，竭力推行行政改革，[1] 将"一站式"概念引入政府改革中，并产生了政府部门"集

---

[1] 赵定涛、卢正刚："我国行政服务中心存在的问题及其对策研究"，《行政论坛》，2004年总第62期。

中"办公或"一站式"办公的概念。在这种行为模式中,政府将相关职能部门的审批业务集中到一处,企业和公民的申请事务可以在一个指定的地点全部办完,再也不必奔波于不同的职能部门并长久等待各个流程的工作结果。显然,这种行为模式对提升政府工作效率、改善政府公共服务形象大有裨益。❶从20世纪中期开始,西方一些发达资本主义国家、韩国等亚洲国家的政府及政府相关部门,此外还有我国香港、澳门地区的政府及政府相关部门开始陆续推行"一站式"服务。在我国大陆,该项机制首先被江浙发达地区的一些地方政府引入招商引资活动之中。随后逐渐发展,我国的相对集中行政许可才得以产生。

相对集中行政许可是现代行政理念发展的产物,其内涵一般可以理解为,经法定有权机关的决定,将行政许可执行程序或者执行权相对集中,以快速、有效、便捷的方式使行政许可相关活动得到执行。相对集中行政许可的内涵一般包括形式上集中和实质上集中两个层面:第一个层面是对许可方式的集中,即不改变行政许可的实施主体,只是在行政许可实施权的运行方式上进行集中;第二个层面是对许可主体的集中,即改变行政许可权力的享有主体,由"一个行政机关来集中行使其他有关的行政机关的行政许可权",原机关不再享有对应的许可权力。简而言之,前者是对行政许可执法程序的集中,而后者是对行政许可执法权的集中。

从目前我国相对集中行政许可制度的运行模式看,根据不同的标准可以将其做不同的划分。第一种是程序集中和实体集中。程序集中模式是许可权力集中的初级阶段,在受理和送达等程序环节进行集中,属于形式集中,此种方式可以促进行政许可执法的便民、高效;实体集中是更高层次的许可权集中,它是将不同机关的行政许可权限集中起来,改变行政许可权力的享有主体,由一个行政机关来集中行使其他有关的行政机关的行政许可权,原机关不再享有对应的许可权力,属于实质性集中。第二种分类标准是按照行政执法系统的布局,划分为纵向集中和横向集中。纵向集中是指不同层级的行政机关之间许可权限的集中,因为很多行政许可事项是相同的,只是按照重要程度不同分别由不同层级的行政机关负责。横向集中是将相同行政层级的不同行政机关的行政

---

❶ 沈荣华:"论'一站式'服务方式与行政体制改革",法治政府网,http://law.china.cn/features/2006-08/02/content_2998144.htm,2014年4月8日最后访问。

许可事项按照关联与共生性进行集中。第三种分类标准是以机关关系为标准，分为机关内部集中和机关之间的集中。机关内部集中是指在一个行政机关内部设置专门的行政许可机构集中本行政机关的许可权限；机关之间的集中需要整合几个机关之间的许可事项，如将行政许可权从一个机关剥离出去，赋予另一个机关，或者成立专门的行政许可机关，以整合几个机关的许可权。

相对集中行政许可制度在实践应用中可以形成不同的具体形式，主要包括：统一受理，统一办理，联合、集中办理以及某一机关集中行使其他相关机关的行政许可权等。统一受理、统一办理是指行政许可事项需要行政机关内设的多个机构分别办理的，该行政机关应当确定一个机构，统一受理行政许可申请，统一送达行政许可决定。这种集中方式降低了行政成本，提高了行政执法效率，从而便利了行政相对人、促进了服务行政理念的落实；联合、集中办理，主要有以下三种方式：其一，一级政府只成立一个行政许可大厅，将本级政府及部门的绝大部分行政许可事项集中起来；其二，使与经济发展有关的主要行政许可事项进入大厅；其三，成立若干专业行政许可办理大厅，分别办理相关领域的事项。

相对集中行政许可制度按照"精简、效能、统一"的原则，调整归并行政管理职权，重新配置部门的职能，精简政府机构，形成了集约化的行政许可机制，在合理配置行政权力、简化行政许可项目、减少行政许可环节、缩短行政许可时限、节约行政成本、规范行政许可、便利行政许可申请人、转变政府管理方式、提升行政效能等方面具有重要意义。同时，相对集中行政许可制度改变了行政许可权力按照行业纵向分割的规则，将行政权力按照行政管理流程横向分割审批权与监督权、处罚权，在不修改现行法律、法规的情况下，通过法律规定的程序，由行政机关经法定程序调整行政许可主体、重新分配行政许可权力、重新设置行政权力运行机制，是有利于行政许可执法权有效运行的先进制度。

四、行政许可执法中的协商机制

（一）协商性行政执法机制的内涵

对于协商性执法的含义，目前学界还没有形成统一的认识。澳大利亚学者 John S. Dryzek 认为，执法协商不是简单地执行立法机关的决定，相反，它是一个涉及真实商议的交流过程，商议的内容包括特定法律如何适用于特定案

件，如何解决立法意图中的模糊性，以及当不同的原则在意图上有分歧的时候应当如何行为。❶

在我国，有学者将协商性行政执法定义为"在行政执法领域中，行政机关在面对具体的违法案件没有明确的法律规定的条件下，为了顺利完成行政执法任务，实现维护和增进公共利益的目标，在法律的基本规定、基本原则的范围内，与行政相对人就该违法案件的处理进行充分有效的协商，从而达成一种具有较大约束力的行政协议的一种过程"，❷ 此种协商性执法主要针对"违法案件"。笔者认为，协商性执法是顺应现代民主行政发展起来的，它主要的价值理念即通过协商实现民主行政。因此，协商性执法可以定义为：在具体行政执法活动中，当法律规定由行政主体自由做出裁量或行政主体对拟做出的行政决定所依据的事实或法律关系不明确抑或行政执法的实现经过协商即可完成而不需启动强制执行时，为顺利完成行政执法任务，行政主体与行政相对人依据自愿、自主、和平等原则开展充分沟通、交流与协商，力求在双方达成共识的基础上做出双方合意的行政决定的一种执法方式。

与传统的行政执法方式相比，协商性执法具有以下特点：第一，非强制性，协商性行政执法是基于自主、自愿原则展开，主要运用谈判、讨论、劝告等非强制性的手段，执法的强制性色彩弱化；第二，互动性，协商性行政执法是双方充分对等的交涉过程，协商双方相互做出一定让步，行政相对人不再是被动地接受行政主体的单方意志；第三，平等性，行政主体与行政相对人的法律地位是平等的，行政主体必须以平等的姿态参与对话协商，尊重行政相对人陈述、辩驳等权利的行使。

（二）协商性行政执法引入的合理性分析

首先，协商性执法的引入顺应了时代潮流的发展。

在德国的公权力行政理论中，有一类公权力行政被称之为高权行政，即行政主体为达到公共目的，以统治权之主体地位，单方面对人民发布具有拘束力之命令或以强制手段限制人民权利，课以义务之行政。高权行政的特征在于国家作为统治主体居于相对优越的地位，运用片面拘束力的规制措施，强制相对

---

❶ DRYZEK·J. S：" 不同领域的协商民主"，王大林译，《浙江大学学报》（人文社会科学版），2005 年第 5 期，第 34－40 页。

❷ 孙兵、黎学基："理论重述与制度重构：行政执法协商研究"，《西南民族大学学报》（人文社会科学版），2012 年第 3 期，第 76－80 页。

人服从。高权执法方式是以弱化行政法律关系中行政相对人一方的作用为基础的,片面突出了行政权的权力属性,注重行政执法的结果和实效,忽视了对公民权利的保护。随着行政法治的深入发展和人们权利意识的不断增强,民主化执法逐渐成为人们的普遍期待,同时也日益发展成为现代行政法治发展的一个必然趋势。高权行政理念逐渐退出历史舞台。长期以来,我国政府对社会经济等行政事务的管理方式都属于规制主导型,其显著特征就是倚重高权作用,以命令与强制为行为模式。随着我国社会主义市场经济体制的建立与发展以及现代法治理念在我国的深入发展,我国的行政执法逐渐要求以更民主、更和谐、更能保障公民合法权益的形式来实现。由此,协商性执法必然成为我国实现行政和谐、构建和谐社会的内在要求。它能有效限制行政权力的扩张,提高行政决定在公众中的接受度,有利于减少公民与政府之间的对抗,对有效管理行政事务、实现民主行政具有重要意义。

其次,协商性执法符合我国传统文化中以"和"为主的价值取向。

中国古代儒家提出的"以和为贵""和而不同"的思想,是中国传统文化的主要价值取向。协商性执法机制对行政相对人意见的重视及在协商意见达到一致的前提下才做出行政行为,与"以和为贵"的传统文化的价值取向是一致的,可最终实现行政主体与行政相对人之间的和谐。同时,"以和为贵"的文化传统也是我国普通大众处理事务的道德准则,即使面对行政纠纷时,当事人也会更多地愿意以协商的方式和谐解决,而非直接通过诉讼等司法程序解决,因此长期以来我国公众一直秉持着宁事息讼的传统观念。这种由"以和为贵"衍生出的"厌讼"情结,在某种程度上反映出当事人在遇到纠纷时,更加倾向于通过沟通与对话的方式及时、快速地化解纠纷。"以和为贵"的思想在行政执法领域中,实质上是为协商性执法的建构搭建了文化平台。另外,协商性执法具体表现为行政主体与行政相对人通过沟通与对话,在达成"合意"的基础上做出行政行为、实现行政管理,与"以和为贵"所追求的"和谐"精神相契合。在各类可以适用协商性执法的行政管理活动中,协商的方式往往比传统的相对生硬、僵化的行政执法方式更具亲和力,在理性、真诚、平等的氛围中做出的行政决定,行政相对人会更易接受,能够在实现行政目的的同时,防止由于处理草率、矛盾激化而出现行政机关与公众发生冲突对抗等问题。

最后,协商性行政执法具有深厚的理论基础。

协商民主理论最早由约瑟夫·毕塞特提出，兴起于20世纪80年代。该理论是以社会利益多元化为逻辑起点，承认并包容主体差异，主张公民在复杂多元的社会生活中通过自由、平等、理性的对话、沟通、讨论等方式达成公共利益的共识，反对少数精英的"自言自语"与"自娱自乐"。即在追求公共利益的前提下，寻求并达成各方可以接受的可行方案。❶ "行使公共权力的授权"被置于"公共说理"的底座之上，公共权力借之成为"沟通的权力"。❷ 尽管协商民主理论最初是作为一门政治理论创立的，但随后其在公共行政领域得到广泛运用。从行政法视角看，协商民主强调在行政过程中双方当事人的对等对话与磋商，排除行政命令与服从关系的干扰，在相互理解、尊重的基础上寻找双方共同的契合点，以求达成一种合意。协商民主理论在我国公共行政领域同样适用：我国公民社会日益成熟，公民维权意识和行政主体的依法民主行政意识逐渐提高，民主听证、行政指导、行政合同等民主协商活动广泛开展。党的十八大报告明确指出要"把政治协商纳入决策程序，坚持协商于决策之前和决策之中，增强民主协商时效性。积极开展基层民主协商"。可见，协商民主理论为我国将协商机制引入行政执法过程，建立协商执法制度提供了政治理论基础；同时，我国民主政治的发展，也为我国协商性许可执法制度的确立提供了良好的环境基础。

（三）协商性执法在行政许可执法中的应用

将协商性机制融入行政许可执法中具有重大而深远的意义。首先，引入协商性机制，有利于弱化行政许可执法的强制性色彩，可以实现行政许可执法方式的民主化，可以充分听取行政许可申请人以及其他利害关系人的意见与主张；同时，将协商性机制引入行政许可执法可以使行政相对人参与到行政许可执法程序中，有利于淡化行政权的命令性，减少行政许可执法中的行政主体与行政相对人的对抗与冲突；此外，将协商性机制应用于行政许可执法过程中，可以间接加强社会公众对行政机关行政许可行为的监督，有效限制行政权的滥用。

在具体适用领域，笔者认为，可以做以下参考：第一，行政主体在依法制

---

❶ 陈剩勇：*"协商民主理论与中国"*，《浙江社会科学》，2005年第1期，第28页。
❷ 王锡锌：《公众参与和行政过程——一个理念和制度的分析框架》，中国民主法制出版社，2007年版。

定、实施规章以下的非规范性法律文件时应当充分听取相关利害关系人的意见。根据我国《行政许可法》的规定,起草法律草案、法规草案和省、自治区、直辖市人民政府规章草案,拟设定行政许可的,起草单位应当采取听证会、论证会等形式听取意见。同样,行政机关内部制定可能会对公众的权益造成影响的文件时也应当通过与相关利害关系人协商、讨论的方式做出。第二,在对行政许可申请的审查过程中,如需要对申请材料的实质内容进行核实的,且行政机关在核实的过程中认为申请条件有待进一步完善补充的可以在不违反法律强制性规定的基础上与行政许可申请人进行协商解决。第三,在涉及他人重大利益或者其他情况应当举行听证的行政许可申请中,在举行听证后依法做出授予行政许可的决定,如果该决定确实会损害他人的权益,行政机关应当与受损害方进行协商、沟通,并采取相应补救、补偿措施。第四,行政许可所依据的法律、法规、规章修改或者废止,或者准予行政许可所依据的客观情况发生重大变化的,为了公共利益的需要,行政机关依法变更或者撤回已经生效的行政许可后,应当依法合理补偿或赔偿对相关当事人造成的损失。在补偿与赔偿过程中,行政机关可以积极地与行政相对人进行协商,以达到共赢的效果。

作为"和谐行政法律秩序"建构的基础模式之一,协商性行政执法是对传统行政法理论的变革,在行政许可执法中引入协商性机制从而推动行政许可执法方式的变革,既是顺应现代行政民主化发展趋势的必然要求,也是行政主体能否灵活应变日益复杂的现实社会、满足不同主体多元化需求的关键。

第四节 例外、免除与规避

一、例外与免除

行政许可的例外与免除,主要是指依照相关法律规范的规定何种情形不纳入行政许可规制的范围。在我国的《行政许可法》中对不适用行政许可的事项做了明确规定。该法第13条规定:"本法第12条所列事项,通过下列方式能够予以规范的,可以不设行政许可:(一)公民、法人或者其他组织能够自主决定的;(二)市场竞争机制能够有效调节的;(三)行业组织或者中介机构能够自律管理的;(四)行政机关采用事后监督等其他行政管理方式能够解决的。"根据此条款可知,行政许可的设定遵循市场机制优先、行业组织及中介机构自律优先以及事后监督优先的原则，即只有在上述三种规制手段无法对相关事务进行规范时才设定行政许可。如此规定在一定程度上有利于民主政府、有限政府的发展。然而，在实际的执法过程中由于条款规定不明确，导致很多可以不纳入行政许可的事项也成为行政主体的执法对象，因此，必须准确界定上述例外与免除行政许可条款的情况，保证行政许可执法贯彻上述规范。

（一）个人自主决定

公民、法人、其他组织能够自主决定的可以不设定行政许可，即在保障政府规制的同时重视个人自主能力的发挥。这一规则来源于个人自主理念。个人自主要求为个人保留一个由他自己来决定做什么、不做什么的私人领域，在此范围内个人不受他人的任意干涉。"这个范围如果被别人压缩到某一个最小的限度以内，那么我就可以说是被强制，或是被奴役了。"❶ 这一私人领域与政治或公共领域相对立，即是说公权力运行要以实现公共利益为界限而不能无限制地渗入私人领域，以确保个人能够自主地决定自己的事务。

我国的《行政许可法》是为了管理社会事务、维护公共利益而施行。同时，在设立行政许可的过程中不能无限制地约束个人自主行为的权利，因为行政许可自身亦可能导致权力扩张、腐败等。而且，现代法治社会是一个民主、自由、平等的社会，个人的自主行为必须得到充分尊重。因此，当公民、法人或者其他组织能够自主决定时，无须再设定行政许可。

（二）市场机制有效调节

"市场竞争机制能够有效调节的"，无须再设定行政许可，旨在发挥市场在资源配置中的决定性作用，提倡市场竞争。市场竞争是公平的竞争，它要求参与市场交易活动的企业或公民在市场上不因其权力、地位等因素形成不公平竞争。公平竞争是市场经济的内在特征，它既要求防止因经济垄断导致的限制竞争、不平等竞争，也要求防止因行政许可等行政手段建立起来的市场壁垒。只有这样才能形成一个公平竞争、充分竞争的环境，才能在价值规律的作用下，使生产要素在市场上合理流动，使资源从效率低的行业和部门流向效率高的行业和部门、从价格低的行业流向价格高的行业，从而实现产业结构的合理化、资源配置的最优化。

当前具有我国特色的社会主义市场经济不断发展，十八届三中全会明确提

---

❶ 伯林：《自由四轮》，联经出版事业公司，1986年版，第203页。

出要"发挥市场在资源配置中的决定性作用"。在不断发展的过程中，社会中的各经济主体要求获得平等、自由的发展机会与平台，这就必然要求行政机关在设定行政许可的过程中，要充分考量《行政许可法》第13条关于市场机制可以有效调节而不需设立行政许可的诸多事项，能通过市场竞争解决的绝不设定行政许可，以解决我国因政治因素的介入而长期存在的行政垄断、不公平竞争等问题，为我国社会主义市场经济的发展以及民主行政的推行扫除障碍。

（三）行业组织或中介机构的自律管理

行业组织或者中介机构的自律管理是行业自律理念的直接体现。行业自律理论，是国外现代行政社会中非常流行的一种规制方式。行业自律作为企业自我约束的重要形式，被视为政府监管的重要补充。许多学者都对行业自律进行了定义。国外关于行业自律的定义非常多，有学者认为行业自律是私人部门的特定产业或职业，为了满足消费者需求、遵守行业道德规范、提升行业声誉及扩展市场领域，对自我行为进行的控制；也有学者将行业自律定义为企业的志愿协会对企业集体行为的控制；还有人指出自律是执行私人权威的一种手段，可以被定义为受制于正式管制的（组织）自我设计并执行规则的一种努力。对于行业自律的定位问题，存在以下两种观点。第一种观点将行业自律视为行业内交易规则的自我制定过程，第二种观点将行业自律视为与政府监管并列的市场治理手段。行业自律有别于企业自律和工商业自律。企业自律是各个企业内部的自我约束；工商业自律是包括工商业中的所有行业在内的更大范围的整体自我约束。相对来说，行业自律属于中间形态：一方面，行业自律的规范比企业自律的规范更具一般性，适用于行业内的各种不同企业；另一方面，行业自律的规范比工商业自律的规范更具特殊性，许多规定仅适用于该行业自身，而不适用于其他行业。同时，行业自律是行业内各个企业已有行为准则的升华，是形成工商业整体自律的基础，因此在业界自律中具有核心的地位。行业自律对行业整体来说，意味着行业的自我约束；而对行业中的每一个成员来说，行业自律意味着行业组织对自己的外在约束。但这种外在约束必须以各成员自愿为基础，在这个意义上，它是各成员单位自我约束的扩展形式。从内部结构来说，行业自律应被区分为两个维度，一是对行业组织本身进行的自我约束与管理；二是对行业内成员企业进行的约束与管理。前者包括对行业组织机制的规定、经费来源的审查、越权管制的纠正、反竞争行为的控制等；后者包括对会

员企业市场准入的资格审查、生产行为的评估监察及对违规企业进行的处罚等。❶

中国行业组织有其自身的特殊性,根据生发方式的不同,可将其区分为行业外生和行业内生两种不同的类型。所谓行业外生实际上是指计划经济体制中由政府统一实施的行业管理转变为市场经济体制中以行业组织实施为主的行业管理。这类组织一般是由政府推动而建立的。行业外生的行业组织是在市场经济发育过程中为了解决合约实施不完善问题和适应随市场范围扩大而产生的行业发展与演化需要而自发产生的行业组织。行业外生的行业组织一般是出于政府转变职能的改革需要而产生,往往带有浓厚的官办色彩,这部分行业组织一般是作为政府机构的延伸而存在。行业内生的行业组织具有草根性,一般是由同一行业内不同企业的自愿联合而形成,这种行业组织更符合市场经济的发展,属于真正意义上的行业组织。但是以我国目前的情况来看,自发形成的行业协会中有相当一部分不具备合法性基础。

总体来说,行业自律有利于通过行业内部的自我规制与管理减少行政权对社会事务的干涉,同时亦保证市场主体可以自制地从事生产、生活活动。因此,在我国的行政许可中,如能通过行业组织自律管理来实现的,无须再设定行政许可。

总而言之,《行政许可法》第13条规定了可以不设定行政许可的事项范围,将市场主体能够做而且能够做得好的事项完全交给市场主体,突出了个人自治、市场调节、行业自律和事后监督,从制度上防止了公权力对公民、法人或者组织的合法权益的侵犯,从法律上实现了还权于民、妥善处理政府与市场和社会的关系,从而寻求政府所代表和维护的公共利益与个人利益的和谐。在具体的执行过程中,贯彻实施以上原则,才能实现我国行政许可执法的变革。

二、规避

在《行政许可法》颁布实施以前,我国行政事务管理中一般将行政机关的批准行为称为行政审批。2004年7月1日,《行政许可法》正式施行,确立了我国的行政许可制度,这标志着我国行政法治进程向着纵深发展。然而,伴

---

❶ 常健、郭薇:"行业自律的定位、动因、模式和局限",《南开学报》(哲学社会科学版),2011年第1期。

随着《行政许可法》的实施与发展，逐渐出现了大量类似于行政许可却并未纳入《行政许可法》规制的行政审批现象。这些现象的出现冲击了我国《行政许可法》的全面贯彻，限制并缩小了行政许可设定范围。从目的来看，这些绕过《行政许可法》的事项，是为了规避《行政许可法》的法律约束，以达到其运行不受法律约束、任意而为的目的。

（一）非行政许可审批

《行政许可法》第3条第2款规定："有关行政机关对其他机关或者对其直接管理的事业单位的人事、财务、外事等事项的审批，不适用本法。"由此可知，关于行政机关内部的人事、财务、外事等事项的审批，并不纳入《行政许可法》的规制范围。这就为"非行政许可审批"的出现与扩张埋下了伏笔。

2004年8月2日，在《行政许可法》生效后不久，《国务院办公厅关于保留部分非行政许可审批项目的通知》（简称"《通知》"）发布，该《通知》进一步缩小了行政许可的范围。《通知》中指出，"依据《中华人民共和国行政许可法》和行政审批制度改革的有关规定，国务院对所属各部门的行政审批项目进行了全面清理，先后分3批取消和调整1795项行政审批项目。同时，除现行法律、行政法规设定的继续实施外，依法保留并设定行政许可500项。在此基础上，对其他行政审批项目进行了严格审核和充分论证，根据现阶段政府全面履行职能和有效实施管理的需要，经国务院同意，对其中的211项暂予保留。这些项目，主要是政府的内部管理事项，不属于行政许可；随着社会主义市场经济体制的逐步完善，今后还将逐步取消或做必要的调整"。该规定后来被认为是在政府文件中首次公开提出非行政许可审批概念。

此后，在行政审批中便大量出现了"非行政许可审批"。然而对该审批方式的界定相关部门却没有做出解释，只是认为"这些事务是政府的内部管理事务"。总结相关部门发布的关于非行政许可审批的项目，笔者认为，非行政许可审批具有以下特征：第一，非许可性，即非行政许可审批不属于行政许可，不受《行政许可法》的约束；第二，依申请性，即非行政许可审批事项是行政机关依申请的行为，申请的主体可以是公民，也可以是法人或其他组织；第三，设定文件的低位阶性，主要是指非行政许可审批事项设定权往往来源于位阶较低的规章或规章以下的规范性文件；第四，管理不规范、随意性大，产生此特点的根源在于非行政许可审批没有统一的立法予以规范，导致在实践中无章可循、相关行政主体可以任意为之；第五，非行政许可审批与行政许可界限不明确，这也是很多情况下行政机关将本应纳入行政许可的事项归入非行政许可审批以规避《行政许可法》约束的重要原因。

非行政许可审批的上述特点致使很多行政许可事项采用非行政许可审批的范围进行规范，规避了相关法律程序与法律责任。应松年教授就曾经指出，211个保留为非行政许可审批的项目中至少有近30个项目属于行政许可项目。❶

（二）其他规避《行政许可法》的方式

除了非行政许可审批之外，实践中还存在大量规避行政许可的方式，一般包括：以"备案"为名变相设定许可，这时的备案由一种事后监督方式变为事前监督，要求未经相关行政机关备案不得从事某种活动，变相设定行政许可；以"年检"为名变相设定许可，根据《行政许可法》相关条款规定，年检是行政机关对被许可人是否依法从事有关行政许可事项活动的监督检查手段，不是行政许可，但在实际执行中有些规定硬性要求未申请年检或者未通过年检则当事人不能从事相关活动；以"考核""培训"为名变相设定许可，《行政许可法》第54条规定，"赋予公民特定资格的行政许可，依法应当举行国家考试的，行政机关根据考试成绩和其他法定条件做出行政许可决定"，这里针对的是合法的行政许可项目。而有些文件并无法律、法规依据，就规定从事某项活动的人员应当经某机关考试合格或者通过由其组织的培训考核，拿到结业证书后才能从事某项活动，变相设定行政许可等。

基于上述问题笔者认为，在判断某一项目是否属于行政许可项目时应当采用更为细致的标准。一般而言，行政许可具有两个核心特征：一是公民、法人或者其他组织从事特定活动必须经过行政机关同意；二是如果事先未经过行政机关同意就从事了特定活动，将受到行政机关的处罚制裁。同时具备这两个核心特征的项目就是行政许可项目。应当按照上述标准将有关审批事项进行考察，如果是确实需要设定行政许可的，应按照法定程序依法设定；如果是没有必要设定行政许可的，应按照行政审批制度改革的规定予以取消或调整，而不是采用其他审批方式变相规避《行政许可法》。

---

❶ 应松年："行政审批制度改革与创新"，《人民论坛·学术前沿》，2012年第3期，第53页。

第五节　许可执法的规则及其外延扩张

一、行政执法规则与行政许可执法规则

（一）相关基本概念

规则一词，是在自然科学、社会科学以及思维科学领域使用较多的一个词语，在不同的领域其含义也有许多差别。从一般含义来看，规则是指考察对象在发展变化过程中，在行为活动中所遵循和依据的要求、路径和标准。法学意义上的规则，是指采取一定的结构形式具体规定人们的法律权利、法律义务以及相应的法律后果的行为规范。❶法律规则是法律规范中最具刚性性质的部分，离开了法律规则，法律规范就失去了应有的力度。从法律规则的逻辑结构看，有学者认为它由假定条件、行为模式和法律后果三部分构成，其中行为模式是法律规则的核心。

据此笔者认为，行政执法规则是指采取一定结构形式，规范行政执法行为主体在行政执法过程中的法律权利、法律义务以及法律后果的行为规范。行政许可执法规则，则是指贯穿于行政许可执法过程中的规范行政许可执法行为主体的相关权利与义务的行为规范的抽象性准则。

（二）行政许可执法规则的特性和作用

行政许可执法规则的特性是行政许可执法区别于其他行政行为而独立存在的基础，是行政许可执法规则的外在表现形式。一般认为，行政许可执法规则的特性有：概括性，是指行政许可执法规则是从具体的行政许可执法要求与具体许可执法行为中归纳、抽象，并对其进行概括而来的，具有一般性、概括性的特点；层级性，即行政许可执法规则的适用范围具有层级性的特征，它普遍适用于行政许可执法行为，具有一定的抽象性，但相对于行政执法规则而言，其又是相对具体的；确定性，由于行政许可执法规则在抽象概括的过程中，要求其既要考虑到横向的范围又须考虑到纵向的前瞻因素，因此许可执法规则一旦形成便应具有确定性与稳定性，不能任意改变。换言之，许可执法规则的适用并不针对具体的执法行为主体和行政许可行为，可以在一段时间内反复

---

❶ 张步洪：《中国行政法学前沿问题报告》，中国法制出版社，1999年版。

适用。

行政许可执法规则的作用也可认为是其所具有的功能，主要包括：第一，指导作用。行政许可执法规则的指导作用是指行政许可执法规则对行政许可执法主体的行政行为具有指导、约束、导向的作用，其从积极的方面规范行政行为主体的执法行为，指导行政执法主体在行政行为中恰当运用自由裁量权，从而提高行政执法效率和行政执法质量；第二，评价作用。行政许可执法规则可以用来衡量行政许可相关主体在行政执法中是否依法行政、合理行政、民主行政，从而对其行政行为进行评价，进而实现行政监督作用；第三，预测作用。行政许可执法规则具有的确定性特点可以使相关主体预测行政行为的责任和后果，从而可以在一定程度上起到避免违法行政的作用；第四，惩戒和警示作用。有权机关可以通过判断行为主体的行政许可执法行为是否符合许可执法规则，从而对损害相对人权益的不当执法者和错误执法者进行处分和制裁，起到惩戒作用，同时可以对后来的行政许可执法主体起到警示的作用。

二、行政许可执法规则的内容

行政许可执法规则根据不同的标准可以有不同的划分。下面笔者将从不同角度对其做出具体划分，须注意的是，这些规则共同组成一个有机整体，是一个完整的、相互关联的系统。

（一）行政许可执法的元规则

所谓行政许可执法的元规则，是行政许可执法最基本、最具基础性的规则，是在行政许可执法中概括性最高的规则，是居于统筹地位的规则。具体而言，行政许可执法的元规则首先是合法性规则。行政许可要求在执法过程中，必须坚持依法行政原则，这是行政执法的第一要则。依法行政是现代行政法治的必然要求，同时也是我国建设社会主义法治国家、贯彻依法行政的应有之义。行政许可执法的合法性规则要求执行主体合法、执行依据合法、执行程序合法、执行行为合法以及执行造成的结果合法等。

其次，行政许可执法元规则还包括合理性规则。行政许可执法的合理性规则，是指行政许可执法行为的内容要客观、适度、合乎情理。具体而言，一般包括公平、公正规则，正当裁量规则以及比例规则。在比例规则中，要遵循妥当性、必要性以及均衡性等。

（二）行政执法行为的实体性规则

所谓行政许可执法行为的实体性规则，是指在行政许可执法过程中执法主体作为行政主体的职权与职责以及其对相对人的权利与义务应当秉持何种理念或者态度而形成的规则。第一，行政职权与行政职责、相对方权利与义务对等规则。如果说行政许可立法行为是对行政主体与行政相对人之间权利义务的一次法律性分配，那么行政许可执法行为则是对双方之间权利义务分配的具体落实。在二者的相互关系中，相对于行政主体而言，其既要防止行政相对人权利的违法行使或滥用，同时又要履行职权，保护公民的合法权益。而对于行政相对人来说，其一方面要遵守相关行政许可法律规范，依法参与行政管理活动，尊重行政权的合法行使；另一方面又可以通过直接或间接等方式监督行政主体的行政行为，促进依法行政，防止行政权的滥用或不当行使，在这一互动过程中，行政主体与行政相对人之间的权利义务关系处于一种均衡、对等的状态。第二，责任行政规则。这一规则是指行政许可执法主体必须对自己所实施的行政执法活动承担责任，整个行政活动应处于一种负责任的状态，并且存在有效合理的责任归责制度作为保障。如上文关于责任要素的论述，不允许行政主体只行使行政职权，而不对相应的后果承担任何责任。如果缺乏责任行政规则，则行政许可执法主体将任意行使行政权力而不会受到任何限制和约束，那么行政权力将无限扩张，最终将危及公民社会。因此可以说，缺乏责任行政归责，将无法正常运行行政许可执法制度；第三，行政许可执法的救济规则。此规则指行政主体在进行行政许可执法活动时必须保证相关当事人拥有获得相应救济的权利与机会，否则不能进行执法活动，尤其对羁束性行政许可执法行为而言更是如此。这就要求行政许可执法机关或者工作人员在进行执法活动时，应告知相关当事人其有获得相应救济的权利并且应向当事人提供救济制度保障。

（三）行政许可执法的手段规则

行政许可执法的手段规则是指行为主体在行政许可执法的操作过程中所应遵循的技术性规范要求，遵循这些规则可以提高行政质量和效率、节约行政成本，更容易达到元规则所要求的基本目标，体现行政执法的公平、公正。

首先是程序性规则。此规则要求行政主体必须按照法律规定的行为步骤、顺序、程序实施行政许可执法行为，尤其对羁束性行政行为而言更要严格遵循程序性规则。按照程序本位主义的理念，行政许可执法的程序不仅是一种形式和实现实体的工具,它具有自身的独立价值,能够有效保证公平、公正原则的实现,可以说没有程序正义就没有依法行政。随着我国"重实体轻程序"传统理念的逐渐改变,程序性规则必将成为我国行政许可执法中越来越重要的规则之一。其次是效率性规则。效率性规则作为一条行政许可执法规则,要求行政许可执法人员在行政执法过程中必须注意成本与效益的平衡,快捷、便利、有效地做出行政行为,最大限度地节约行政成本和行政资源。最后是公开性规则。阳光是最好的"防腐剂",路灯是最好的"警察"。公开性规则要求行政许可执法主体在实施行政执法行为时,除涉及国家秘密、商业秘密或者个人隐私的之外,应当一律向相对人或者社会公开,包括公开执法依据、公开执法过程、公开执法决定,以提高政府行为的透明度与公开性。根据我国现行的行政许可制度,我国目前已基本确立"公开为原则,不公开为例外"的公开规则。

(四)行政许可执法的目的性规则

行政许可执法的目的是指行政许可执法行为所期望达到的目标。通过探究行政许可执法的目的可以抽象概括出行政许可执法的目的性规则从而加以适用。行政执法的目的性规则体现了行政执法行为的价值追求。一般而言,行政许可执法的目的是在实现资源的合理配置、促进国家发展的同时维护、保障公众自由发展的权利。因此可以归纳出行政许可执法的目的性规则一般包括:保护行政相对人合法权益规则,保障社会秩序有效形成规则,追求发展规则。保护行政相对人合法权益规则,要求尊重、保护相对人的自由发展权利和其他各种合法权益。从终极意义上说,行政主体应以保护相对人的合法权益为最终执法目标。保障社会秩序有效形成规则的理论基础在于,一切国家权力都直接或间接源于公民权利,公民之所以把自己的部分权利让渡出来,赋予国家机关,其愿望便是借助国家权力的适度干预,保障一种安全、和平的社会秩序。创造和谐而不是引发冲突,必须作为行政执法追求的重要目标。然而,国家权力一旦形成,便具有易膨胀、强制性等特点。国家权力的肆意行使只能造就恐怖和暴力,因此行政许可执法必须以保障和谐社会秩序的形成为重要执法目标。追求发展规则,是指政府对国家和公共事务的决策、组织、管理、监督,其目的是实现社会进步和经济发展,这也是行政行为的永恒主题。此规则要求行政主体应遵循有利于社会进步和经济发展的规则行使行政行为,行政许可执法行为必须以促进社会、经济的发展为目标,进而推动人类社会的全面进步。

三、行政许可执法规则的外延扩张

根据最新《现代汉语词典》中关于外延的释义为:"逻辑学上指一个概念所确指的对象的范围,例如'人'这个概念的外延是指古今中外一切的人。"外延扩张,一般强调的是数量增长、规模扩大、空间扩展等一系列外部性的扩张形态。因此,行政许可执法规则的外延扩张,一般是指行政许可执法规则在原有规则基础上的一些在数量、规模等方面的扩大和延展,即拉长了许可权力清单。

通过上述对行政许可执法规则的分类和阐述可以得知,一般情况下所说的行政许可执法规则的外延扩张,主要体现在行政许可执法规则的实体规则与手段规则当中。下面,我们对这二者展开具体阐述。

(一) 实体规则的外延扩张

实体规则的外延扩张,主要表现为责任行政规则的外延扩张。责任行政规则要求行政许可执法主体在行政许可活动过程中为自己的行政行为承担相应的责任,在具体实践过程中一般包括定期评估规则、信赖保护规则以及补偿规则。

定期评估规则,是指行政许可申请人在申请获得通过后进行相应的活动时,行政许可设定主体并没有完全结束行政许可管理活动,而应当定期对其所设定的行政许可进行定期评估,对行政许可设定的事项进行后续监督管理。这是遵守责任行政规则,做负责任的行政机关的应有之义。

信赖保护规则,亦是对责任行政规则的扩展性发展。信赖保护,依据我国《行政许可法》规定,主要是指"公民、法人或者其他组织依法取得的行政许可受法律保护,行政机关不得擅自改变已经生效的行政许可"。信赖保护规则的确立,不仅是为了保障公民享有权利的既定性、稳定性以及可预测性,同时亦是为了维护国家行政权力的权威性。因此,贯彻信赖保护规则,防止行政机关擅自变更行政许可,有利于树立责任政府形象、维护法律状态的稳定性。

信赖保护规则具有相对性,并不是所有的行政许可都不能变更或者撤销,我国《行政许可法》亦规定了可以变更已经生效的行政许可的情形。相应地,在此种情况下为了坚持责任行政规则,同时补救受到损害的相关当事人,应当确立补偿规则,作为与信赖保护规则相对应的责任行政规则的具体发展。

(二) 手段规则的外延扩张

上文对行政许可执法的手段规则已有具体论述，行政许可执法的手段规则一般包括程序性规则、效率规则与公开规则。从实践过程来看，对此三种规则的外延扩张主要包括以下规则：听证规则、参与规则、便民规则、相对集中许可规则、信息公开规则等一系列具体规则。

关于听证规则上文已做过详细论述，此处不再赘述。需要特别说明的是，目前我国的行政许可听证存在两种方式，一种是由行政许可审查机关自由裁量是否进行听证；另一种则是法律明确规定必须进行听证。对前一种情况而言，由于程序意识淡薄、认为听证程序烦琐等原因导致行政主体在自由裁量过程中往往限缩听证的适用，使得听证的施行大打折扣。笔者主张，应当对可以进行听证的许可事项做扩展性考量，最大限度地贯彻听证规则、适用听证程序、实现程序正义。

同时，关于参与规则、便民规则、相对集中许可规则、信息公开规则等在上文均进行过详细探讨，不再赘述。

总而言之，行政许可执法规则在具体的适用过程中，必将随着社会事务的发展而出现持续的外延扩张，通过丰富自身的内容来获得不断发展的空间。我们所能做的，不过是在纷繁复杂的规则体系中获取对行政许可执法制度发展有利的部分并加以利用，以期完善我国的行政许可执法制度。

第三章 问题与矛盾

2004年《行政许可法》的实施是行政许可执法领域的一次重大改革。随后，各地区各部门为了能更好地贯彻实施《行政许可法》，结合当地实际情况设置了许多具体的规章制度来确保《行政许可法》的实施。时至今日，行政许可执法制度已经施行了10个年头，虽然取得了不小成就，但同时也暴露出诸多新的问题与矛盾，需要行政机关去努力解决。

第一节 行政许可执法制度的多元类型

行政许可执法制度的施行历经十年，从各方面数据来看，行政许可执法制度需要进行的改革和创新是十分迫切的，以往的制度创新只注重急切之点，因此导致行政许可执法改革的步伐一直谨小慎微，完全是"摸着石头过河"。当下，依法治国、依宪行政是一切法治国的治国理念，那么依法行政便是重中之重。

首先，行政许可执法制度创新应该从法治国的渊源上讨论行政许可的设定权问题，只有弄清楚许可设定权属性才能确保从立法上杜绝行政权的随意性，通过法律来规制行政运行过程中的"有权就任性"。如《日本国宪法》规定，国会为"国家唯一的立法机关"，不允许行政机关脱离法律规定，从各自的立场出发进行立法活动，行政机关可以并仅限于制定执行命令和委任命令。没有法律的委任，行政权以行政立法的方式独自设定关于行政与国民地位的一般规则，是绝对不能允许的。《德国基本法》第20条规定，"法律优先原则无限制和无条件地适用于一切行政领域，源自有效法律的约束力"。法律优先原则要求行政应当受现行法律的约束，不得采取任何违反法律的措施。因此，许多国家认为行政许可设定权直接影响着公民的权利义务，行政机关不能享有自行创设行政许可的权力，行政许可设定权多由立法机关行使，且多集中于中央部门。❶

在我国《行政许可法》中，行政许可执法改革从立法入手，严格控制了行政许可的设定权。一是凡《行政许可法》第12条规定的可以设定行政许可的事项，法律都可以设定行政许可。二是对可以设定行政许可的事项，法律尚未有具体规定的，行政法规可以设定行政许可。三是必要时，国务院可以采用发布决定的方式设定行政许可，实施后，除临时性行政许可事项外，应当及时提请全国人民代表大会及其常务委员会制定法律，或者自行制定行政法规。四是对于《行政许可法》第12条规定的事项，尚未制定法律、行政法规的，地方性法规可以设定行政许可。但地方性法规在设定行政许可时受到以下三个方面的限制：①不得设定应当由国家统一确定的公民、法人或者其他组织资格、资质的行政许可。②不得设定企业或者其他组织的设立登记及其前置性行政许可。③其设定的行政许可，不得限制其他地区的个人或者企业到本地区从事生产经营和提供服务，不得限制其他地区的商品进入本地区市场。五是对于可以设定行政许可的事项，尚未制定法律、行政法规和地方性法规，因行政管理需要，确需立即实施行政许可的，省、自治区、直辖市人民政府可以设定临时性的行政许可。临时性行政许可实施满一年，需要继续实施的，应当提请本级人大及其常委会制定地方性法规。省、自治区、直辖市人民政府设定临时性的行政许可，也要受到地方性法规在设定行政许可时受到的三个方面的限制。六是关于行政法规、地方性法规、规章的行政许可规定权，按照法制统一原则，《行政许可法》规定，下位法可以在上位法设定的行政许可事项范围内，对实施该行政许可做出具体规定，但不得增设行政许可，不得增设上位法没有规定的行政许可条件。七是其他规范性文件一律不得设定行政许可。❷

通过以上规定，对许可权的设定主体进行了严格限制，从源头上解决了以往在部门利益的驱使下，部分行政机关任意扩大自己的权限，滥设行政许可的制度问题。徒法不足以自行，一方面设定主体的多层级性，虽然是符合我国国

---

❶ 李卫华："论行政许可设定制度"，《山东师范大学学报（人文社会科学版）》，2006年第51卷第2期。

❷ 参见《行政许可法》。

情的产物,但也有行政越俎代庖立法之嫌疑,不利于法律对行政权的规制;另一方面行政许可设定权的自由裁量范围过大,缺乏相应的具体制度去限制其自由裁量的范围,在实际运行中可能导致行政权控权的不足。缺乏对其事前的监督,缺乏严格的、具体的、可操作性的授权规范,这不得不说是制度设计的缺陷。

其次,行政许可实施的主体也是行政许可执法体制改革的切入点,行政许可实施主体是行政许可行为的实施者,是指基于相对人的申请,对相对人的申请进行审查从而决定是否准许或者认可相对人所申请的活动或资格的行政机关和法律法规授权的组织。它是行政主体概念在行政许可活动领域中的具体表现形式。《行政许可法》对行政许可的实施主体做了限制。第一,行政许可权作为一种行政职权,原则上只能由具有行政许可权的行政机关在其法定职权范围内实施。其他任何组织没有许可权,就不能实施行政许可。第二,行政许可权也可以授予行政机关以外的其他社会组织实施。这主要是考虑到间接行政的问题,但授权必须符合以下条件:①授权必须是依据法律、法规进行;②接受授权的组织必须是具有管理公共事务职能的组织;③被授权的组织在法定职权范围内以自己的名义来实施行政许可。第三,行政许可权也可依法委托其他行政机关实施。行政许可的委托必须符合以下条件:①作为委托者的行政机关在其法定职权内委托,委托者不可能将自己所没有的权力委托给他人;②受托者必须是行政机关,即一个行政机关对另一个行政机关的委托,不能将行政许可权委托给行政机关以外的社会组织实施;③委托行为必须依照法律、法规、规章的规定进行,即必须有法律、法规、规章的依据;④委托机关应当将受委托行政机关和受委托实施行政许可的内容予以公告;⑤受委托的行政机关在委托范围内以委托行政机关的名义实施行政许可;⑥受委托的行政机关不可再委托其他行政机关来实施委托事项。

从以上规定中可以看出,《行政许可法》对于行政许可的实施机关做了规定,对以往行政机关职权混乱、任意授权的行为进行了规制。虽然限制了实施主体的范围,但实际执行起来还是存在很大的问题。一方面,行政许可执法机关机构设置混乱,在实际执法的过程中可能有多个机关拥有同样的权力,重复许可、许可权交叉问题严重。出了问题,各有权机关之间相互推诿扯皮,不利于责任的追究,若没有良好的追责制度,这种情况还会进一步恶化。另一方面是联合执法机构的随意性。在行政许可执法过程中,不按法律规定办事、超越权限、滥用权力的现象较为突出。尤其是我国至今尚未出台有关行政程序方面的立法，而《行政许可法》对于这一方面的规定较为粗糙，不仅实体上不能维护良好的行政许可执法环境，而且从程序上也不能保证实体的正常运行，从而造成许可执法效率低下、执法水平不高，这将是我国今后行政许可执法领域的主要改革方向。

最后，是行政许可执法中人的因素。我们常说不管在任何工作中"人的因素是第一位的"，在建设法治政府、推动行政许可执法制度改革的过程中更要重视人的因素。在此进程中，领导干部要发挥好模范带头作用，要更加注重自身能力的提升，如可通过开展法制讲座、法律培训、自学法律、重大事项决策法律咨询、法律知识考试考核等一系列制度，不断推进领导干部法制教育制度化、规范化。在行政许可执法改革进行的这几年，行政机关及其工作部门的领导带头参加多种形式的法制教育培训，学习宪法、法律和法规的规定，使自身的法律意识不断增强，法律素养及行政许可执法的能力和水平不断提高，把严格执法贯穿于行政许可的各个环节。

在行政许可执法制度改革的过程中，单独依靠领导干部法制意识的提高是不够的，更重要的是提高广大基层执法人员的执法素质，他们才是行政许可执法的中坚力量。近年来，我国不断简政放权，裁撤大量审批项目。根据资料显示，2012年8月下旬，国务院又取消和下放一批行政审批事项，至此，国务院10年来分6批共取消和调整了2497项行政审批项目，占原有总数的69.3%。在裁撤审批项目的同时，对一些机构臃肿、人员冗杂的机关进行了精简，进一步明确了行政许可机关工作人员的责任，通过组织其学习相关的法律法规、定期对其业务水平进行考核等多种方式来着重提高行政许可执法人员的执法水平，尤其是后续对其进行责任考核的制度逐渐建立，更加督促着行政许可执法人员依法行使其权力，以保证行政许可的效率与公平。通过以上一系列的举措，改变了一些行政许可执法机关人浮于事、效率低下的情况。但是，我们还应看到在改革过程中存在的欠缺之处。虽然我国每年都通过考试招录大量的公务员，但是目前分配仍然很不均匀，人员数量的增长依然不能满足经济快速发展对便捷快速的政府服务的要求，特别是在一些经济发展较快的地区，此类问题表现得更为严重，行政许可执法人员的数量不能满足工作需求。部分行政机关由于人手缺乏，常常将行政许可的执法权随意转让，许多事业单位在无法律法规的明确授权下开展行政许可执法工作，滥用权力。而在一些基层的行政许可执法部门,存在的突出问题则是行政许可执法人员的素质有待提高,其责任和服务意识淡薄,权力本位思想严重,与新时期大力提倡的法治、责任、服务意识不相符合。这些执法人员总是以管理者的姿态出现,并未意识到执法人员虽是管理者,更是服务者。这种以管理者自居的执法思想往往会造成行政许可执法过程的效率低下,以至于损害相对人的合法权益。提高基层执法人员的素质是行政许可制度改革中不可忽视的问题。

第二节 行政许可执法制度创新质的飞跃

行政许可执法制度经过多年的运行,在运行中又不断地进行改革创新,发现问题,扬弃问题。从质量上讲,从许可执法前后的对比来看,在各个方面都有了很大的改进,甚至产生了质的飞跃。

一、政府许可执法理念的柔性转变

"东西方不同国家政府改革的实践证明,改革首先应当体现为政府执政理念的革新,政府理念革新是政府行为变革乃至整个行政体制变革的价值基石",是"行政体制改革乃至行政发展的原始动机和动力源泉"[1],因为"任何一项事业的背后都存在某种决定该项事业发展方向和命运的精神力量"[2]。

新公共服务理论[3]提出政府的使命主要是"服务"而不是掌舵,建立公共服务型政府是世界各国政府改革的大势所趋,也是中央确定我国行政管理体制改革的重要目标之一。与传统管制型政府的"政府本位"运作方式不同,公共服务型政府的运作方式是坚持"公民本位"即公民是国家的主人、是公共权力的唯一合法拥有者,政府必须按照公民的意愿行事。政府的行政服务也应服从和服务于公民的需求。

长期以来,我国行政机关一直以管理者的身份自居,行政机关的部门是老

---

[1] 汪波、金太军:"从规制到治理:中国行政审批制度改革的理念变迁",《上海行政学院学报》2003年第2期。

[2] 湛中乐、韩春晖:"行政审批的观念转变与制度创新",《国家行政学院学报》,2003年第3期,第54页。

[3] 新公共服务理论是以美国著名公共管理学家罗伯特·丹哈特为代表的一批公共管理学者基于对新公共管理理论的反思,特别是针对作为新公共管理理论之精髓的企业家政府理论的缺陷的批判而建立的一种新的公共管理理论。

百姓最不愿意打交道的地方，行政机关的工作人员常常高高在上，"事难办，脸难看、话难说"是普通老百姓在行政机关办事时的深切体会。近几年来，我国一直倡导要建立"服务型"政府，让权力在阳光下运行，这不得不说是行政许可执法领域的一次重大变革。所谓服务型政府❶，是一种以市场为导向，以企业社会和公众为主体、以提高公共服务为特征、以发展为主题、以提高公共服务质量和水平为目标的政府行政模式，这种类型的政府是以全新的服务理念为支撑，以创新和改革行政模式为动力，不断地把政府建设成高效廉洁、民主法治的政府。在"服务型"政府理念的倡导下，行政许可执法工作人员的思想也有了一些转变。在为人民服务的过程中多了笑脸、少了冷眼，更加注重人民群众的实际需要，以灵活多变的工作方式充分体现了政府"便民"的价值取向。在改革的过程中，行政许可执法人员从"管理者"向"服务者"角色的转变，极大地促进了我国行政许可执法制度改革的顺利进行。

政府理念的转变是一场由上至下的变革，在此过程中由于各级政府机关的重视程度、执法工作人员的素质高低及公众参与的强弱都会影响这一理念是否能在相关人员的工作过程中得以顺利贯彻实施。《行政许可法》规定的相关制度上虽然对这一理念早有体现，但在实际执法的过程中并未落到实处，尤其是基层执法部门，对这一理念的认识依然不够。部分行政许可执法人员的观念还停留在"官本位"的意识上，对电子政务、网上受理和一站式服务等新的工作方式还不能完全适应，"服务"的效果还不是很好。

前不久，央视播出了这样一条新闻❷，一个姓周的小伙子，公司要派他出国，需要办理护照，由于在北京缴纳社保不足1年，按规定他必须回户口所在地办理。按说现在办护照不是难事，但小周说返回距北京300多公里的河北衡水武邑县老家多次，跑了大半年都没有办下来，每次去还要看办事人员的脸色，前前后后一共补办了多张证明：①无犯罪证明；②公司在职证明；③公司营业执照；④公司外派人员资格证明；⑤本地身份证。就是这5张证明，让他多跑了3000公里。而记者从公安部网站了解到，像小周这样的普通公民办理因私护照，只需要提供身份证和户口本及复印件，然后拍照片、填表就可以

---

❶ 余跃江："创新理念转变职能是建设服务型政府的关键"，《重庆行政》，2005年第5期。
❷ "小伙办护照遇刁难返老家5趟民警被调离岗位"，新华网，http://news.xinhuanet.com/yzyd/local/20131013/c_117696465_2.htm，2014年4月8日最后访问。

了。而上述那些办事人员让他补办的证明，除本地身份证外，其他的材料依法都不需要。《行政许可法》第6条规定实施行政许可，应当遵循便民原则，提高办事效率，提供优质服务。该法第30条和第31条明确规定了行政许可机关的解释义务和一次性告知义务，在上述事例中，行政许可执法人员完全不按法律规定办事，没有将"服务、便民"这一理念深入贯彻到工作中。

二、新时期行政方式的温和变革

在行政许可执法制度改革的过程中，行政许可执法方式发生了温和的变革，显著提高了工作效率，但由于这些新的工作方式还在摸索中，仍存在许多的不足亟待改进。

1. 电子政务

电子政务是政府的一种新型的工作方式，它是在现代计算机、网络通信等技术支撑下，政府机构的日常办公、信息收集与发布、公共管理等事务在数字化、网络化的环境下进行的国家行政管理形式。它包含多方面的内容，如政府办公自动化、政府部门间的信息共建共享、政府实时信息发布、各级政府间的远程视频会议、公民网上查询政府信息、电子化民意调查和社会经济统计等。❶

我国电子政务从20世纪80年代起开始发展，至今已经历了几十年。2002年，中国共产党第十六次全国代表大会明确提出"推行电子政务，提高行政效率，降低行政成本，形成行为规范、运转协调、公正透明、廉洁高效的政府行政管理体制"，以电子政务来推行政府行政管理体制改革。至此，电子政务向着一个更高的层次发展。如今，计算机在各行各业的应用已经十分广泛，已成为人们生活必不可少的一部分，极大地促进了社会的快速发展。政府应用计算机技术进行行政管理在很大程度上提高了行政效率。网络信息技术在人类发展进程中正发挥着越来越重要的作用。电子政务已成为政府改革创新的基本方向和带动社会信息化快速发展的基本力量，具体到行政许可执法领域，电子政务的发展对于行政许可执法方式的变革功不可没。《行政许可法》规定了电子政务制度，这成为行政许可执法工作中的重要变革。《行政许可法》❷ 第29条

---

❶ 蔡立辉：《电子政务》，清华大学出版社，2009年版，第2-4页。
❷ 参见《行政许可法》。

第 3 款规定：行政许可申请可以通过信函、电报、电传、传真、电子数据交换和电子邮件等方式提出。在行政许可领域推行电子政务制度，有利于行政机关提高效率，方便相对人进行申请，有利于社会公众积极有效地参与政府工作，更是实现政府信息化、社会信息化的必由之路。

电子政务作为一种新型的工作方式，与传统的以人工为主的工作方式有很大不同，它在提高行政效率、降低行政成本、方便公众参与方面发挥了很大的作用，但在实际运行的过程中也存在不少问题❶。首先，就是信息安全问题。电子政务主要依靠计算机来完成，公众在运用计算机进行许可申请，以及工作人员在许可执法的过程中，由于计算机的安全问题，可能会造成信息数据的丢失、被篡改，进而给许可执法带来诸多麻烦。信息安全是全面实行电子政务亟须解决的重要问题。其一，就是网络系统自身存在的系统漏洞所造成的威胁尤其是一些涉密单位更要注意系统自身漏洞对数据安全造成的重大影响。其二，就是如何应对外部网络威胁的问题，如计算机病毒的侵害和黑客的威胁及攻击。其三，由于行政许可的执法工作借助电子政务的方式来实施，就更加需要一套健全完备的规章制度来严格控制行政许可执法人员的权限，要在行政许可机关工作人员内部杜绝信息安全隐患。其次，由于传统政府行政管理制度的影响，电子政务在实际的运行中还有许多困难，尤其是在基层的推行。在基层的县乡工作部门中，电子政务还未完全推行，这在经济发展落后的地区尤为滞后，故电子政务的覆盖面非常有限。最后，我国电子政务的推行起步较晚，各方面的立法还极不完善，各地也没有统一的标准和规范，这在一定程度上束缚了电子政务的发展。

2. 集中许可制度

相对集中行政许可权是继相对集中行政处罚权及综合行政执法后的又一项改革措施，集中许可制度是我国《行政许可法》确立的一项旨在解决我国传统行政审批制度弊端的法律制度。该项制度的确立，对目前形势下我国现行行政许可执法体制改革、建立新的运行机制，具有十分重要的作用。它有效地解决了政府部门职能交叉、权责不清的问题，对于提高行政效率和提高行政管理的民主化程度都有重要的意义。

---

❶ 邢轶男："我国电子政务发展的问题"，《合作经济与科技》，2006 年第 6 期。

集中许可制度❶的创建主要是为了解决办理需由两个以上机关或部门分别实施行政许可的事项时所面临的程序复杂、时限过长的问题。集中行政许可权实质上是对国家现行的行政许可权的重构，是对权力行使的重置，包括对行政许可主体的重新设置和对许可权运行模式的重新设计。《行政许可法》第25条规定："经国务院批准，省、自治区、直辖市人民政府根据精简、统一、效能的原则，可以决定一个行政机关行使有关行政机关的行政许可权。"该法第26条规定："行政许可需要行政机关内设的多个机构办理的，该行政机关应当确定一个机构统一受理行政许可申请，统一送达行政许可决定，行政许可依法由地方人民政府两个以上部门分别实施的，本级人民政府可以确定一个部门受理行政许可申请并转告有关部门分别提出意见后统一办理，或者组织有关部门联合办理、集中办理。"《行政许可法》做出这样的规定方便了行政许可的申请人，提高了行政效率，避免了之前那种办一个行政许可要跑很多部门、盖很多章的费时费力的做法，在一些大城市中运行的效果还是非常好的。但由于该项法律规定并不明确、具体，在实际运行中遇到了很多困难。首先，集中行政许可有一定的难度。在《行政许可法》第25条的规定中，可由一个行政机关行使有关行政机关的行政许可权。在实际工作中，各行政机关由于职能和工作领域的不同，以及对其他行政机关业务的生疏，在实际进行行政许可执法的过程中往往顾此失彼，对某一条件审查严格，因不了解相关的其他业务而对其他条件进行审查时出现纰漏，从而做出错误的决定。其次，在集中行使行政许可权的过程中，对各行政机关的地位、职责都要进行明确定位。赋予各个机关相应的权限，避免相互推诿或是争权现象的出现。明确各个行政机关相应的具体责任，做到有权必有责，权责相一致。这样才能确保行政许可执法权能够被合理利用，同时也能保护社会公众的权利。

3. 政务中心的建立

从2000年开始，我国各级政府陆续建立了政务中心。政务中心是由地方政府举办，集中办理本级政府权限范围内的行政许可事项和服务项目，集信息与咨询、管理与协调、投诉与监督于一体的综合性行政服务机构。随着政府职能的不断转变（服务型政府的建立），其服务内容也在扩展，比如纳入了政府采购、投资服务、信访接待、政务公开等职能，是实行"一站式办公，一条

---

❶ 汪倩："浅谈行政许可制度的创新"，《湖南财经高等专科学校学报》，2009年第2期。

龙服务",以行政许可为主、以其他便民服务为补充的政府派出(常设)机构。

设立政务中心,是地方政府为贯彻落实《行政许可法》,加强对行政权力的监督和制约,改善政务服务,提高办事效率,建立廉洁、规范、高效的服务型政府,深化行政许可制度改革,转变政府职能,优化投资和发展环境,确保经济社会事业持续、健康发展,构建和谐群众关系的重要措施之一。我国大多的政务中心都实行一门受理、统一收费、限时办结的运作方式。"一门受理"指凡是政务中心职能服务范围内的事项,统一由政务中心内设办事窗口一门受理,政府其他部门不再受理群众递交的许可事务;"统一收费"是指凡在政务中心办事的一切收费,收费项目、收费标准必须依据规定由设在政务中心的收费处代理收取后,再分解给有关部门,纳入财政"收支两条线"管理;"限时办结"是指凡在政务中心审批或服务的事项,明确限定办结时间,力求在最短时间内办结。

政务中心是我国行政许可执法改革的重要成果,在实际开展工作的过程中,使行政服务更加高效便捷,大大缩短了行政许可的办理时限。以2012年4月正式运行的重庆市两江新区政务中心❶为例,该中心共设立接办件窗口、代收缴费区、咨询服务区等8个区域。包括重庆市规划局、重庆市工商局、重庆市国税局等在内的13个职能部门入驻政务中心,为前来办理业务的企业提供集中办公、限时办结、统一收费的"一站式"服务,提高了办事效率。在其正式运营之后,企业办理审批业务的时限可从法定的70个工作日缩短至2个工作日,建设领域项目的相关审批工作效率大幅提高。

政务中心的建立是行政许可执法改革的一大创举,在今后的改革方向上还应注意以下问题❷:其一,政务中心在运作过程中只是把各个工作部门集中到一个大厅,在实际中可能仅仅解决了行政许可申请人少走几步路的问题,并未从根本上解决多头许可、重复审批的问题。其二,政务中心的定位不明确。《行政许可法》并没有具体规定政务中心的合法地位,也没有专门的规章制度来规范和明确其存在的合法性、合理性和必要性问题。地方政府大多将政务中

---

❶ "重庆市两江新区政务中心投入运营",新华网,http://news.sina.com.cn/c/p/2012-04-05/152824225163.shtml,2014年4月8日最后访问。

❷ 马瑞:"行政许可模式的审视与重塑",《天水行政学院学报》,2011年第3期。

心定位为一个行政性机构,而非事业性或社会中介性机构,然而在现存的政府行政序列中并没有它的位置。它甚至仅仅是一个场所,对其并无制度保障和相关配套设施。其三,政务中心的管理问题突出。政务中心对其工作人员无人、财、物的管理权。进驻政务中心的各部门依然由原单位统一管理,各部门之间的工作缺乏配合,绝大多数窗口的工作人员权力有限,不能灵活应对工作中出现的复杂的、需要各部门相互配合的情况,这在某些方面违背了政务中心高效、便捷的服务宗旨。

三、进一步明确许可执法制度创新的方向

不管是政府理念的变革还是工作方式的改变,在行政许可执法制度创新的过程中,有一些共性的、不容忽视的重要问题需要在下一步的改革过程中做重点调整。

1. 后续的监管缺位❶

长期以来,我国在行政许可执法领域设定的要求常常十分严格,很多行政主体在给予行政许可时往往设定较高的标准和门槛,使行政相对人获得行政许可需要经过很多努力。但是行政相对人一旦取得了行政许可就等于是万事大吉,行政主体对其从事行政许可的活动很少过问,并不会去进行监督管理,即使有监督管理,也往往流于形式,缺乏必要的工作程序及制度保障。我国现行的行政许可制度虽然在行政许可的监管方面有所改进,但是仍存在着很多问题,且这些监管制度的具体落实也常大打折扣。

我国《行政许可法》第 10 条规定:"县级以上人民政府应当建立健全对行政机关实施行政许可的监督制度,加强对行政机关实施行政许可的监督检查。行政机关应当对公民、法人或者从事行政许可事项的活动实施有效监督。"该规定从总体上规定了对行政许可后续的监管,但该条规定过于笼统,并未从制度上解决行政许可执法后续监管的运行方式及责任。《行政许可法》第 24 条第 2 款规定:"委托行政机关对受委托行政机关实施的行政许可行为应当负责监督,并对该行为的后果承担法律责任。"《行政许可法》的第 6 章专门规定了监督检查的制度,这是行政许可执法领域的一大进步。《行政许可法》的规定虽然把监督检查提高到了法律的高度,但在实际的职责履行过程

---

❶ 李海龙:"浅析行政制度存在的几个问题",《黄河之声》,2012 年第 11 期。

中却出现了很多问题。首要的问题便是没有一套完整有效的监督管理体系。《行政许可法》只是从法律条文的角度规定了行政机关的监督管理权力,但现有法律却没能规定一个行之有效的制度,怎样具体地行使许可执法的监督管理权,怎样从制度上保证行政许可执法机关能够在许可后对该许可事项进行监管,这其中还缺乏程序的良好规制。近年来我国屡屡出现的食品安全问题、药品安全问题、生产安全问题等,在一定程度上说明了后续监管的缺位。在今后行政许可执法制度改革的过程中,要把重点放在后续的监管问题上,既要保证事前严格把关也要保证事后监管有效。

2. 许可执法程序不完善

我国在立法和司法以及执法方面,一直以来都是重实体、轻程序。经过多年的改革,虽然在执法过程中对执法程序进行了规范,但还是得不到众多执法人员的重视。我国学界一直呼吁行政程序立法,但至今依然难产,在其背后的原因便是天性的权力扩张不愿自缚手脚。行政许可的顺利实施依靠的是良好的程序规制,"没有程序,法治的理念和要求无法转化为法治规范;没有程序,法治的规范和限制无法转化为法治现实。法律秩序所具有的在时间和空间上的有序性以及实际上的可操作性,使法律由静态向动态转化,法治的实现因而成为可能"。❶ 具体到行政许可执法的领域,程序的不完善也是我国行政执法改革的一个重要方面。行政许可实施的程序包括申请与受理、审查与决定、听证以及变更与延续等方面的内容。我国现阶段行政许可制度程序方面的缺陷主要有:①对行政许可处理期限的规定有较大的不确定性,行政许可机关拖延处理的现象比较严重。《行政许可法》对行政许可实施程序的每一个环节,包括申请、受理、审查、决定、变更、延续等均设定了法定期限,在一定程度上起到了督促行政许可执法人员快速及时地处理行政许可事项的作用。但是,《行政许可法》在规定法定期限的同时,又规定了一些"法律法规另有规定的除外"的但书条款,给予了行政许可执法机关较大的自由裁量权,这一规定是为了一些许可中的特殊事项而规定的,但也存在行政许可执法人员滥用这些规定而拖延办事的现象。这些条款如果在立法中不能严格控制,就可能使原本很好的期限制度设计的作用大打折扣。②行政许可听证程序的问题❷。我国在《行政许

---

❶ 应松年:《行政程序立法研究》,中国法制出版社,2001年版,第16页。
❷ 许跃辉、张兄来:"论行政许可中的听证制度",《国家行政学院学报》,2005年第2期。

可法》第 48 条规定了行政许可的听证程序。首先，行政许可听证的申请人可以是社会公众也可以是利害关系人，但主要决定是否举行听证的还是行政许可机关，在实际操作中行政许可机关并不能确保实现公民的听证权利，而且在听证程序实行的过程中，对于听证程序的适用范围、行政许可听证参加人、听证主持人的规定都过于简单。另外，《行政许可法》确定了行政机关应当根据听证笔录做出行政许可决定的案卷排他原则，但没有规定行政机关没有根据听证笔录做出行政许可决定时行政相对人的救济权。③授予许可的条件的公示问题。《行政许可法》第 30 条规定："行政机关应当将法律、法规、规章规定的有关行政许可的事项、依据、条件、数量、程序、期限以及需要提交的全部材料的目录和申请书示范文本等在办公场所公示。"这一法律规定意在使行政许可申请人知道办理程序及所需材料，有利于申请人妥善准备材料、熟知办理程序，促进行政许可事项的快速办理。对于行政许可执法人员来讲，也能使其熟悉业务、遵守程序、高效地办结许可申请事项。而在行政许可执法部门的实际工作中，有些部门并未遵守该项法律规定的要求，尤其是在材料的准备以及办理程序上常常模棱两可，甚至存在办理程序具有很大的随意性现象。由上文中小周办护照的例子可以看出，行政许可的执法程序规定的落实还不到位。

3. 权力寻租影响改革

行政许可执法制度改革，是对行政许可进行的深层次调整，因此，必然会触动某些行政部门的利益。为了保留既有的权力，从维护自身利益出发，他们会给行政许可执法制度改革施加一定压力。"制度选择天生是政治性的，我们必须询问'谁'从制度安排中'得到了什么'？"❶任何一种制度安排均有其特定的既得利益者。行政许可是对资源进行配置的一种权力，行政许可权的背后隐藏的是权力和利益。行政系统具有独立的利益是一个无须论证的事实。在我国存在的部门保护主义和地方保护主义印证了哈耶克所说的"主要的威胁不是个人的自私而是群体的自私"。"一个封闭性群体的自私，或者其成员想使该群体变成一个封闭性群体的欲求，却始终是与大社会成员所具有的真正的共同利益相反或相冲突的"，而且，"各种群体的集体利益远没有趋近整个社会的利益，而恰恰是与之相悖的"。对行政机关来讲，多一道许可，就多设一

---

❶ 詹姆斯·W·费得列、唐纳德·F·凯特尔：《行政过程的政治——公共行政学新论》，陈振明、朱芳芳等译校，中国人民大学出版社，2002 年版，第 111 页。

道租，多一道利益。❶ 这是目前我国行政许可执法制度效率低下的深层次原因。

4. 行政许可执法人员素质有待提高❷

在法律实施的过程中，执法人员是实施法律的主体，一部法律运行的好坏，执法人员法律素养的高低起着关键的作用。宋代的改革家王安石曾说过："吏不良，则有法而莫守。"可见，人的因素在法律运行的过程中非常重要。

近年来，我国通过公务员考试选拔了一大批高学历高素质的人员进入公务员队伍。但是在行政机关内部，尤其是基层，由于一些行政许可执法人员法律意识淡薄、职业道德素质不高，导致不守法、不按法律规定办事的现象时有发生。部分行政许可执法人员专业知识水平有限，在对一些事项的许可上还停留在写申请、填表格、盖印章等方面，而非聘请专业人士或利用自身专业水平进行是否符合规格标准的专业判断。行政许可执法人员大部分不是法律专业人员，对法律规定并不熟悉，有些人甚至不知自己在许可执法的过程中执的是什么法，有什么相应的法律规定需要遵守，如对《行政许可法》中的一次性告知制度、免费提供格式文本、许可期限等问题的相关规定并不清楚，这对于行政许可的申请人来说，不仅浪费时间，而且其正常权利也得不到维护。目前，我国并未建立起完善的行政执法人员评价奖惩制度，很多人认为作为公务人员便享有了"铁饭碗"。这也是造成行政执法水平不高的重要原因。由于行政许可涉及的社会关系复杂性、专业性及技术性较强而行政执法人员在执法过程中又被赋予了一定的行政自由裁量权，这就使得规制其执法行为、建立完善的奖惩评价制度尤为重要。要确保有权必有责，对于执法过程中表现良好的执法人员可以给以奖励，并树立为榜样，对于违反法律的执法人员要坚决问责。对于那些"乱作为""不作为"的执法人员要严格追究其责任，不能只流于形式。制定切实可行的评价机制和评价体系对行政执法工作人员的执法行为进行系统的评价，并将评价与升迁、薪金、奖励等机制挂钩，以充分调动行政许可执法工作人员的积极性，增强其责任感。在外部要建立合理的行政许可申请人的申诉救济机制，作为外部监督，这一机制也应纳入对行政许可执法人员的评价奖

---

❶ 王屹："用规则限制自由——就行政审批制度改革与国家行政学院杜钢建教授的对话"，《中国改革》，2003年第3期。

❷ 祝丽生："当前我国行政许可制度存在的问题及对策分析"，《行政与法》，2007年第2期。

惩制度中。

行政许可执法制度改革了十几年，取得了一定的效果，但依然存在极大的改革空间，在今后还需要不断摸索，进行制度创新，进一步压缩精简许可事项，削减许可机关权力，严格依法依程序办事，加强行政执法工作人员的职业培训，转变政府职能，提高行政效率。

第三节　行政许可执法制度改革的时效性

面对当今经济的快速发展、政治的民主化进程加快，政府的主要职能由传统的管控职能向如今的服务职能转变。随着时代的发展，必须全面深化改革才能由社会主义大国向社会主义强国转变。在当前经济、政治、文化及各方面都处于一个大变革的环境下，行政许可执法制度的改革也必须紧跟时代的步伐，通过一系列的变革更好地促进经济发展，更好地服务于人民。行政许可执法制度改革，涉及经济、政治、社会、法律等诸多领域，是一个复杂的系统工程。行政许可执法制度改革从某种意义上说是行政机关切除自身毒瘤，对自身的一场革命，所以显得格外艰难。在转型期的中国，这是一幅气势恢宏却暗礁丛生的连绵画卷，它也是政府规制改革的一个重要组成部分，因此，行政许可规范化、法治化，可以说前路正长。❶

一、行政许可执法制度改革是当前经济发展的必然要求

十八届三中全会提出，建设统一开放、竞争有序的市场体系，是使市场在资源配置中起决定性作用的基础。必须加快形成企业自主经营、公平竞争，消费者自由选择、自主消费，商品和要素自由流动、平等交换的现代市场体系，着力清除市场壁垒，提高资源配置效率和公平性。我国的行政许可执法制度脱胎于20世纪的计划经济体制，经过几十年不断的改革发展，行政许可执法制度已经初步贴合了市场经济的发展，在改革的过程中逐步实现了资源由市场来进行配置而非由政府来进行配置。政府配置资源的最大弊端是限制了社会经济资源的合理流动、市场主体的公平竞争和自主决策，妨碍了市场机制对社会经济资源配置的基础性作用的正常发挥，严重影响了市场经济体制的完善和社会

---

❶　肖金明：《WTO 与政府法制》，山东大学出版社，2002 年版，第 169－170 页。

生产力的发展，而市场经济要求充分发挥市场在资源配置中的基础性作用，政府不再事无巨细地对经济和社会实行直接管理。实行社会主义市场经济要求我们必须按经济规律办事，减少政府过多的、不规范的行政干预，最大限度地发挥市场机制的作用，调节经济运行，提高社会经济的运行效率。实践证明，在很多方面，市场调节更公正、更有效，对经济和社会发展的促进作用更大。

目前，行政许可执法制度依然存在着由于许可执法不规范而产生的诸多问题，"只要条件允许，每个人都喜欢得到更多的权力，并且没有任何人愿意投票赞成一项旨在要求个人自我克制的条例"。❶ 在许可执法的过程中，行政主体享有的行政自由裁量权导致其权力过大，如果规制不到位，则会导致权力滥用，不仅容易滋生腐败，还会使得行政许可执法主体过多地干涉市场优胜劣汰的自然规律，将许可授予不符合条件的人，在"劣币驱逐良币"过程中影响市场的自由选择。另外，行政许可执法的不规范，将导致许可行为效率低下。一件简单事项的许可，往往要求行政许可申请人准备多种材料，跑多个部门，盖多个章。在浪费时间的同时，也加大了市场交易成本，在市场经济快速发展的今天，市场需求可能瞬息万变，而烦琐复杂的许可手续严重影响了行政许可申请人对市场形势的判断，等到复杂的程序办好，可能早已失去了进入市场的良好时机，使得经济效益和社会效益遭受损失。

"法外行政最根本的原因，可归结为体制的影响，合理的体制可以变劣为优，而不合理的体制又可致优为劣，它是人类长期制度实践的总结。"❷ 行政许可执法制度的改革是社会主义市场经济发展的必然要求，市场经济的发展要求行政许可执法机关能高效快速地处理行政许可事项，要求行政许可执法机关能精简许可事项，减少许可环节，严格执法程序，尊重市场规律，从而进一步削减对市场可以自由配置资源的领域的管控，进一步腾挪市场空间，激发市场活力，促进社会主义市场经济有效、快速的发展。

二、行政许可执法制度改革是转变政府职能的客观需要❸

党的十八届三中全会提出，科学的宏观调控、有效的政府治理，是发挥社

---

❶ 阿克顿：《自由与权力》，商务印书馆，2001年版，第343页。
❷ 谢晖：《价值重建与规范选择——中国法制现代化沉思》，山东人民出版社，1998年版，第427页。
❸ 顾爱平："深化行政许可制度改革的价值取向"，《南京社会科学》，2009年第1期。

会主义市场经济体制优势的内在要求。必须切实转变政府职能，深化行政体制改革，创新行政管理方式，增强政府公信力和执行力，建设法治政府和服务型政府。要健全宏观调控体系，全面正确履行政府职能，优化政府组织结构，提高科学管理水平。这说明，转变政府职能是我国政府下一步改革的重点方向，政府职能是指国家行政机关根据国家和社会发展的要求依法所承担的职责和具有的功能，行政许可是构成政府职能的主要内容。我国政府职能的转变，主要是指行政机关为了实现、适应、保证由传统的计划经济体制向社会主义市场经济体制过渡而进行的转变。转变政府职能的核心是实行政企、政事分开，让市场发挥更大的作用，给企业和社会更大的权力，这是行政许可改革的出发点，也是转变政府职能的关键环节。

　　当前，我国政府职能由"管控"职能向"服务"职能转变，根据"政府再造"理论，政府部门原有的组织机构、服务流程要根据"公众需求"进行全面彻底的重组，形成政府内部决策、执行、监督的有机联系和互动，以提高政府绩效，提高公众满意度。行政许可执法作为政府的一项职能，也要参与"政府再造"，要着重于行政许可的"流程再造"，从行政许可的申请受理到审查决定、变更延续、监督检查等环节都要以"服务"理念贯穿始终。服务理念的贯彻，首先是减少"管控"，着力推进简政放权。把该放的权力放开，把该管的事情管好，真正做到还权于民、还权于市场。市场规律能自由支配的事项就交由市场来决定，行政许可执法机关不要再多设一道门槛来管控，充分调动市场和公众的积极性来自主决定资源配置，以免规制过度、抑制市场的生机和活力。其次，在行政许可执法机关内部要加强对其工作人员的"服务理念"的培训与学习。长期以来，行政机关工作人员一直给人以"高高在上"的印象，他们把自己当作"管理者"，常有官僚主义作风，行政机关的宗旨是为人民服务，行政机关的工作人员是人民的公仆。在政府职能转变这一契机下，行政许可执法人员要转变思想，将自己定位为一个服务者的角色，要服务好每一位公民，满足公民合理的需求，改变以往态度恶劣、故意刁难、办事拖拉的工作态度，在执法过程中尽心尽力、依法行政，给每一位公众以高效便捷的服务。转变政府职能、推进行政许可执法制度改革，还有重要的一环，那就是监督，要确保权力的行使受监督、执法的过程受监督、执法的行为受监督、执法的结果受监督。要把事前监督和事后监督结合起来。要把工作职责、服务对象、办事程序、办事结果等及时向社会公开，让群众办事更加便利。要处理好简化办事程序与依法行政的关系,既要依法行政,也要有良好的服务态度。要自觉接受法律监督、民主监督和群众监督,让权力在阳光下运行,不断提高行政许可执法机关的公信力和执行力。

政府职能要转变,要建设服务型政府,行政许可执法制度也要转变,要变革以往执法工作中程序烦琐、效率低下、职责不清、管控过严的执法制度,使其转变为公平公正、便民利民、合法信赖的执法制度。在转变过程中,要牢牢把握"服务"二字,改变以往的执法方式,行政许可执法人员要全面加强自身的思想建设、作风建设、能力建设,不断提高为人民服务的能力和水平。特别是领导干部在转变思想和职能的过程中要发挥带头作用,大力增强公仆意识,切实转变工作作风。总而言之,在政府职能转变这一改革过程中,行政许可执法制度的改革迫在眉睫,是政府职能转变的客观需要。

三、行政许可执法制度改革是其制度内在价值的要求

行政许可是任何社会存在和发展都不可缺少的制度,同时它又必须根据经济社会发展的需要与时俱进地进行改革。钱穆说:"任何制度之创立,必然有其内在的用意。"❶ 所谓制度的内在用意,其实就是人们对制度意义的期望,即制度的价值预期。同样,任何一项制度改革也都包含着对某种价值的追求。行政许可执法制度内在的价值追求也是行政许可执法制度改革的内在动力。根据马克思主义哲学的观点,内因是事物发展的根本原因,事物由于其内在的矛盾性,在对立与统一的斗争中不断推动事物向前发展。行政执法制度内在的效率、公平、权责一致、违责必究等价值追求要求对现有许可执法制度进行改革,以确立注重效率、注重公平、有权必有责、权力受监督的行政许可执法制度。

公平是法律精神的精髓,是包括行政权在内的所有国家权力运作追求的价值目标,也是衡量行政权运行是否正当的标准之一,这已经成为公认的事实。从行政权产生的根源考量,公众的授权是基于对行政权公正运作和行使的预期,如果行政权的运行有失公平,将会严重损害公众的利益,那么公众是绝对不愿意将自己的权利让渡给国家从而产生行政权力的。可以说,行政许可执法制度的核心就是公平价值。公平在一定意义上就是正义,而正义是人类追求的

---

❶ 钱穆:《中国历代政治得失》,三联书店,2001年版,第5页。

根本价值。行政许可执法制度把公平作为其制度构建的一个基本价值。秦晖先生曾指出："重要的不是在变革中预定地扶植一些利益集团而损害另一些利益集团，而是尽可能地维护现代变革中的公正，使尽可能多的人们在变革中，束缚的解除与保护的失去、机会的获得与代价的付出能够相称，使他们能公平地分享共同体的遗产而在相对平等的起点上参加竞争。"❶ 行政许可是一种利益分配的过程，在该利益分配中执法人员要严格遵守法律的规定，把许可授予那些符合条件的人，切不可暗度陈仓，为私利而损害公平原则，在执法过程以及后期监管过程中，公平原则都应贯穿其执法活动的始终。目前，我国行政许可执法制度在实际运行的过程中出现了很多有损公平的事件，特别是基层的一些执法部门，在执法过程中的随意性很大，忽视了公平价值的追求，行政许可执法制度内在的公平价值追求要求改变现今执法过程中忽视公平价值的现象。

如果说公平是行政许可执法制度的核心价值，那么效率就是行政行为存在的要素与生命。"当今的法制系统的目标和结构模式要朝着灵活、敏感、疏通、超前、信息等方向发展。"❷ 行政权运行所追求的根本目标，是在保证行政权的行使符合预定目的、维护和促进公共利益的最大化实现、给社会带来效益的前提下，用尽可能少的人力、物力和尽可能快的速度去完成数量尽可能多、质量尽可能高的行政任务，即要不断提高行政效率。追求高效率也是行政许可执法制度的重要价值。因为没有效率的社会公平最终不会达到社会公平。行政许可执法效率的高低是衡量行政许可执法权运行是否科学、是否合理的重要标准。由于目前我国行政许可执法过程中出现的一些程序烦琐、效率低下、许可事项过多的问题，公众满意度明显不高，有时申请一项许可竟要跑很多部门，审核很多材料，这不仅大大增加了社会成本，而且造成了低效率和资源浪费，因此行政许可执法制度内在的效率价值要求进行行政许可执法制度改革，在改革过程中不断契合效率价值、深化行政许可执法制度改革、提高行政许可执法的工作效率、提高公众满意度是其内在效率价值的追求。

行政许可执法权是权力和责任的统一。从权力行使主体的角度来看，行政许可执法权更应是一种职责、一种义务。行政许可执法权力的行使，必然伴随

---

❶ 秦晖：《问题与主义》，长春出版社，1999年版，第494页。
❷ 关保英：《行政法的价值定位——效率、程序及其和谐》，中国政法大学出版社，1997年版，第93页。

着责任的界定以及对于权力的监督,行政许可执法权的内在责任价值取向,要求行政许可执法制度进行改革,要求在改革的过程中赋予行政许可执法机关权力的同时也要将责任这一"紧箍咒"牢牢地套在权力的头上。新中国成立后,政府机关一直扮演着一个"管控者"的角色,赋予了其很大的权力,而在责任规制方面却有所欠缺,未能做到有权必有责、权责相一致。而当今行政机关的行政行为已经不再是以往的权力行政了,其正在一步步地向责任行政转变,对于行政许可执法部门来说责任的规制尤为重要,要求行政许可执法工作人员熟知自己的责任、遵守法律法规的规定、严格依法办事,对于违反法律、违反责任的行为,要坚决予以追究。"行政机关的权力不是特权,权力天然地和职责、和责任联系在一起。"❶ 因此,深化改革行政许可制度必须强调权力与责任并重的思想,做到有权必有责,用权受监督,违法要追究,侵权须赔偿。

四、行政许可执法制度改革是建设法治中国的要求

党的十八届三中全会提出:"建设法治中国,必须深化司法体制改革,加快建设公正高效权威的社会主义司法制度,维护人民权益。要维护宪法法律权威,深化行政执法体制改革,确保依法独立公正行使审判权检察权,健全司法权力运行机制,完善人权司法保障制度。"❷ 行政许可执法制度改革是建设法治中国的基本要求之一。建设法治中国是一项综合性的系统工程,目标宏大,任务艰巨,要坚守十六字方针"科学立法、严格执法、公正司法、全民守法",要更加重视通过微观法治推动宏观法治、通过具体法治实现整体法治。

行政许可执法制度改革是一项全面的改革,是针对立法、执法、司法、守法的全方位的改革。首先,就是立法,"法乃公器,公则生威",在立法的过程中要对《行政许可法》中规定不详尽的地方进行详尽的规定,尤其是对程序的立法,要把公正、公平的原则体现在每一项立法中。

行政许可执法制度改革,重在"执法"的改革,要使法律得到严格的执行。天下之事不难于立法,而难于法之必行。"良法"的执行需要"良吏",行政许可执法人员要规范自身的执法行为,公正文明地对待行政许可相对人。在执法过程中,严格按照法律规定的要求执法,严格按照法律程序执法,改变

---

❶ 李煜兴:"革新行政审批制度",《党政论坛》,2002年第8期。
❷ 参见《十八届三中全会公报》。

以往执法混乱、人浮于事、权力责任脱节、以权谋利的现象。作为执法人员，要加强自身法律理论知识的学习培训，既要掌握有关行政许可执法的法律、法规和规章制度，还要学习行政许可执法的一般原理和应当遵守的原则，提高自身法律素养和理论水平。努力造就具有较高职业素质的行政执法队，才能确保行政许可执法制度改革中行政执法人员能够发挥巨大的作用。"执法"二字基于"法"而重在"执"，具体在执行的原则、执行的程序、执行的方式。《行政许可法》中确立了公平公正公开、信赖利益保护、高效、便民等原则，在执法过程中要严格遵循这些原则。法治中国不仅要在实体上保证公民的正义，在程序上也要体现正义，在行政许可执法的过程中要按照规则和程序办事，改变以往执法随意性很大的现象，对于自由裁量权的行使要进行程序上的规制。对于《行政许可法》中关于期限、听证制度等的规定要严格执行，尤其要重视程序的公开。1967年美国前司法部长克拉克曾说过："如果一个政府是真正的民主、民治、民享的政府的话，人民必须能够详细地知道政府的活动。没有任何东西比秘密更能损害民主，公众没有了解情况，所谓自治，所谓公民最大限度地参与国家事务只是一句空话。当政府在每个方面影响每个人的时候，保障公民了解政府活动的权利，比任何其他时代更为重要。"❶ 行政程序不公开，行政相对人难以了解行政机关的办事程序、许可过程和许可结果，不利于程序正义的实现。应转变以往的执法方式，推行精简快捷的执法方式，实现各执法部门相互之间的协调配合，从而提高执法效率。

　　法治中国的建设还需要全民的共同努力，需要各方的积极参与，要使每一名执法人员和普通公民都成为法治的忠实崇尚者、自觉遵守者和坚定捍卫者。行政许可执法制度改革，要积极宣传法律法规，在全社会形成一种学法、知法、守法、用法的良好氛围。作为行政许可执法人员首先要发挥模范带头作用，自己要先懂法，守法，努力履行法律责任。作为行政许可相对人也同样要懂法、守法，依法维护自身的合法权益。总之，法治中国的建设要求进行行政许可执法制度改革。反之，行政许可执法制度改革也能促进法治中国的建设。

---

❶ 王名扬：《美国行政法》（下册），中国法制出版社，1995年版，第959页。

第四节 改革的参与性

行政许可执法制度改革的参与性问题涉及执法主体、执法责任以及相关的行政许可执法机构设置问题。这三者的法律规定已经相对完善，但随着社会经济的发展、执法理念的转变、公民法律素质的提升等因素的出现，滋生出一些问题亟待我们去解决，以下便是对此展开的论述。

一、执法主体要体现出广泛性

行政许可执法不仅仅涉及行政机关和行政相对人，同样也涉及与相对人申请的事项相关联的主体。

现如今，由于部分行政机关工作人员的法律素质以及业务水平有一定的局限性，他们依旧习惯于传统的行政管理方式，对于像电子政务、网上受理、公开审批和"一站式"服务等新的工作方式以及像首办负责制、限时办结制、一次性告知等制度难以适应和把握。还有就是行政许可执法主体资格制度的随意性较大。目前，在许可执法过程中，一些地区的部分行政机关由于人手短缺常常将行政执法权任意进行转让，许多事业单位在无法律依据、无法规明确授权的情况下开展行政执法工作；无权执法的受委托人也无所顾忌地滥用权力。在卫生监督等方面这些问题特别突出，比如随意委托不合格的组织和人员实施行政执法等。行政执法主体庞杂，行政执法队伍多、乱、散的现象，造成单个执法队伍很难开展经常性的执法工作，只能搞一些突击式或者是运动式的检查，执法盲点和死角较多。

另外，由于许多法规、规章对行政许可实施机关的规定不具体、不明确，各部门要么争夺管辖权，要么互相推诿，从而造成多头管理、重复许可，或者是权力真空、管理失控的局面出现。许多地方行政许可实施主体还存在不规范之处，如通过所谓的领导小组、办公室等非正式机构来实施许可。有些地方政府甚至通过指令等方式擅自改变法律、行政法规规定的行政许可的实施机关。这种做法显然构成了对该行政许可的重大变更，违背了行政许可的法定原则。

就行政相对人而言，他们对《行政许可法》的法律条文内容以及其精神实质了解得不够深入。在日常生活中存在两种比较常见的现象：一是为了

"脸好看、事好办",通过请客、送礼等非正规的渠道来申请许可;二是只求权利不求义务,不符合条件依旧反复申请,从而干扰行政机关的正常工作。这就要求政府部门设立相关的信息公开机构,向公民提供许可的资料,说明相关的情况,使公民在明确知晓的情况下去申请,从而避免不必要的周折。然而在现实生活中,信息公开的情况难以令人满意。许多行政机关工作人员未按照法律的规定事先公开有关行政许可的信息,主要表现为对可提出行政许可的项目、提出申请的方式、申请的机关以及要求提供的材料等公布不清,特别是对于包含多个申请条件的某项许可更是如此。另外,"一次性告知"的内容也不够明确,不同的行政人员对申请人要求予以说明的内容的解释不尽相同,或是解释不清。因此,后续的学习和培训是必不可少的。由于公开程序方面规范的不细致,幕后交易、暗箱操作等现象时有发生,这些问题在听证、招标等具体的工作中表现尤为突出。有些部门甚至将其具有的信息优势当作是权力寻租的手段,剥夺其他相关申请人的知情权,从而造成信息的不对称、权利的不平等。要预防和改变这种情况,必须要打破信息的垄断、确定各公共部门发布信息的责任,让公民享有知情权和监督权。❶ 现行的《行政许可法》第 30 条、第 33 条分别规定,行政机关应当将法律、法规、规章规定的有关行政许可的事项、依据、条件、数量、程序、期限以及需要提交的全部材料的目录和申请书示范文本等在办公场所和政府网站公示、公开。按照便民的要求,行政机关应当通过政府公报、机关报纸等途径进行公开,推行电子政务,在行政机关的网站上公布行政许可事项,方便申请人采取数据电文等方式提出行政许可申请;还应当与其他行政机关共享有关行政许可信息,提高办事效率。除此之外,政府部门还可以通过设立信息公开机构,建立新闻发言人制度等来保障公民的知情权。然而,相对于该法第 30 条的规定来说,其他方式更像是一种倡导性、号召性的要求。在实践中,许多的政府机关并非以便民为其目标,而是以不违规为底线,这是"不求有功,但求无过"的心理在作祟。例如,部分地方政府的网站内容更新速度慢、"长睡不醒",严重制约了信息公开制度的贯彻执行。

　　某些地方政府对于相对集中许可权制度仍持观望的态度,因此此项制度未得到普遍落实。我国现行的《行政许可法》第 26 条规定了"一个窗口对外"

---

❶ 杨寅:《公共行政与社区发展》,浙江人民出版社,2005 年版,第 308 页。

的制度。但是从实施的过程来看，主要存在以下问题：一是对于法律规定的几个部门联合办理、统一办理的审批方式，只有部分城市按照法律的规定建立了全市统一的审批大厅，许多城市出于经费、经验等方面的考虑仍旧在观望，始终不肯做出最终的决定。尤其是某些行政机关为了争夺行政许可权而不愿联合协作办公，给行政相对人带来了很多不必要的麻烦，同时也加大了行政许可的成本。二是对于法律规定在一个机关内需要多个机构审批的项目，一些行政机关没有按照法律规定确立"一个部门一个窗口"办理，申请人申请一个项目依旧需要跑多个机构进行审批，领取多本许可证书，增加了申请人的负担。

另外，还有一个行政许可费用问题："原则上不收费"难以得到真正的落实。虽然现行的《行政许可法》第58条明确规定，行政许可原则上不收费，但许多行政机关仍旧保留着许多收费的许可项目。从目前的情况来看，乱收费的主要表现有：国家有关治理乱收费的政策方针没有得到全面落实；越权审批收费或者是自立项目、擅自提高收费标准；部分单位、机关转移行政职能，通过中介机构、协会等社会团体乱收费、强制收费；涉及行政审批、行政许可前置条件的培训、考试、评估等收费比较混乱。例如，一些行政机关还将收费"由明转暗"，即由中介机构代为收取所谓的"服务费"，此种变相的收费严重损害了公民的利益。

二、执法责任问题

法律责任是指，相关行政主体由于不履行或者是不完全履行法定义务，抑或是由于侵犯他人的法定权利，而应当承担的由国家机关依法确认并强制其承受的法定的不利后果。在行政许可方面，法律责任保障了法律规定的便民原则得以遵守。《行政许可法》规定了行政机关及其工作人员的程序违法：在办理行政许可、实施监督检查时，索取或者收受他人财物或者其他利益的应当承担的法律责任；对依法应当许可的不予许可，对不应当许可的给予许可，不依法履行监督责任或者监督不力的，擅自收费或者不按规定收费的，直接负责的主管人员和其他直接责任人员要承担的法律责任；对违法收费或者截留、挪用、私分或者变相私分依法收取的费用所应承担的法律责任；在实施行政许可中，给当事人的合法权益造成损害的应当承担的法律责任。

上文所述基本上囊括了我国的行政法律制度在整体构建上对行政许可执法部门及其工作人员违法责任追究的规定。虽然精简全面，但相对来说还是存在一定问题：现行行政许可执法体制中的机关和个人，一般只有政治责任，而缺少法律责任；在法律责任中，一般只涉及机关责任，而缺少个人责任；在个人责任中，一般只涉及普通工作人员的责任，而没有领导的相关责任。这看似有点"只许官员放火，不许百姓点灯"的意味。另外，不少行政许可执法部门设有错案追究制，要么时松时紧，要么是徒有形式，起不到应有的作用。少数执法机关追错的工作虽然取得了一定的效果，但是并没有特别明显的突破。有的部门不愿对过错和错案真追实究，真追实究不利于自身的业绩评估，它们甚至会试图掩盖违法执法的现象。这在一定程度上损害了法制的公正性，同样也加深了群众对行政许可执法的抵触情绪。

此外，具体明确的行政许可执法责任追究制还未能真正建立起来。也就是说，行政许可执法权力与责任相脱节，违法执法责任追究难以形成有效的突破。责任追究既是实施行政许可执法责任制的重点，同样也是难点。行政许可执法责任制应该由许多配套保障制度组成，用以保障行政许可机关严格履行法定职责、严格规范行政许可执法行为。而且，行政许可执法责任制基础性工作的完成仅仅是推行执法责任制的开端，应更多关注的是今后具体的落实工作，因为行政许可执法责任制所涉及的范围广，执法责任制要想摆脱形式主义，必须做到有错必究、有责必担，也就是说对于那些"乱作为""不作为"现象的单位和人员，真正狠抓起来，落实其应当承担的责任。今后执法责任的落实，首先要尽可能地拓宽发现违法行为的渠道，保证线索来源的通畅；其次要结合现实状况制定切实可行的纠错制度以及相关的操作程序，并建立相对独立的责任追究机构，公平、公正地实施责任追究，在行政机关内部建立起对行政许可执法责任制的评议考核制度，如将其与评议、升迁、薪金等个人利益机制挂钩，从而充分调动行政许可执法人员的积极性，增强行政许可执法人员的责任感。同时，还要建立起相对应的申诉救济机制，切实维护被追究人员的权益，让被追究人员有充分的辩护机会，维护执法责任自身的可信度和生命力，实现真正的公平、公正。

总之，行政许可执法改革不能是为了改革而改革，最为重要的是在行政许可执法改革的价值取向上，充分体现执法为民这一本质性要求，真正把人民群众的根本利益作为出发点和归宿点，从改革的设计上、体制的运行上，努力将实行好、维护好、发展好人民群众的根本利益作为根本的价值取向。为此，就要求在体制改革的各个环节上，用科学合理的法律手段重新配置和确认行政许可执法权力，规范行政许可执法行为，防止行政许可执法权的滥用，以求形成有利于维护人民群众根本利益的行政许可执法体制，形成有利于解放和发展生产力的法律秩序。

三、关于机构设置

这涉及现行《行政许可法》第25条、第26条规定所存在的问题，该规定赋予了行政机关决定权，但如何判断哪一部门、哪一机构拥有决定权则有很大的随意性，这将难以保证许可事项的顺利进行。

长期以来，我国行政管理体制主要存在政府管得太多，同时政府应履行的职责即本职工作并没有履行；过于注重单方面的管理，重管理轻负责，重事前的审批，轻事后的监管；管理方式相对比较落后；政府组织机构设置及其权力配置不够科学，机构臃肿，人浮于事等问题。有权无责的问题也比较严重，权力与利益的挂钩、以权谋利的现象突出。问题的关键是这种体制的趋利性使得权力得不到合理的限制，运作也不够透明，从而滋生腐败，进而严重阻碍了我国社会和经济的进一步发展。行政管理体制存在的问题突出表现在以下三个方面：一是行政执法机关的机构设置比较混乱。既有固定的常设机构，又有临时的机构；既有政府部门，又有"授权"（法律、法规）单位；既有行政机关，又有事业单位、企业或是政企合一的单位行使执法权。二是联合行政执法机构的任意性。在执法过程中不按照法律的明文规定去办事，超越职权、滥用权力的现象比较突出。三是行政执法领域部门、机构间的干涉。即所谓的"政出多门、多头领导"，严重损害了行政执法的权威性、信誉度。

第五节　官僚的行政自由裁量权

行政许可执法过程中的许多领域中都存在着官僚的自由裁量权，这些裁量权的存在，既有质的一方面，又有量的一方面。质的一面是可以使行政许可执法贴近群众、贴近现实、贴近生活；量的一面是在林林总总的行政自由裁量过程中，难以防止执法官僚的任意行使，从而滋生腐败。接下来就官僚的裁量权进行分析，以求发现行政权滥用之弊端，找出预防的关键点。

一、官僚，尤其是"街头官僚"的决策分析

美国学者李普斯基在 1977 年的一篇论文中提出"街头官僚"这一概念，而后这一概念在 1980 年的《街头官僚：公共服务中的个人困境》一书中得以明确化、系统化。街头官僚，即处于基层和一线的公共行政管理者，他们直接和公众交涉，在利益分配和公共许可的配置上有宽泛的裁量权，公众通过他们直接与政府接触，在很多重要的方面，他们的行为就是政府的决策，甚至"政策冲突不仅被表达为利益群体的一种竞争，而且也植根于工人与质疑或屈从于工作处理程序的民众之间"❶。

街头官僚与行政组织中的其他人不同，其决策角色建立在两个相互联系的方面上。

首先，街头官僚具有高度的裁量权。他们的工作在性质上虽然说是属于劳动密集型的，但他们能够决定许多重要事情，尤其是机构所提供的利益和惩罚的内容、数量等。鉴于此，通常情况下，上级机关会制定街头官僚的行为规则，以求对其进行有效的监督，但实际上却演变成了进行监督的阻碍。那些所谓的行为规则可能十分复杂或是相互矛盾的以至于只能被有选择地加以采纳。在许多涉及公共利益的部门，行为规则往往是百科全书式的，这些规则看上去细致明了，却很难从中得到一些最为基本的合理的告诫。提及街头官僚的工作环境，那么较大幅度地缩减他们的裁量权是十分困难的：①街头官僚的工作环境复杂程度高，很难统一为一种一成不变的程式化的安排；②街头官僚的工作涉及普通公民，公民期望他们既具备细致的观察力和判断力，以体现社会的公平与正义，也要在处理事务时表现出大众所希望的同情心和灵活性；③自由裁量权的行使提升了底层工作者们的自尊心和上进心，同时促使公民相信这些工作人员是不可缺少的，唯有通过他们才能切实维护自身的利益。这并不是说他们不受规则、指令以及源自上级管制的约束，抑或是他们的职业群体内所形成的标准的约束，恰恰相反，"公共政策上的宽泛幅度是由那些政策精英与政治行政官员们所塑造的，行政官员和职业以及社会标准等也构成了街头官僚政策

---

❶ 王周户、徐文星：《现代政府与行政裁量权》，法律出版社，2010 年版。

选择的框架"❶。

自从狄骥在《公法的变迁》一书中提出公共服务的理念,众多国家都在学习借鉴,努力寻求符合本国国情的理念实质。现如今,掌控好行为规则的公平和严格适用与同情心、灵活性之间的适当平衡是公共服务变革的一项基本逻辑起点,工作依旧是在一种复杂的状态中进行,人性的介入被认为是有效服务理念的必要因素,自由裁量依旧是许多公共服务工作的显著特征。

其次,街头官僚拥有一定的自主性。街头官僚与组织机构中的上级领导者存在相当大的区别,领导者主要追求实现与组织目标相一致的结果,而街头官僚的目标则在于减少工作中的危险与代价以及达到个人利益的最大化,并且倾向于按照这种方式处理工作。领导者总是设法约束下级的自由裁量权,以求自身掌握全局,而街头官僚们所在意的则是如何维持并尽可能地扩大其本身的自主性。

在街头官僚与公众的交往中存在许多难以预料的复杂性变化,对于行政官僚而言,其行为的合法性源自于他们对正义和平等标准的责任,"街头官僚时常对类似的公众给予外观上并不公平的对待。既然个人之间在年龄、性别、居所、收入水平等其他方面存在明显不同,无视这些区别有时就是一种本质上的不平等"。❷ 因此,街头官僚自由裁量权的存在有其自身的合理性。

所以说街头官僚具有相当大的政策制定能力,领导者能否达到其预期的政策目标,最终取决于街头官僚,因为是他们在具体实施政策,他们对政策所采取的态度以及所选择的方式对目标的实现有决定性的作用。这不仅仅是因为街头官僚具有自由裁量权,他们的工作环境和工作条件的特点是形成其裁量权的关键因素。①街头官僚的资源有限,他们必须面临有限的时间、信息等;②服务需求的满足与服务质量的提高之间的矛盾难以调和;③目标预期往往含糊不清或者是互相冲突;④目标的模糊性使得绩效的准确衡量成为一件十分困难的工程;⑤街头官僚的服务垄断了公共服务的供给。公共服务的消费者一旦决定或者说被指定在某个地方居住下来,他们几乎不可能再去选择其所要接受的公共服务。

---

❶ Lipsky. M: Street-level Dilemmas of the Individual in Public Service, Russel Sage Foundation, 1980, p.13.

❷ Lipsky. M: Street-level Dilemmas of the Individual in Public Service, Russel Sage Foundation, 1980, p.13.

另外，街头官僚在提供公共服务的过程中，他们会通过设置惯例，即将完成工作的习惯性模式予以规则化和简化来管理其工作的环境。从现实情况来讲，这样的工作机制源自于街头官僚的工作需要，但假如政策中含有较多此类的决策，那么用来保障决策得到有效处理的程序制度便成了领导者所确立的政策能否实现的决定性因素，因而可以说他们成了政策的真正创制者。这种工作机制出现的结果常常与政策所要求的结果相一致，但基于对街头官僚个人职业的偏见，或者对即时信息的考虑不同，也会不可避免地发生偏离。例如，对于免费提供的公共服务而言，从理论上讲，既然是免费的就不应再设置什么限制，但是考虑到免费的服务资源有限，街头官僚们便依据其工作程序对该项服务进行人为的分配：街头官僚会在分配时对申请者进行区别性地看待，这往往涉及申请者拥有的金钱、社会地位、工作能力等，越是利于他们完成政策的，他们会越暗自倾向于这部分公民，这很可能导致新的实质性的不平等问题。

街头官僚通过宽泛的自由裁量权、相对的自主性及特定环境下发展起来的工作机制，能够顺利地绕过其所在组织的政策、程序以及法律，以使得政策方针能够以对环境更为敏感的方式得到实施。但是，假如这些基层的街头官僚自身存在反社会的倾向，并试图通过这些工具来破坏法治社会的建设，此时该怎么办呢？这样，较为严重的宪法和道德问题就产生了。事实上，基层街头官僚对公众需求的随意性应付、对下层民众尊严的冷漠加之不合理的区分等问题导致的人群之间的相互歧视都将基层的街头官僚推到了社会舆论的风口浪尖。

二、官僚的行政自由裁量权存在的领域以及隐含的问题

上文主要讨论了官僚的自由裁量权，尤其是街头官僚的自由裁量权问题。其实，在行政许可的不同阶段存在着不同程度的自由裁量权。裁量权是一个硬币的两面，既有灵活的一面，又有僵化的一面。若灵活的一面得到充分运用，便能够使行政许可更符合大众的要求，贴切实际，但是假若被某些官员不正当地滥用，则会损害公众的利益，削弱法律的规范性、公正性。

首先，在行政许可的设定阶段，条件原则性规定以及涉及专业技术的标准等中存在自由裁量权。现行的《行政许可法》第2章专章对行政许可的设定问题进行了规范，其中包括设定的范围、设定权、规定权等问题。《行政许可法》明确规定可以设定和可以不去设定行政许可的事项。法律、行政法规还可以根据需要设定除第12条以外的其他行政许可事项。根据设定权主体的规

定，唯有法律、行政法规、地方性法规才可以设定行政许可的事项，而对于规章以下的规范性文件是不得设定和规定任何许可事项的，也就是说《行政许可法》把许可的设定权给予了立法机关和相对高层次的行政机关。从如此严格的规定中可以看出行政主体在设定权方面基本上不享有自由裁量权，即便是有，那也仅仅是高层次的行政机关以行政立法的方式享有。

但是行政法规、地方性法规以及行政规章，甚至是规范性文件有权根据需要就上一位阶的法设定的许可事项规定出比较具体的许可标准、许可条件、许可程序等内容，同时不得与上一位阶的法相抵触。这就表明了行政主体在行政许可的规定权方面享有较大的自由裁量权，如许可条件和许可标准的制定等。这也可以通俗地称为"上粗下细"。实施行政许可，行政主体根据行政相对人提出申请时所上交的材料，审查其是否符合行政许可的条件，这一审查过程是十分重要的环节。而许可条件的设定是审查过程的前提。立法机关往往只是对许可的条件做出原则性的规定，对其细化、准确理解的职责就落到了行政主体的身上。行政主体在审查许可条件的时候又经常需要相关的技术标准予以衡量，而在此方面立法机关肯定不及对口的行政机关，所以说有关的技术标准的制定就需由精通相关专业技术的行政主体来承担，这样才能做到准确无误，从而做到真正对公民的切身利益负责。

综上所述，笔者认为，制定许可条件、许可标准的主体级别不能太低，最起码要由相关行业的国务院部门以制定行政规章的形式进行规定，而不能仅仅是在实施过程中由行政许可机关加以自由的裁量。

其次，在行政许可的实施阶段，裁量权广泛存在于这一阶段中。行政许可的实施阶段主要包括许可条件的认定、许可期限的选择、许可是否适用听证程序的确定、许可是否收费的确定以及许可结果的确定这些问题。这个阶段是裁量权最容易被滥用的阶段。前文已经对申请材料是否符合许可条件的认定过程中存在有较大的裁量权进行了论述，在此就不再赘述。以下对许可的期限、许可收费等方面的裁量权表现进行分析。

我国现行的《行政许可法》分5种情况对许可期限做出了比较明确、具体的规定：①当场许可，即时办结；②一般许可20日，最多可延长10日；③联合许可45日，最多可延长15日；④下级审查转报的许可，20日内审查完毕，此类许可根据不同情况，最长可达50日、70日；⑤法律、法规规定期限的许可，从其规定。以上只是规定了许可期限的上限，这就表明行政主体在许可期限上拥有自由裁量权,行政主体可以依据请求事项的轻重缓急以及自身的工作安排等在法定期限内做出决定。至于是否需要延长,则需要有正当的理由,并且将延长的理由告知申请人,而何谓正当的理由,这又涵盖了行政主体的自由裁量权。行政许可中是否需要适用听证程序的自由裁量权则体现在对"公共利益""重大利益"等不确定的法律概念的解释上。

单就行政许可听证方面来讲,现行《行政许可法》第4章第4节的规定可以说是相当的具体明确。但是就行政许可听证制度设立的目的、宗旨、体现的价值、可操作性等角度来说,许可听证制度在设计上还是存在一定的缺陷。

就《行政许可法》有关职权听证的规定而言,"行政机关认为需要听证的其他涉及公共利益的众多行政许可事项",行政机关应当举行听证。一般来讲,法律、法规、规章规定实施行政许可应当听证的事项,基本上也都是涉及公共利益的重大行政许可事项。职权听证的举行与否,主要依赖于行政机关对于"公共利益"这个抽象概念和行政许可事项是否"重大"的认识上。而《行政许可法》对何谓"公共利益"、何谓"重大"并无过多的阐述和说明,这就容易引起诸多的争议。

自从2004年我国宪法修正案的第20条与第22条将"公共利益"作为国家对于土地以及公民私有财产实行征收、征用的理由与条件加以规定以后,"公共利益"一词就成了中国法学界目前最为关心的话题之一。到底何谓公共利益?怎样准确界定公共利益?迄今为止有上百种解释,且一直是各种裁量的重点理由。是否有必要通过宪法来规定何谓"公共利益",还是通过行政法来界定,抑或是通过物权法来明确解释"公共利益",有人认为"公共利益"包含了对"公共"和"利益"的双重性认识,然而由于人们对公共和利益的概念存在认识上的差异,从而导致"公共利益"的概念是一个典型的不确定法律概念。对于此概念的理解,主要有以下几种观点:

有部分学者基于"公共利益"的代表主体是多元化的观点,即其代表主体可以表现为政府,也可以表现为政府以外的各种社会自治组织,抑或是人数较多的大众,而且公共利益本身还具有变动性、不确定性,提出公共利益这一概念是具有相对性的,要通过与某种参照物进行比对才可以做出判断。

也有些学者认为准确理解公共利益可以从以下几个要素进行考虑:第一,公共利益必须具有公共性,何谓公共,则有待进一步的论证;第二,公共利益必须具有利益的重要性;第三,公共利益必须是公众切实追求的,具有现实性；第四，公共利益必须通过正当的程序来实现。

还有学者认为公共利益是公众的、大众的利益，不能简单地归结为政府的利益；是政府负有维护责任的利益，而非任意处分的利益；是法定的利益，不属于行政裁量的利益；是相衡量比较的利益，而非绝对的利益。

从上述几种观点可以看出，公共利益是一个需要从多角度进行分析的概念。尽管现在我们还不能对公共利益做出一个确定的概括，但是学者对公共利益的认识还是具有一定的共性的，即认为公共利益是一个抽象的、不确定的概念，要把握公共利益要考虑一定的参考因素。结合《行政许可法》的有关规定，笔者认为，当行政许可设定的内容涉及具有公共性的或与人们的切身利益相关的公共安全、环境保护、人身健康、生命财产安全等方面时，可以认定为是基于公共利益的需要进行听证。是否是"重大"的利益，也是应考虑是否组织职权听证的一个重要方面，毕竟在追求一种正义的时候，也不能忽略对效率的要求。笔者认为，是否"重大"主要取决于许可事项是否会极大或者说极广泛地影响不特定的多数人的利益。当一项许可事项仅仅影响到极个别或者极少数群体的利益的时候，可以通过申请采取个别听证的形式来决定行政许可事项，从而不需要采取职权听证的形式。

《行政许可法》规定，除法律、行政法规另有规定外，行政许可和许可监督不得收取任何费用。❶ 行政许可不收费是一种原则性的规定，是我们所追求的目标，在财政条件允许、行政经费充足的情况下，这是完全能够实现的。但是，目前的财政状况还不能够完全满足行政方面的支出需求，行政许可收费在当前的一段时期内仍会存在，因为这是财政收入的一项重要来源。《行政许可法》虽然明确规定了可以收取费用的项目和收费标准只能根据法律、行政法规的规定来收取，实施机关不得自行收取其他任何费用。然而在现实生活中，法律、行政法规通常只是对行政机关实施行政许可过程中可以收取费用的项目名称做出了规定，具体详细的收费标准仍需要由主管机关和财政部门来共同制定。行政事业性收费标准大多只规定了一定的收费幅度，有的收费项目的上限

---

❶ 参见《行政许可法》第58条：行政机关实施行政许可和对行政许可事项进行监督检查，不得收取任何费用。但是，法律、行政法规另有规定的，依照其规定。行政机关提供行政许可申请书格式文本，不得收费。行政机关实施行政许可所需经费应当列入本行政机关的预算，由本级财政予以保障，按照批准的预算予以核拨。

收费额度和下限收费额度差距比较大，有的甚至高达几倍。❶ 行政机关在收取费用时，在不违背有关硬性规定的情况下，可以在上下限之间进行自由的裁量。所以，行政许可收费裁量权不是表现在有无收费的问题上，而是表现在收费标准和收费幅度内如何选择确定的收费金额的问题上。❷

行政许可机关在行政许可结果方面的自由裁量权主要表现在两个方面：即行政许可的有效期限和许可结果的完整性。有些行政许可只是规定了确定有效期限的条件和依据，有些则仅仅规定了有效期限的最高限，还有些行政许可不适宜规定固定的有效期限，所以，在上述情况下，行政机关可以根据有关的规定以及具体的情况，自由地判断和确定行政许可的有效期限。此外，对申请人请求的许可权利能否完整地、全部地被批准，行政机关也享有一定的自由裁量权。如涉及数量、规模、幅度限制的资源开发利用的许可，申请人符合全部行政许可条件但因客观条件限制又不能全部满足申请人要求的，行政机关可以根据相关规定和事实情况，对开发的范围、幅度等进行调整，做出部分准予行政许可的决定。❸ 例如，申请人申请取水 600 立方米，并且是完全符合条件的，但是由于天气干旱原因，若全部批准的话会影响其他人的正常用水需求，此时行政机关可以在核减其用水量后予以批准。此外，在行政许可的实施阶段，行政许可机关还存在因程序规定（如启动程序、补办许可证程序的不明确等）不够完备而进行自由裁量的情况。

在行政许可的监督检查阶段存在行政许可的监管与责任追究不到位，异地监督机制不健全等问题，主要体现在以下几个方面：

（1）监管工作缺乏公开、有效、系统的责任追究机制，主要表现在两个方面：首先是颁发许可证后对被许可者的后续监管不力。许可与监管相脱节，"只审不管、以批代管"的现象未能完全杜绝，传统的运动式监管方式仍然在起主要作用。其次是对没有主体资格而进入许可的相关事项的监管力度不够，对违法行为的处理也不够及时。在处罚的方式上，重罚款这种直接利益形式而忽视其他的形式。从法律责任的承担方式上看，仅限于给予直接责任人员行政处分、责令其改正违法行为或者恢复原状等形式，很少要求行政许可机关工作

---

❶ 张剑辉、张晓琳：《行政许可法实务指导》，中国法制出版社，2008 年版，第 251 页。
❷ 李馈："试论便民原则在行政许可法中的体现"，《北京社会科学》，2006 年第 1 期。
❸ 王周户、徐文星：《现代政府与行政裁量权》，法律出版社，2010 年版。

人员对怠于许可监管的失职行为承担相应的法律责任。❶

（2）部分政府部门的责任观念比较淡薄，权力与责任相脱钩。无论是上级行政机关对下级行政机关，还是行政机关自身，都对监督检查的重视度不高，未实现监管方式方法的规范化、制度化。为了真正做到高效便民，许多政府设立了行政审批大厅、行政服务中心等类似的机构来集中办理事务。但是，一些许可事项被清理后，相关的行政管理措施未能及时跟上，造成管理的真空。出现问题后，这方面的责任同样是模糊不清的，难以切实地追究责任。

（3）对地方政府的违法行为、设置许可的不当缺乏异地政府的有效监督。近些年来，由于"GDP主义"的思想作祟，地方保护主义思潮愈演愈烈。在行政许可的设定上主要表现在两个方面：一是采取变相的限制措施，制造"市场壁垒"，限制外地的商品和企业进入本地的市场；二是违反法律法规的规定，滥发许可证，并且疏于监管，对其他地方的利益造成了损害。反观我国现行的《行政许可法》，尽管该法第64条规定了对行政许可人违法行为的异地监管制度，但是就政府内部的监督层面而言，《行政许可法》仅仅规定了上级政府对下级政府的纵向监督，缺乏对地方政府之间横向监督的规定。纵向监督可以做到令行禁止，但往往是事后性的、弥补型的，缺乏及时性和有效性。假若规定了地方政府间的横向监督，就可以做到事前、事中以及事后的全方位监督，进而避免诸多问题的产生。

针对实践中普遍存在的"重许可、轻监管"的现象，我国现行的《行政许可法》用专章规定了行政许可的监督检查制度，其中包括层级监督检查制度、书面检查制度、抽样检查、实地检查制度等，这就表明行政机关工作人员要依法加强对被许可人从事许可事项活动情况的监督检查。但是由于法律对监督检查的内容、范围、方式、深度和广度等问题均未做出明确具体的规定，因此，许可执法机关在履行对许可执行情况进行检查监督职责的时候，享有很大的自由裁量权。

第六节　不可分割的行政权强制问题

论及强制权，则不可避免地要廓清强制主体、强制权的正当行使以及遭受

---

❶ 张娟："关于行政许可制度若干问题的法律思考"，《安徽大学学报》，2003年第27卷第4期。

第三章 问题与矛盾

强制权侵害的救济问题,其中主要是司法救济或是自力救济。三者的关系环环相扣,其中的一环断裂则会产生种种的矛盾,进而影响社会和谐发展与法治社会的建设。

一、行政许可执法的法律依据问题——强制执行法的缺失

我国的行政许可实施程序主要包括:公示、申请、受理、审查、决定、送达以及最后公示。每一个程序都应按照法律的规定进行,并符合要求、期限、格式等外在标准。在法律依据这方面存在的主要问题是对许可设定的清理工作进行得不彻底。①首先是行政许可实施主体的清理,这主要是因为许多法规、规章对行政许可实施机关的规定不具体、不明确造成实施主体的不规范。②其次是涉及行政许可的规范性文件的清理工作。有的行政部门以各种内部性文件、会议纪要等非规范的形式来设置行政许可项目和条件,更为普遍的现象则是通过形形色色所谓的"红头文件"来设置。比如黑龙江省政府法制办公室发出的一份通报宣称,该省有 11 个地市和 18 个省直部门发布的 68 件规范性文件存在不同程度的违法性问题,片面地强化行政权力,忽视依法行政,其中有些部门擅自设定和实施行政许可,对《行政许可法》提出了严峻的挑战。③最后是行政许可规定、审批项目的清理。由于行政许可中保留的项目过于繁多杂乱。在清理工作中,许多地方对清理目标的认识存在误区,误认为仅仅是从数量和比例这两方面来评价清理成绩。实践中,执行机关往往是对一些与自身利益关系不大的许可事项进行清理,而对于那些会减损自身部门利益的事项,则通过种种技术方法予以保留。可见,政府部门所疾呼的"以民为本、为民服务"的理念还停留在口头上。变相设置、违法设定行政许可的情况依旧存在。有些行政机关为了规避法律,将行政许可的类型巧妙地划分为"许可类许可"和"非许可类许可""停止实施类许可"和"在实施行政许可"。许多行政许可事项通过被归类为"非行政许可的审批事项"或"对民事权利的许可""内部行政许可"而保留下来,用"登记""备案""核准"等方式来代替审批。《经济时报》曾刊登了这样一个事例:一位厂长用了 10 个多月的时间跑有关部门去审批,加盖了 391 个公章,事情仍未办成。现实生活中这种现象时有发生。如此烦琐的程序,不仅加重了相对人的负担,而且降低了政

府行政管理效率，助长了官僚主义气焰。❶

可见，制定一部强制执行法迫在眉睫。近年来，随着经济的快速发展，政治、经济体制改革的不断深入，经济利益格局不断调整，多元化的经济主体竞相发展，更深层次的矛盾逐渐突显，不同利益主体间的纠纷也越来越复杂，如何协调上述经济关系的难度也越来越大。在社会主义市场经济条件下，如果再适用《民事诉讼法》的相关规定来调整执行程序中的法律关系，既跟不上时代的发展趋势，也无法调整发生在执行程序中的复杂法律关系。近几年，最高院虽然逐步出台了一些关于执行方面的司法解释，也采取了诸多补救措施，但是，一部独立的强制执行法的缺失，却导致了现实执行中适用法律的不便，执行工作中的许多事项也无法可依，从而使执行工作陷于被动局面。为此，尽快制定强制执行法有利于解决"执行难"的问题。

"执行难"这一问题可以说是一个反映执行工作所面临的难题的典型带有中国特色的现实问题。在实践当中，"执行难"主要表现为被执行人难找、被执行财产难定、特殊主体难碰、协助执行难求、抗拒执行难究等方面的问题。这些问题的存在不仅仅减缓了社会主义和谐社会的建设步伐，同时也损害了广大人民群众心目中党和政府的良好形象，甚至还降低了人民群众对法治国的信心。

"执行难"实际上可以说是社会各方面的矛盾在司法领域的集中体现和反映，其中既包括法律层面的原因，也包括社会层面的原因；既有政治原因、历史原因，也有经济发展原因等，因此可以说是一个复杂的社会问题。"执行难"的滋生原因主要是信用体系的不健全；被执行人实际上无执行能力；被执行人虽有执行能力，却故意规避法律义务，擅自转移财产；地方保护主义、部门保护主义的影响；没有强而有力的威慑强制执行机制；执行方面的立法不完善等。但其中最为根本的原因可以说是强制执行立法的不完善，对被执行人逃避法律义务的行为长期缺乏相应的处罚机制和措施，强制执行立法的滞后让被执行人无所畏惧。

近年来，"执行难"问题以及因执行行为失范而引起的"乱执行""执行乱"问题有其深层次的社会原因，同时也暴露了我国强制执行法律制度在体制上的种种缺陷。其形成的原因是多方面的，譬如，诚信的缺乏和司法权威的

---

❶ 赵燕、严志钦："论行政许可与行政许可程序"，《行政法学》，1999年第2期。

不足，地方保护主义、部门保护主义。面对复杂的社会关系和领导的干预，在现有执行体制下，难以冲破"执行难"的怪圈。从根源上来看，"执行难"的问题存在于中国由传统的计划经济向现代的市场经济转型时期、由"人情社会"向"法制社会"转型的过程中，所以社会诚信的缺失与这一问题的产生有着直接的关系。此问题的彻底解决，一方面取决于诚信社会的构建，另一方面取决于强制执行与审判关系的重新定位，这就要求对现行执行制度进行改革，制定出适合中国国情的强制执行法。

二、强制执法中的证据问题

上述论证的是大前提：法律依据。接下来是有关证据的问题，是指行政许可执法要在调查取证的基础上进行。取得证据必须符合《证据规定》的要求，具备合法性、真实性以及关联性。假若出现行政诉讼，在质证的程序中，证据具备完整的证明力才会被法庭所采信。在行政许可执法中，证据主要来源于相对人所提交的材料以及相关利害关系人的意见。我国现行的《行政许可法》第34条规定，行政机关应当对申请人提交的申请材料进行审查。根据法定条件和程序，需要对申请材料的实质内容进行核实的，行政机关应当指派两名以上的工作人员进行核查。从上述规定可知，行政许可执法人员的执法依据主要来源于事前的审查，但是对于审查的具体方式、方法、时间、标准等均没有做出详细的规定，难以形成规范化、统一化的原始材料，这可能会在事后引起相关人员的质疑，从而降低了材料的可信程度。所以对其进行规范化管理极其必要。首先，要保证证据的合法性。证据的合法性包括取证程序的合法性和证据内容的合法性。取证程序的合法性是指行政执法人员调查取证的程序应符合法定的程序，如取证应有两人以上在场，出示证件、说明来意等，不得以利诱、欺诈、暴力等不正当的手段来获取证据；内容的合法性是指证据应是客观真实的，不得将调查人员的主观判断带入证据中等。其次，证据的固定。《证据规定》中规定证据必须经当庭质证才能作为定案的依据。所谓质证，是指对当事人在法庭上出示的证据采取辨认、说明、辩论等形式进行核对的一系列诉讼活动。因此，证据必须符合《证据规定》中的要求，而证据固定尤为重要。❶

---

❶ 王国平、王勇："从行政诉讼对证据的要求谈行政执法中的取证问题"，《环境监测管理与技术》，2002年第14卷第6期。

对于书证，一般都要提供原件，若提供复印件，则需相对人核对无误后加盖印章进行证据固定。对于现场笔录，制作主体必须是执法人员，不能由其他人完成，以求笔录的客观真实性。同时，现场笔录应为现场制作，不能事后补做。另外，现场笔录也要符合法律程序，制作完毕后，应由执法人员和行政相对人签名和盖章，行政相对人拒绝签名或盖章的，应当注明原因，有其他人在现场的，可由其他在现场的证人签名或盖章。最后，行政机关必须在查清事实的基础上再做出具体的行政许可，避免"先决定、后取证"现象的发生。

三、执法人员自身的问题

对于执法人员自身的问题，要以十八届三中全会为契机，深入开展争优活动和以发扬传统、坚定信念、执法为民为主题的教育实践活动，以严格公正文明执法为目标，努力建设一支政治立场坚定、业务精通、作风优良、清正廉洁的执法队伍。近年来，尤其是随着我国经济社会发展进程的不断加快，新型的执行案件不断涌现，执行积案日益增多，"执行难"问题更加突出，这一困扰行政机关的问题也是人民群众以及社会各界普遍关心的问题，这便表明提升执法人员素质已经成为社会发展的迫切需要。提升执法人员素养要重点加强教育、管理和培训，立足长远。

首先，要牢固树立四个理念（服务大局、执法为民、公正高效、和谐执法），进一步提升执法人员的政治素养。面对新形势新任务，要确保用社会主义法治的理念指导工作，尽快改变不适应、不符合科学发展观的观念。①牢固树立为大局服务的理念。所谓为大局服务，追求的是全社会的稳定健康发展。各项工作的安排部署都要本着服务于经济发展和维稳的大局去思考，紧紧围绕大局，努力实现案件办理的法律效果与社会效果的统一。②牢固树立执法为民的理念。人民性是社会主义制度的本质属性，行政许可权最终的目的也是为人民服务。要更进一步解决好"权从何来、为谁执法、为谁服务"的问题，真正把解决民生问题的理念作为执法工作、执法改革的依据，使执法工作真正符合民情、体现民意。③牢固树立公正高效的理念。公正与效率两手都要抓，两手都要硬。俗话说，迟来的正义是非正义，所以要以执法的质量为生命，以提高效率为目标，使之相互融合、相互促进、共同提高，让老百姓真正感受到公正与效率的实惠，实现社会和谐大好局面。④牢固树立和谐的执法理念。和谐执法与社会经济的发展大环境相协调，是新时代对执法工作提出的新要求，也是整个社会对行政机关执法工作的要求。在行政机关内部要求执法工作人员心灵相通、团结向上；在外部社会上要求执法工作人员崇尚法律、和谐执法、文明执法等，防止因执法工作的不慎、自身作风的不端正等造成工作上的被动、引起社会的不满，甚至是制约经济的发展。

其次，努力培养三种意识（执法礼仪、遵纪守法、廉洁执法），逐步提升执法人员的执法形象。①培养执法人员的执法礼仪意识。现如今，公民的维权意识提高，对于暴力执法不再是唯唯诺诺地服从，因此对于执法人员的素质预期也就相应提升。执法人员拥有良好的执法礼仪，一方面能够展现执法队伍的公平公正形象，另一方面也是对于法律尊严的良好维护。所以，执法人员要从细节做起，树立良好的文明执法形象。②培养执法人员的遵章守纪意识。十八届三中全会以来，党中央狠抓国家工作人员的工作作风建设，严格要求其各项行为都有章可循，切实做到靠制度管理、监督、办事。要从工作职责、人员管理、司法程序等方面加强制度的建设，使执法人员的每一个执法环节都有明确的规定指导。③培养执法人员廉洁的执法意识。要想真正做到廉洁，内外部均需采取措施。对于执法人员自身而言，要接受定期的警示教育，自省自身的种种行为；外部则无外乎制度建设及阳光下的监督和评价机制建设。执法工作只有做到廉洁公正，才能不断地提高执法人员在人民群众心目中的公信力。

另外，进一步提升执法人员的执法水平需要全面提高其"四种能力"。全面提高执法人员的业务水平是解决人民群众日益增长的诉求与司法救济不相适应的良好途径。①提高执法人员的法律应用能力。一名优秀的执行人员，不仅要掌握相关的法律知识，领悟其中的法律内涵，准确知晓法律的外延，最重要的是面对实践中的各种复杂问题时能够运用自身的法律思维和逻辑来分析解决问题。同时，要注意与时俱进，不断更新自身掌握的法律法规，避免旧法的违规适用，从而避免违规执法现象的发生。②提高执法人员执行和解的能力。和解的方式可以化解双方当事人的矛盾，促进当事人的自我和解，还可以促使被执行人自觉履行义务，从而实现人和、案结的和谐局面。这对执法人员的情商要求比较高，要求其设身处地地考虑双方当事人的利益关系，找到一个可以调和的支点，拉近双方当事人的距离，使其自愿地进行和解。③提高执法人员对现场的掌控能力。执法现场常常发生难以预料的突发情况，特别是被执行人的反抗情绪高涨时，假若硬碰硬，肯定会发生难以控制的局面。此时，就要求执法人员冷静处理，充分运用各种有效的手段，随机应变，控制局面。同时要能够灵活运用拘留、罚款等强制措施，做到合法、及时、有效，既要避免执行措施的不当导致的资源浪费，又要避免未能及时采取强制执行措施而丧失执行的最佳时机的现象发生。④提高执法人员的学习能力。如今的社会急需的是学习型人才，对于执法人员来说，亦是如此。只有不断地学习才能保证执法能力的提高，因此，要培养执法人员自主学习的良好习惯，使其在不断地学习、积累中提高执法水平。而且法学理论和应用实践都要学习，并注重两者的结合，不可过于偏向其中的任何一个方面。

总之，对相对人来说，强制执行是一种严厉的管理手段，而对执法人员来说则是对其执法水平和业务素质的一种考验。因此，在执法过程中，假如因一处文书使用错误而造成执法程序方面的不完善，就会使相对人的合法权益遭到损害，同时也有损执法机关的信誉度。正是因为执法人员自身业务水平不高，当遇到情况复杂的强制执行案件时，便会出现畏难的情绪，能放就放，大事化小，小事化了，该采取强制执行措施时而没有及时采取强制执行措施，从而破坏了法律的严肃性，削弱了执法的刚性。所以，唯有充分地认识到提升执法人员素质的紧迫性和必要性，不断加强执法人员的理论学习，使其牢固树立社会主义的法治理念、不断改善工作作风、不断提高业务技能，才能造就出一支政治立场坚定、业务精通的执法队伍。

四、行政机关之间的干扰

另外，行政干扰也会导致行政执法人员的执行困难。有的地方党政领导出于对本地经济利益的考虑，尤其是在本区域内重要领头企业因其违法行为受到查处时，出面为其说情，有的甚至对行政许可执法机关的执法行为横加干预，成为个别违法企业的保护伞，这严重影响了正常的许可执法行为；还有部分许可执法人员法制意识比较淡薄，面对复杂的执法环境，怕得罪某些领导，怕伤害某种关系，断然放弃依法办事的基本准则，从而为违法行为遮风挡雨。

第四章 行政许可执法管理

第一节 政府行政许可权管理

党的十八届四中全会后，国务院及各部委取消或下放行政审批许可权力事项多达千余项。李克强总理上任时承诺本届政府至少下放取消三分之一的行政审批，这体现了新一届政府坚持贯彻十八届四中全会的精神，在转变政府职能、依法行政、简政放权方面的不懈努力。

党的十八届三中全会通过的《中共中央关于全面深化改革若干重大问题的决定》中提到"科学的宏观调控，有效的政府治理，是发挥社会主义市场经济体制优势的内在要求。必须切实转变政府职能，深化行政体制改革，创新行政管理方式，增强政府公信力和执行力，建设法治政府和服务型政府"。其中，"建设法治政府"蕴含着深刻含义，法治政府的基本品质包括公平、正义，人本、便民，有限、高效等。针对本节论述的简政放权角度，笔者把笔墨集中在"有限"这个词汇上。

一、有限政府：政府行政许可权管理的理论基础

（一）有限政府的基本品质

在论证有限政府基本品质之前，有必要对"政府"一词做学理上的厘析。政府，用霍布斯的话说就是"利维坦"。基于卢梭的社会契约理论，人们为了抵御各种外来的风险创造了政府（利维坦）这个能让他们有归属感的庞然大物[1]，

---

[1] 高永辉：《利维坦导读》，天津人民出版社，2009年版，第60页。

但政府这个利维坦有双面的性格：它在保护人的同时，又在"吃人"（侵犯人民的权利）。基于此，就有了把利维坦关进笼子里的说法，即建设有限政府。有限政府是人们采用法律、制度等手段对政府权力、职能和规模进行严格限制，达到保护人民权利的一种政治状态。而法治最重要的政治职能就是铲除无限政府，确立和维持一个在权力、作用和规模上都受到严格的法律限制的有限政府。从洛克的自然权利理论、社会契约理论和分权制衡理论（这三大理论是有限政府的理论核心）中，可以归纳出有限政府的基本品质包括两个方面的内容：第一，政府职能和权力有限；第二，政府的规模和机构有限。❶

我国《行政许可法》中有限政府的法治理念体现在何处，通过对《行政许可法》第13条进行解读可知一二：即本法第13条所列事项，通过下列方式能够予以规范的，可以不设行政许可：①公民、法人或者其他组织能够自主决定的；②市场竞争机制能够有效调节的；③行业组织或者中介机构能够自律管理的；④行政机关采用事后监督等其他行政管理方式能够解决的。❷"自主决定、市场调节、行业自律、事后监督"是其核心主旨。此外，2004年出台的《全面推进依法行政实施纲要》中也有相关表达，"凡是公民、法人和其他组织能够自主解决的，市场竞争机制能够调节的，行业组织或者中介机构通过自律能够解决的事项，除法律另有规定的外，行政机关不要通过行政管理去解决"。❸ 但是，我国有限政府的法治理念更多是停留在理论层面，在宪政实践上，特别是在国家的顶层制度设计还没有跟上世界先进法治理念的发展脚步，责任政府、有限政府的管理目标任重道远。

（二）政府行政许可权管理的价值诉求

基于有限政府理论，可进一步提出政府简政放权的法理依据，也就是政府为何需要控制行政权的滥用和泛化，政府行政许可权的终极价值关怀是什么。首先，构建有限政府的终极目标在于促进社会和谐发展，充分实现人的价值和尊严。控制政府行政许可权作为制约政府行政权的一部分，也具有上述功能。

---

❶ 郑传坤、易学智、刘建："构建相对集中行政许可权制度理论与实践探讨"，《中国行政法之回顾与展望——"中国行政法二十年"博鳌论坛暨中国法学会行政法学研究会2005年年会论文集》，2005年，第607页。

❷ "行政许可法"，新华网，http://news.xinhuanet.com/zhengfu/2003-08/28/content_1048844.htm，2014年3月28日最后访问。

❸ "全面推进依法行政实施纲要"，百度百科，http://baike.baidu.com/link?url=X3ZseSuQVj3yN_QN2OKnyi-kSx-88iVnCjk7v13v3uL8YPuaDw3AN8ixBgPW37Il，2014年3月28日最后访问。

其次，简政放权，能够节约行政资源，减少政府许可的行政成本，体现政府的人文关怀，防范"有权就任性"。最后，基于"权力有腐败的趋势，绝对的权力导致绝对的腐败"❶这一人类共同的弱点，在体制设置上应该未雨绸缪，将权力装进笼子里，让政府管的少并非是无政府主义，只是用外在监督与内在制约以断绝其权力寻租的"土壤"，进而减少腐败、建设廉洁高效的政府形象。

构建有限政府，要求行政机关的权力必须是有限的。行政权的行使也是有边界的，近日国务院三令五申下放取消行政审批的职权范围，简化环节，切实减少许可管制的手续。十八届三中全会提出的"科学的宏观调控，有效的政府治理"已经给政府行政许可权管理指明了改革趋势或大方向，即科学的设计、适当的干预、高效的行政。方向有了，具体途径和实施手段则是如何实现有限政府、正确地履行政府职能、依法进行行政许可执法的关键。

二、简政放权，是有限政府的必由之路，也是政府行政许可权的创新管理

解读《行政许可法》第 12 条，不难发现其折射出的许可立法理念。《行政许可法》第 12 条表述的是行政许可权的设定范围，其实质是对行政权力和公民权利之间的关系厘定，就此关系而言应是法定原则。即行政权力的许可在多大程度上、在哪些领域可以干预公民个人的基本权利。尽管规定行政许可的设定范围和边际的立法还存在诸多不如人意的地方，但在实践中裁量者还是根据《行政许可法》第 12 条内容结合中国的国情，对行政许可的设定范围做了原则性圈定。即三个层次论：先市场，后社会，再政府。这里的首要因素还是市场，其次是社会因素，最后才是政府，当然，政府管理因素不是不重要，而是应该将政府行政权放在市场后面。

当下中国面临的最大挑战是市场经济与政府干预的矛盾，解决这个矛盾的关键是构建一套与市场经济相适应的政府体制，做到逐步减少政府的微观经济管理职能；加强政府的宏观调控职能；强化政府的社会管理和公共服务职能，最后才能实现从计划经济下的"全能政府"向市场经济下的"有限政府"的转变。事实上，市场的应该交由市场调节，政府的应该交由政府管理，才能释

---

❶ "'绝对权力绝对导致腐败'小议"，新浪博客，http://blog.sina.com.cn/s/blog_46557b860100dyuw.html，2014 年 3 月 28 日最后访问。

放全社会的最大能量与活力。

加快完善现代化的市场监督与管理体系，对于时代发展进步是不可或缺的，也是有限责任政府应尽的义务。何谓市场经济，虽然是个老生常谈的问题，其实行政执法者并不真正懂得。现代化的市场经济的基本要求就是建立一套现代化市场管理体系。党的十八届三中全会指出，现代化市场体系就是"企业自主经营、公平竞争，消费市场自行主导"的体系。当下，市场特别是股票市场似乎有些"市场失灵"，甚至连国家公安部门、国家安全职能部门都在介入股票市场，但收效甚微。国务院也曾经发文提出"着力清除市场壁垒，提高资源配置效率和公平性，建立公平开放透明的市场规则，完善主要由市场决定价格的机制"这四种手段。只有着力健全全国统一开放市场、完善价格形成机制、规范市场秩序，才能更好地迎接挑战，与国际社会接轨。但是类似于行政指导性的非行政强制性的行政效力在公民的日常生活中已经开始萎缩，老百姓的市场意识、进行自我保护的民权意识较之以往，已经不可同日而语。

党的十八届三中全会通过的《中共中央关于全面深化改革若干重大问题的决定》指出："经济体制改革是全面深化改革的重点，核心问题是处理好政府和市场的关系，使市场在资源配置中起决定性作用。"❶ 从中央政府的宏观决策到地方政府的微观管理与实施，为我国当下面临着的社会转型裂变阶段如何加强市场竞争机制、弱化政府行政许可权提供了法的依据。简政放权，是厘清政府与市场边界的关键。凡是市场能够调节的经济活动，一律取消行政许可设定，斩断政府不该伸向市场的那只"看不见"的手。

对此，我国政府在取消企业投资扩建民用机场核准、企业投资城市轨道交通车辆、煤炭经营企业审批等行政许可项目上进行了大刀阔斧的改革，勇气可嘉。❷ 但是，计划经济的传统带给我国的影响不是那么容易就能完全突破的，政府对微观经济的干预仍束缚着企业和社会的手脚，要砍断行政权坚实的镣铐仍需坚持取消下放行政审批事项。虽然包括重庆在内的许多直辖市、省、自治区都曾公布废止或禁止政府不能够干预市场的"权力清单"，但当真正弱化政府审批权力的事项来临时却时时不忘历史的惯性思维，毫无行政效率可言。政

---

❶ "中共中央关于全面深化改革若干重大问题的决定"，凤凰网财经，http://finance.ifeng.com/a/20131115/11093995_0.shtml，2014年3月28日最后访问。

❷ "国务院：行政审批将转向负面清单管理"，新华网，http://news.xinhuanet.com/fortune/2014-01/09/c_125977905.htm，2014年3月28日最后访问。

府官员的软性抵抗改革和消极作为,极大地削弱了国民对行政许可改革的热情和愿景。

控制或者限制政府自由裁量权是当今世界一个具有时代性的话题,特别是那些推崇民主法治的国家。对于行政许可的自由裁量权限制,美国著名公法学者戴维斯曾提出一些看法:①通过对自由裁量权的范围进行限制,可消除那些不受任何原则和规则指引的自由裁量;②通过对自由裁量权行使的方式和程序进行合理构造,能够使自由裁量权的行使产生"高质量的正义";③通过完善对自由裁量权行为的事后监督体系,对由自由裁量权产生的非正义进行校正。笔者认为除了上述功用,还应该从以下两个方面来限制政府行政许可自由裁量权:即外部控制途径和内部控制途径。外部控制途径,这里主要指立法和司法方面的控制。就立法而言,完善行政许可程序立法、重大事项决策程序的许可立法,促进行政许可程序化是保障公正公平的必经之路。"程序的实质是管理和决定的非人情化,其一切布置是为了限制恣意、专断和任意裁量。"就司法而言,建立对抽象行政许可行为的审查机制有利于减少不合理的行政许可带来的损害和侵权。在我国,抽象行政行为不可诉,因此导致的公权对国民私权的侵害一直是一个沉重的社会热点问题,而抽象的行政行为带来的社会危害性绝不在具体行政行为之下。

内部控制途径,正如美国公法学家戴维斯所说:"对自由裁量权范围进行限制的主要希望——或许是唯一的希望——就在于行政的自我控制。"如何进行行政的自我控制?除了传统的说明理由、登记制度、行政复议等之外,笔者认为还可以从以下两个角度着手:第一,对行政许可执法的公务员进行遴选和培训;第二,行政机关通过自行搜集、总结、汇编以形成内部规则——可供参考的行政许可判例。我国虽然是没有判例法传统的国家,但是须承认其合理性,取其精华加以利用。国外的经验也是长期实践的结果,就西方国家的制度构造而言,其政治民主智慧绝不在一个传统专制政体之国家制度之下,或许有其更为合理的地方。

(一)完善非政府组织的建设

(1)非政府组织存在的必要性。当政府从市场领域中退出,谁来承担起管理职能?完全自由就是最好的选择吗?美国1929年的经济危机告诉我们,亚当·斯密的《国富论》并不是无懈可击,低税收和宽容的司法反而变成了金融泡沫的基础。❶ 此外，政府可以退出，同样可以再次进入，如果没有一种牵制它的力量，政府很可能会卷土重来，而非政府组织就是这样一种牵制力量。非政府组织作为特定领域内具有专门知识和技能的社会组织具有自身的优势，在缩减市场竞争的风险、抑制市场的盲目性、弥补政府失灵、保护公众权利免受国家权力损害方面作用显著。❷

（2）实现非政府组织的独立、自治。非政府组织是社会建设的基础性设施，是政府治理社会的合作伙伴，是社会公共事务管理的参与者。在政府和市场都失灵之际，非政府组织作为"第三只手"调节社会矛盾。但是现实中，非政府组织的独立性受到了较多干预，尤其在管理体制方面，受到较多限制。这是由两个方面的因素导致的：第一，双重管理体制。非政府组织受到业务主管单位和登记管理机关的双重管理。第二，分级管理原则。非政府组织按照其开展活动的范围和级别实行分级登记，分级管理。在这两个方面，由于设定的门槛过高、限制过多，而监管相对不力，在很大程度上限制了非政府组织的独立。

当下，我国正在从"全能型政府"向"治理型政府"转变，要更加明确凡是社会组织可以自律调节的，政府就应退出该领域，由适合的非政府组织提供服务、承担责任，真正实现非政府组织的独立性、自治性、非政府性。在充分发挥非政府组织作用的过程中积极探索进一步的非政府组织建设途径，引导、监管非政府组织，以期实现其作用的最大化，推动经济的更加繁荣、社会资源的竞相涌流。

（二）变革政府管理方式

（1）政府管理方式创新的现实意义。要想真正实现有限政府的目标，减少政府的事前干预，除了成熟的市场条件外，还必须实现政府管理方式的创新。如果没有这个外部条件的支撑，单纯依靠政府行政立法改革，一则效果不佳；二则很可能"穿新鞋，走老路"。

创新政府管理方式是提升公共管理水平的必经之路，行政许可作为政府行

---

❶ "从经济危机后的现状看《资本论》和《国富论》的漏洞"，新浪博客，http://blog.sina.com.cn/s/blog_4eb446ad0100cg12.html，2014年3月29日最后访问。

❷ "非政府组织管理"，百度文库，http://wenku.baidu.com/link?url=9w_jzqE6BaSs4VbDLWyL2CjTURc JVrLYfc - nhHRY5zXOWCOUG5NOfln8shM3y _ l5VQA3qRCS7PC8Zq3Qc0xmaLSmC _ XQPIb5tYA - s2G04u，2014年3月29日最后访问。

政管理事务之一，在改革之路上任重而道远。通说认为，政府事后干预相较于政府事前干预更能体现有限政府的理念，而行政许可作为政府的一种事前干预手段势必顺应世界潮流，逐步地缩减其权力范围。如果政府事后管理方式发展成熟，实质性地减少政府使用的事前管制手段，对于推进简政放权的目标大有裨益。

（2）政府事后管理方式构想。第一，完善《反垄断法》相关配套法规。《反垄断法》在市场经济国家的法律体系中具有举足轻重的地位。在美国，它被称为"自由企业的大宪章"；在德国，它被称为"经济宪法"；在日本，它被称为"经济法的核心"。❶ 在我国，《反垄断法》在禁止垄断协议、禁止滥用市场支配地位、禁止行政垄断等方面起着至关重要的作用。《反垄断法》作为一种事后机制，既能保证市场竞争的充分进行，又可以防止阻碍竞争进行的垄断行为出现、维护社会公共利益，还可以保证执法的统一性。但是目前我国的《反垄断法》并不完善，作为一个规范市场竞争秩序的基本法，《反垄断法》需要尽快建立相关的配套法规。

第二，加强双向信息披露。双向信息披露包括政府机关的信息披露和相对人的信息披露。对于政府机关而言，信息披露可以对市场主体的行为产生引导作用，由此可以取得许可这种方式不能达到的效果，并且可以减少政府监督的负担，节约行政开支。对于行政相对人而言，信息披露可以减少经营者与消费者之间的信息不对称，由此指引经营者的行为，进而减少政府行政许可手段的运用。

第三，告知承诺制改革。告知承诺制的含义是：行政审批机关将法律、法规、规章以及相关技术规范中规定获得行政许可应当符合或者达到的条件、标准和要求，以书面形式告知办理有关行政审批事项的申请人；申请人对照行政许可机关告知的内容进行前期准备，当符合法律规定的条件、标准和要求后向许可机关做出书面承诺，许可机关根据申请人的承诺做出认定并向其发放行政许可证照或文件。❷ 告知承诺制一反传统的行政许可理念，运用契约形式来处理法律上的强制性规定，用双方合意来处理行政机关的单方权力行为，在保持

---

❶ "《反垄断法》对市场竞争秩序的规范作用"，中国教育新闻网，http：//www.jyb.cn/ks/zgks/t20071123_127425.htm，2014年3月29日最后访问。

❷ 张海军："审批告知承诺制及其在药监行政审批中的运用"，《中国药业》，2004年第5期，第13页。

行政机关必要的控制前提下,最大限度地发挥了社会的主体功能。虽然告知承诺制有其弊端,存在着被滥用的风险,但是对于促进人们的权利观念、推进市民社会的形成有着不容忽视的意义。

三、政府行政许可执法的相关配套制度

仅一部《行政许可法》并不能保障行政许可的顺利进行,除此之外还需要相关配套制度来提升行政许可的规范化、法治化水平,这对防止行政许可权的滥用、保障公民的正当权利有重要意义。

（一）完善行政许可档案评查制度

行政许可档案评查已经不是新鲜词汇,早在2004年《全面推进依法行政实施纲要》中就有相关论述,"健全行政执法案卷评查制度。行政机关应当建立有关行政处罚、行政许可、行政强制等行政执法的案卷。对公民、法人和其他组织的有关监督检查记录、证据材料、执法文书应当立卷归档"。❶ 目前,行政许可档案评查制度已经在逐步完善之中,但是缺乏全国统一性的规定,应该制定详细且统一的《行政许可档案评查制度》,从评查的主体、评查的内容、评查的标准等角度来规范行政许可档案评查制度,这样才能达到良好的效果,不然很可能背离政策的初衷,使之成为一纸空文。

那么如何构建一套比较完善的行政许可档案评查制度,北京市政府已经做出榜样,我们大可借鉴其有益部分,并在此基础上进一步发展创新。《北京市宣武区行政许可案卷评查细则（试行）》中规定了评查方式为合法性审查和规范性审查。其中合法性审查包括主体资格、许可事项、适用法律和履行程序规则四个方面；而规范性审查包括案卷和文书的制作以及使用规范两个方面。在具体操作上,《北京市宣武区行政许可案卷评查细则（试行）》用大量篇幅阐述了其扣分规则,扣分分为4个阶段：第一,申请阶段。例如,申请人对提交的申请材料的真实性未签署意见的扣5分；申请人的基本情况填写不全的每处扣0.5分。第二,受理阶段。例如,申请人名称与提交的身份证明材料中名称不一致的扣5分。第三,审查阶段。例如,执法人员未签名或签名不规范的扣

---

❶ "全面推进依法行政实施纲要",百度百科,http：//baike.baidu.com/link?url=X3ZseSuQVj3yN_QN2OKnyi-kSx-88iVnCjk7v13v3uL8YPuaDw3AN8ixBgPW37Il,2014年3月28日最后访问。

2分。第四,听证阶段。例如,无行政许可听证权利告知书的扣10分。❶ 该评查细则针对每个阶段都有扣分细则,在此就不做赘述了。笔者建议可以此为蓝本制定全国性的《行政许可档案评查制度》,必将有益于推进行政许可实施的规范化。

(二) 变革行政许可听证程序

(1) 完善行政许可听证方式。我国的《行政许可法》第四章第四节专门规定了听证程序。根据该法,我国的行政许可听证程序包括依职权和依申请两种。

首先是依职权的听证。依职权的听证分两种情况:第一,法律、法规、规章规定实施行政许可应当进行听证的,行政主体必须举行听证。但是这类听证,法律、法规、规章规定的却不多,现举一例,我国《公共文化体育设施条例》规定:"因城乡建设确需拆除公共文化体育设施或者改变其功能、用途的,有关地方人民政府在做出决定前,应当组织专家论证,并征得上一级人民政府文化行政主管部门、体育行政主管部门同意,报上一级人民政府批准。"❷目前,随着人民权利意识的不断增强、我国民主程度的不断提高,依职权的听证事项也应随之逐渐增加,才能适应人民不断增长的社会治理参与意识的需求、紧跟世界发展的大潮流。第二,行政主体认为行政许可事项涉及重大公共利益,但法律、法规、规章又没有规定必须进行听证的,行政主体可以自己决定是否举行听证。什么是"重大公共利益"?"公共利益"一词在刑法、民法中的出现频率很高,所以我们对之并不陌生,一般来讲不特定多数人的利益就是公共利益。但是"重大"一词在不同法条中的含义就千差万别了,不能一概论之。查阅资料,关于"重大"的标准,《行政许可法》并没有相关规定,这样很容易导致政府走向两个极端,要么什么都管,管得太多,以至于滥用职权;要么什么都不管,管得太少,陷入行政不作为泥潭。鉴于此有必要对"重大公共利益"制定一个客观标准,结合我国目前的民主法治状况,笔者认为采用列举式加概括式的规定比较合理,如规定涉及重大公共利益的事项包

---

❶ "北京市宣武区行政许可案卷评查细则(试行)",百度文库,http://wenku.baidu.com/link?url=_QN8o6qzko8c_UIXd0dli-GA25pPvsmwIqmPBveDp9OsIobl6Z36NYuKdEUVRnlX8QD8XXzSl3vGpFYwK8T0pQUByZwWz4_DlsBcPH5KbvQ_,2013年12月22日最后访问。

❷ "关于完善中国行政许可听证制度",找法网,http://china.findlaw.cn/info/xingzheng/xingzhengxuke/xzxklw/72004.html,2014年3月29日最后访问。

括：①征地拆迁；②环境污染；③城市建设；④食品药品安全；⑤供水单位；⑥可能产生严重职业病危害的；⑦重大自然灾害；⑧其他涉及重大公共利益的事项。❶ 这类事项带来的一般是全局性的、长期的和潜在的影响。由于信息掌握不足，在行政许可对当下的切身利益没有直接影响的情况下，人们并不能够立即感知行政许可可能对他们的将来产生的直接或间接的影响，存在放纵行政权力的风险。所以需要法律加以明确规定，遏制政府的官僚作风，促进政府从"权力政府"向"责任政府"的转变。

其次是依申请的听证。《行政许可法》第47条规定，"行政许可直接涉及申请人与他人之间重大利益关系的，行政机关在做出行政许可决定前，应当告知申请人、利害关系人享有要求听证的权利"，这是我国关于依申请听证范围的规定，至于何谓"重大利益关系"，该法没有做具体说明。现实生活中，如何判断一个行政行为是否会影响到利害关系人的重大利益，是一件非常棘手的事情，因为对于申请人和第三人来说，许多事项只要涉及自身的利益都被认为是其重大利益，而行政主体可能事不关己高高挂起，对所谓的"重大利益关系"采取压缩式解释。所以在这里有必要对行政主体自由裁量权进行一定的限制，同上文的"重大公共利益"，也可采取列举式加概括式限定"重大利益关系"的含义，如规定其包括：①重要市政基础设施、重要公建设施；②重要城区改造项目；③重要住宅类建设项目；④涉及申请人与第三人之间民事的相邻权关系；⑤在有数量限制的许可中，涉及后申请的人与已取得行政许可的被许可人的竞争关系；⑥其他对申请人与他人造成重大影响的事项。公民权利是现代民主国家永恒的话题，对于"重大利益关系"不应做过窄的解释，而听证成本，只不过是政府民主化进程中必要且合理的支出而已。

(2) 完善行政许可回避程序。《行政许可法》第48条规定，"行政听证程序中的行政机关应当指定审查该行政许可申请的工作人员以外的人员为听证主持人，申请人、利害关系人认为主持人与该行政许可事项有直接利害关系的，有权申请回避"。这句话中有以下两个概念需要加以注意。

第一，"利害关系人"。这是一个开放型的不确定的法律概念，一直以来法学界对此都存在诸多争论。一般认为利害关系人是指行政许可的实施直接涉

---

❶ "涉及重大公共利益的决策事项都要听证"，http://www.sncrb.com/html/channel_1/2010/0303/47056.html，2014年3月29日最后访问。

及其重大利益的许可申请人以外的行政相对人。要成为法律关系中的利害关系人必须要满足三个法律要件：①公民、法人或者其他组织的合法权益受到侵害；②侵害的来源是行政行为；③当事人的合法权益受到的侵害与该行政行为之间有因果关系。为了便于司法人员操作，提高行政效率，可把利害关系人细化为五种类型：①相邻权关系中的利害关系人；②竞争关系中的利害关系人；③知识产权关系中的利害关系人；④契约关系中的利害关系人；⑤人格权、身份权关系中的利害关系人。❶ 当然这几种类型并不能穷尽所有行政许可利害关系人的情形，这就要求司法人员在具体的案件中灵活运用。

第二，"直接利害关系"，如何界定"直接利害关系"？"直接"是一个程度副词，相对于"间接"而言，两者之间有何区别？标准何在？《行政许可法》中并没有相关规定。笔者建议应对"直接利害关系"做客观化的描述。什么是"直接利害关系"呢？通常认为案件处理结果直接影响到本人的民事权利和义务的，才和本案有直接利害关系。不过"直接利害关系"在实践中的情况千变万化，企图用列举式涵盖所有的"直接利害关系"是不可能的。我们只能做一个笼统的概括，笔者认为"直接利害关系"是指其利益受到行政许可行为规制，系其自己直接享有的，或其认为应当由自己直接享有的。❷ 而"间接利害关系"是指其利益受到行政许可行为的波及。这里有必要引入一个新的概念——"反射性利益"。所谓的反射性利益，指的是当法律完全是为了实现公共利益，而不是以保护特定个人的利益为目的时，该法实施给私人带来的利益。通说认为反射性利益受到侵害时，公民个人无权以此为由请求法律救济。所以对于反射性利益，公民也无权申请听证。另外，笔者主张不宜把"直接利害关系"标准定得太高，这样相当于无形中剥夺了当事人申请听证的权利，不能实现的权利就是一纸空文。

（3）规范政府行政许可的撤销制度。诚实守信是行政法的基本原则之一，公众基于信赖政府而取得的行政许可应该受到法律的保护，因此行政机关撤销已经批准的行政许可的行为，要受到严格的限制。我国《行政许可法》第8条规定，"公民、法人或者其他组织依法取得的行政许可受法律保护，行政机

---

❶ "行政许可利害关系人概念的确定"，法律教育网，http://www.chinalawedu.com/news/21606/21698/21702/2005/5/ma176010441215500239390_167518.htm，2013年12月23日最后访问。

❷ "直接利害关系汇总"，新浪博客，http://blog.sina.com.cn/s/blog_5db544260100elwj.html，2014年3月30日最后访问。

关不得擅自改变已经生效的行政许可",阐述的就是行政法中著名的"信赖保护原则"。该原则最初起源于"不准翻供原则",第二次世界大战以后在世界许多国家的行政法领域得到认可和运用,其中德国是推行这一原则的代表。信赖保护原则的具体要求有三个:第一,行政主体之间相互信任和忠诚,同时本着诚实信用的精神,以诚实信用的方法做出行政行为。行政许可行为具有确定力,行为一经做出,未有法定事由和未经法定程序不得随意撤销、废止或改变。第二,对行政相对人做出行政许可后,事后即使发现违法或者对政府不利,只要行为不是因为相对人的过错所造成的,亦不得撤销、废止或改变。第三,行政许可做出后,如事后发现可能给社会公共利益造成重大损失的,必须撤销或改变此种行为时,行政机关对撤销或改变此种许可给无过错的相对人造成的损失应给予补偿。❶下文将对此加以详细论述。

(1) 规范行政许可撤销程序。行政许可行为一经做出,未有法定事由和未经法定程序不得随意撤销、废止或改变。借鉴《温州市运管处撤销行政许可案件处理流程》,决定撤销行政许可的,应该做出书面决定,制作《撤销行政许可决定书》送达当事人、利害关系人。《撤销行政许可决定书》应当包括撤销的理由、依据,并告知当事人和利害关系人其有向上级行政机关申请行政复议,或向人民法院提起行政诉讼的权利。❷

(2) 完善行政许可撤销补偿制度。《行政许可法》第8条规定:"因行政许可所依据的法律、法规、规章的修改或废止,或者准予行政许可所依据的客观情况发生重大变化的,为了公共利益的需要,行政机关可以依法变更或撤回已经生效的行政许可,但由此给行政相对人造成财产损失的,行政机关应当依法给予补偿。"这里的"补偿"当然是指行政补偿,但是《行政许

---

❶ "关于信赖保护原则的规定",http://news.9ask.cn/xzxk/xzxkf/201110/1555629.shtml,2014年3月30日最后访问。

❷ 《温州市运管处撤销行政许可案件处理流程》规定撤销行政许可案件的处理流程为:①立案。工作人员需两名以上,适用利害关系人回避制。②调查取证。收集两类证据——事实类和法律、规定类,这是决定行政许可是否可以撤销的依据。③书写调查报告。调查报告内容应包括:当事人的基本情况、主要事实、处理依据、处理决定建议等。④告知程序。撤销部门制作《撤销行政许可通知书》并送达告知当事人、利害关系人。⑤按需启动听证程序。符合听证条件的,行政机关应该及时举行听证。⑦报批。将案卷材料连同听证笔录(如已启动该程序)报上一级管理部门或者同级政府审批,做出是否撤销行政许可的决定。⑧做出并送达行政处理决定。http://wenku.baidu.com/link?url=UV-I5iwMcXtL8YJ－pCVJ7cr＿reB7Liof＿JfieNg8qjL282beQKhmbefEKpZIHatC2TBx－7KYA＿zBXRwlPK＿jIBln9zmdPPCdiicB91ofS7,2013年12月23日最后访问。

可法》中并没有规定具体的撤销行政许可补偿制度。由于缺乏统一的《行政补偿法》的保障,《行政许可法》第 8 条将注定是一把难以"遮风挡雨"的"保护伞"。

那么实践中是如何操作的？实践中一般是按照单行法律法规中的规定进行补偿。例如,《防洪法》第 45 条第 2 款规定："调用的物资、设备、交通运输工具等,在汛期结束后应当及时归还；造成损坏或者无法归还的,按照国务院有关规定给予适当补偿或者做其他处理。"再如《矿产资源法》第 36 条规定："国务院和国务院有关主管部门批准开办的矿山企业矿区范围内已有的集体矿山企业,应当关闭或者到指定的其他地点开采,由矿山建设单位给予合理的补偿。"以上两个法条涉及的都是行政许可撤销之后的补偿问题。但是仅仅依靠单行法律法规的规定既没有体系性又存在不少盲点,为了完善行政许可撤销补偿制度,笔者借鉴《重庆市行政许可补偿暂行办法》拟作一个粗浅的归纳,下面从四个方面对构建行政许可撤销补偿制度提出建议：①明确补偿的主体。补偿的主体是依法做出变更或者撤回行政许可决定的行政机关；或者是补偿义务机关被撤销后,继续行使其职权的行政机关或撤销该机关的行政机关。②明确补偿额度。行政许可补偿包括直接财产损失、为防止损失的扩大所支出的费用。以实际损失为补偿的下限,以信赖利益作为补偿的上限,赋予行政机关一定的自由裁量权。③规范补偿程序。首先,行政机关在依法做出变更或者撤回行政许可决定时,应当制作《行政许可补偿告知书》。《行政许可补偿告知书》应包括以下五项内容：补偿义务机关；补偿方式；办理补偿的程序；补偿义务机关、补偿申请人的权利和义务；申请补偿的时间要求。其次,《行政许可补偿告知书》应当与变更或者撤回行政许可决定一并送达被许可人。再次,公民、法人或其他组织在收到变更或撤回行政许可决定书之日起,有权在 1 个月内提出书面行政补偿申请。最后,补偿义务机关应当在签订行政许可补偿协议或者做出决定之日起 30 日内履行补偿义务。双方另有约定的除外。④设置听证程序（针对争议较大的补偿）。对于补偿对象较少、没有争议或争议不大的行政许可补偿方案,许可机关可与申请人协商；对于补偿对象众多、争议较大的行政许可补偿方案,许可机关应组织听证或专家论证。❶

---

❶ "重庆市行政许可补偿暂行办法",百度百科,http：//baike.baidu.com/view/7953554.htm,2013 年 12 月 23 日最后访问。

（3）对《行政许可法》第69条的审视。《行政许可法》第69条规定了我国行政许可撤销制度，这也是信赖保护原则的具体化表现之一。细致来说该条前款阐述的是由于行政许可机关的违法所引发的撤销，后款阐述的是由于行政相对人的违法所引发的撤销。《行政许可法》第69条对前款撤销进行了严格的限制：①行政机关工作人员滥用职权、玩忽职守做出准予行政许可决定的；②超越法定职权做出准予行政许可决定的；③违反法定程序做出准予行政许可决定的；④对不具备申请资格或者不符合法定条件的申请人做出准予行政许可的。这4种情况本身是明确的、具体的，但是该法第69条第1款中设有一个兜底条款"依法可以撤销行政许可的其他情形"，颇有画蛇添足之嫌，这种不确定性给当事人的权利带来了极大的损害，行政权力无形中被扩大了。笔者主张应该删去此表述，考虑到可能会有居心不良的人利用该"漏洞"图谋利益，笔者建议通过增加一些具体条款上的限制以消除后顾之忧。这些条款可以从以下两点出发来制定：一是考察行政主体是否对违法行政行为的出现负有责任；二是判断受益人有无利用违法的行政许可行为的不良企图。这种判断应从其知识结构、周围环境、对所授权益的需求程度等要素进行考察。❶

四、行政许可管理：凝聚改革合力，释放社会经济活力

随着行政审批制度的改革进程不断深入，改革阻力也不断加大，同时要面临许可被废止之后向其他隐蔽形式转化的挑战。触及有关部门既得利益之时，必然会出现反对的浪潮，各方分歧也会逐渐激化，所以，"路漫漫其修远兮"，前方的改革之路任重道远。如何凝聚改革合力，释放社会经济活力？如何实现真正为企业松绑，以期实现资源的充分涌流？除了在制度上不断突破，贯彻上层方针政策，还应充分运用四种基本力量。

首先，确保党的领导。党的领导是推动简政放权行政体制改革的直接动力，是实现行政法制化的基本保障。其次，发挥市场的能动性。在任何情况下，市场都是对政府管制的更好替代。今日，"大市场小政府"已经成为世界潮流，我们不是鼓吹令市场与政府绝缘，而是期望这可以内化为政府的一种社会治理理念。再次，完善立法、司法相关配套制度。只有把改革内容写入法律才能确保其被稳定地执行，因为法律是维护市场秩序的底层防线。最后，保障

---

❶ 莫晓燕："论授益行政行为撤销制度的构建"，《法制与社会》，2011年第4期，第152页。

公众参与。公众参与作为人民主权最主要的实现形式和民主政治的根本标志，是社会主义民主实现的重要机制。广泛的公众参与有利于促进决策的科学性和民主性的实现。

第二节　机构层次的管理

一、行政许可设定权管理

同其他法律、法规一样，行政许可设定作为一种立法行为，必须符合我国《立法法》确立的立法体制要求，具体可分为中央各国家机关和地方各国家机关的立法模式。由于存在较多的立法现状，笔者仅就其中具有典型意义的立法情况做具体阐述。本节中，笔者在中央立法制度中仅就国务院决定行政许可设定权做具体阐述，在地方立法中将详细介绍省级政府规章的行政许可设定权的立法状况。

（一）国务院决定行政许可设定权规制

（1）国务院决定行政许可设定权的性质。对于"国务院决定"一词，《立法法》等相关法律都没有给出明确的定义，一般是指国务院并非严格按照《立法法》等相关法律规定的程序，而是按照国务院内部议事规程通过的管理经济、文化、社会事务等的规范性文件。国务院发布决定的权力来源于《宪法》第89条的规定。[1] 国务院决定是针对某个方面的具体事项，而不是按照行政法规制定程序制定的规范性文件。根据《宪法》规定，国务院决定并不是行政法的渊源，因此对于国务院以"决定"的形式设定行政许可，在《行政许可法》立法阶段是有争议的。在《行政许可法》制定时，国务院提请审议的草案中规定："本法规定可以设定行政许可的事项，尚未制定法律的，行政法规、国务院有普遍约束力的决定可以设定行政许可。"在审议中，一些专家提出，设定行政许可是一种立法行为，"国务院有普遍约束力的决定"在制定程序和法律效力上与行政法规有所不同，不宜与行政法并列。但是对于一些临时性的、紧急的事项，在来不及或者不需要制定法律、行政法规的情况下，

---

[1] 我国《宪法》第89条规定：国务院行使下列职权：（一）根据宪法和法律，规定行政措施，制定行政法规，发布决定和命令……

还需要国务院以行政许可的方式进行管理。❶ 因此,在第二次审议草案时,对此项规定做了修改:"必要时,国务院可以采用发布决定的形式设定行政许可。实施后,除临时性行政许可事项外,国务院应当及时将该行政许可事项提请全国人大及其常委会制定法律,或者自行制定行政法规。"此修改规定了两方面的限制:一是国务院发布决定只有在"必要时",即在确有需要的情况下,才能采用这种方式;二是在实施后,除临时性行政许可事项外,国务院应当及时提请全国人大及其常委会制定法律,或者自行制定行政法规。但是在对草案进行第三次审议时,有的常委会委员和专门委员会委员仍然认为,应当取消以国务院决定的方式设定行政许可的规定。由此可见,由于国务院决定的非法律渊源性质,导致规定其行政许可设定权过程中的争议不断,有学者甚至认为《行政许可法》第14条第2款是一个"破天荒"的规定❷,其原因就是一个不属于法律规范的国务院决定要承担立法性文件应当承担的职能。因为"行政许可的内容是国家一般限制或禁止的活动。许可行为是对符合条件的对象解除限制或禁止,允许其从事某项活动,享有特定权利和资格的行为。……许可事项必须有明确的法律规定,许可是建立在普遍限制和禁止基础上的解禁行为。因而,对于大多数人来说,它是限制公民法人活动自由的行为"。❸ 从《行政许可法》对行政许可设定权的规定可以看出,对于行政许可这样一种对公民、法人个体予以授益而以限制大多数人的权利和自由为宗旨的行政行为来说,其设定权必须严格加以控制。而授权国务院可以以决定的方式设定行政许可,仅仅是在特定情境之下对特殊情况的一种"照顾",而非行政许可设定权的正常状态。❹ 可见,《行政许可法》赋予国务院决定行政许可设定权,是一种"来不及立法"但又为行政管理所必需的"临时性权力",其权力的行使应当严格遵守法律的规定,不仅要符合法律规定的"必要性"准则,也要在实施后对于应当及时转化为法律或者行政法规的事项进行处理,从而实现法律对社会事务的正常管理。行政许可的本质是一种政府管制,而国务院决定设定的行政许可,是一种特殊状态下的政府管制,所以对其的设置必须有严格的法律

---

❶ 沈福俊:"国务院决定行政许可设定权:问题与规制",《社会科学》,2012年第5期。
❷ 应松年、杨解君主编:《行政许可法的理论与制度解读》,北京大学出版社,2004年版,第187页。
❸ 应松年主编:《行政法学新论》,中国方正出版社,1998年版,第245页。
❹ 沈福俊:"国务院决定行政许可设定权:问题与规制",《社会科学》,2012年第5期。

控制，从而使这类行政许可处于法律的规范之中。

（2）对国务院决定行政许可设定权的规制。根据《行政许可法》第14条第2款的立法原意，严格地讲，国务院决定设定的行政许可属于一种临时性许可，设定这种许可的条件较为苛刻，必须符合以下几个条件：一是法律、行政法规尚未设定该许可；二是确有"必要"，这必要性表现在还来不及制定法律和行政法规，即"等不及立法"，并且又为行政管理所必需；三是实施后，应当"及时"提请全国人大及其常委会制定法律或者自行制定行政法规。❶ 鉴于《行政许可法》已经以一般授权的方式明确了国务院决定在必要情形下的行政许可设定权，所以对于这种在特殊情况下的行政职权应当由国务院通过自身的规定加以规范❷，以保障《行政许可法》第14条第2款的顺利实施。

第一，明确规定国务院决定设定行政许可的"必要性"标准。国务院采用发布决定的方式设定许可主要考虑有五点：一是一些临时性、紧急的和尚未制定法律、行政法规的事项，国务院还需要以行政许可方式进行管理；二是根据WTO规则，国外采取临时性许可措施时，我国可采取相应措施，如临时配额、临时许可证管理等；三是对于一些比较敏感的问题，制定法律、行政法规的条件一时还不成熟，需要国务院决定设定行政许可进行管理；四是国务院决定设定的行政许可在国务院行政审批制度改革中认为需要保留的即符合必要性标准的行政许可；五是在改革开放过程中，在国有企业改革、促进就业与再就业、社会保险等方面，有一些试点、试验的事项，先是用政策做指导，在局部地区、特定领域实施，以积累经验，在制定法律、行政法规前，需要采取行政许可的方式实施管理，防止出现混乱。基于以上考虑，《行政许可法》赋予了国务院以发布决定的方式设定行政许可的权力，但做了一定的限制。所谓必要时，包括临时、紧急情况，为试点、试验需要，一时难以制定法律、行政法规等情况。国务院决定设定的其他行政许可实施后，除临时性行政许可因条件、情况发生变化被废止以外，国务院应当及时提请全国人大及其常委会制定法律加以设定，或者自行制定行政法规加以设定。

对于以上所述之情形，虽然在一定程度上能缓解一时之需，但不是长久之

---

❶ 胡建淼：《行政法学》（第3版），法律出版社，2010年版，第258页。
❷ 国务院在遵循法律规定的前提下，通过自身的规范约束自己的权力与行为也有先例，如国务院于2001年11月16日制定的《行政法规制定程序条例》。

计。国务院应当以行政法规的形式设定行政许可，以决定的方式设定行政许可只是应对现实迫切需要许可但难以及时制定法律、行政法规的紧急情况的权宜之计。❶ 正如上文所述，根据《行政许可法》第 14 条第 2 款的规定，国务院只有在"必要时"才可以采用发布决定的方式设定行政许可。因此，一是应当明确国务院以行政法规的形式和采用决定的形式设定行政许可的外延与标准，二是应当明确国务院采用决定的形式设定行政许可的"必要性"标准，以避免临时性行政许可与常规性行政许可之间的模糊界限。

第二，明确国务院决定设定行政许可的"临时性"的标准。首先，要明确"临时性行政许可事项"中"临时"的期限。《行政许可法》对同样属于临时性行政许可的省、自治区、直辖市人民政府规章设定的行政许可明确了"实施满 1 年"的要求，而对国务院决定设定的临时性行政许可却没有规定任何期限，这可能导致名为"临时性"而实为"常规性"的行政许可长期存在，完全不符合立法的目的。其次，明确"临时性"的具体期限，及时提请全国人大及其常委会制定法律，或者自行制定行政法规。因为国务院决定仅仅是一种规范性文件，而"规范性文件设定的行政许可应当迅速上升为法律或者行政法规"❷，这是法律的一个明确要求。

第三，明确国务院决定设定行政许可的评价、监督机制。《行政许可法》第 20 条规定了行政许可设定机关应当定期对其设定的行政许可进行评价，行政许可的实施机关可以对已设定的行政许可实施情况及存在必要性进行评价，以及公民、法人或者其他组织向行政许可设定机关和实施机关就行政许可的设定和实施提出意见和建议的机制。上述机制应当同样适用于国务院决定设定与实施的行政许可。笔者认为，正因为国务院决定设定的是特殊状态下的临时性行政许可，更需要健全的评价、监督机制对其存在的必要性进行监督。❸

（二）省级政府规章设定权规制问题

我国《行政许可法》没有规定部门规章和较大的市级政府规章可以设定行政许可，只规定了省级政府规章可以设定行政许可。其中《行政许可法》第 15 条第 1 款规定："本法第 12 条所列事项，尚未制定法律、行政法规的，

---

❶ 应松年主编：《当代中国行政法》（上卷），中国方正出版社，2005 年版，第 729 页。
❷ 关保英：《行政法教科书之总论行政法》，中国政法大学出版社，2009 年版，第 431 页。
❸ 沈福俊："国务院决定行政许可设定权：问题与规制"，《社会科学》，2012 年第 5 期。

地方性法规可以设定行政许可；尚未制定法律、行政法规和地方性法规的，因行政管理的需要，确需立即实施行政许可的，省、自治区、直辖市人民政府的规章可以设定临时性的行政许可。临时性行政许可实施满一年需要继续实施的，应当提请本级人民代表大会及其常务委员会制定地方性法规。"根据该条款规定可知，省、自治区、直辖市人民政府仅限于设定临时性的行政许可，且仅限于因行政管理的需要，确需立即实施行政许可的事项。

《行政许可法》对省级地方政府规章的行政许可权做出了必要限制。首先，是许可设定主体范围的限制。只有省级地方人民政府制定的规章才能设定行政许可事项，其他具有地方政府规章制定权的人民政府无权设定行政许可事项；其次，是许可性质的限制。省级地方政府规章设定的行政许可具有临时性质，不是一种长期有效的行政许可；最后，省级地方政府规章设定的临时性行政许可受到特定时限的限制。临时性许可设定权以一年为限，在实施满一年后，该临时性许可应自动失效，如果省级人民政府认为需要继续执行该许可，就必须提请本级人大及其常委会制定地方性法规。

1. 省级政府规章许可设定存在的问题

随着法治的不断健全，法律虽然得到了完善，但还存在一定的缺陷。省级政府规章许可设定存在的问题大致有三个：一是存在违反《行政许可法》关于许可事项的法律规定的情形，如《贵州省城市规划设计管理办法》第5条规定，凡从事城市规划设计活动的单位，必须持有相应资格等级的《城市规划设计证书》；第6条规定："省外持有《城市规划设计证书》的单位到我省从事城市规划设计活动，须持证书副本向省城市规划行政主管部门申请登记，取得《贵州省城市规划设计临时许可证》后，方可从事相应的测试规划设计活动。"❶ 此规定明显违反《行政许可法》第15条第2款关于地区保护主义的规定，即"不得限制其他地区的个人或者企业到本地区从事生产经营和提供服务"。二是存在违反临时性规定的情形，大量的临时性规定在规定期满后或是条件成熟后，仍然没有转化为法律或行政法规，成为名副其实的"永久性许可"规定，这种情况是目前很普遍的现象。三是存在违反上位法的规定的情形，违反上位法规定的表现有很多种，如在上位法规定的基础上增设行政许可、更改行政许可的条件、更改行政许可实施期限、变更行政许可实施机关

---

❶ 杨敏："省级政府规章行政许可设定研究"，华东政法大学，2011年。

等,最常见的是在上位法已有规定的基础上增设行政许可。

2. 对省级政府规章设定权的规制

对省级政府规章设定权可从立法上进行规制,立法机关规定政府有设定临时性行政许可的权利,一般情况下一年的时间可以检验出政府设定的行政许可是否有必要,因此,基于对立法精神的理解,笔者认为,一年的期限不能延长,即实施满一年,政府设定的临时性行政许可应当不再具有法律效力,要么上升为地方性法规,要么停止实施。立法机关制定临时性要求是为了防止政府代替立法机关制定永久性许可。在认定了一年期限为自动无效条款之后,为了保证其遵守临时性条款规定,笔者认为,政府规章在设定临时性行政许可时,应当另行说明临时性条款的性质以及期限,并标明如果一年以后还需要继续实施的,应当上升为地方性法规。❶

强化监督机制,对省级政府规章设定行政许可的监督主要包括立法机关的监督、许可实施机关的监督、公民的监督。其中许可实施机关的监督主要通过对许可的评价机制来实现,而公民的监督途径为公民通过行政机关确定的公众参与机制来实现自身的监督权利,包括提出建议和批评意见等。立法机关的监督主要是通过对省级政府提请上升为行政法规的临时性许可的合法性、合理性进行再审查来实现的,对于不合法、不合理、不必要的行政许可,立法机关应当废止该项行政许可,并监督行政机关不得再实施未受保留的许可。❷ 此种观点正如孟德斯鸠所说:"要防止滥用权力,就必须以权力约束权力。"

二、行政许可实施机关管理

(一)行政许可实施机关执法模式探析

由于立法存在很多的缺陷,导致行政主体在执法中存在很多问题:如行政许可执法主体混乱、职权划分不清、许可管辖不明,尤其是省(市)与县(区)两级政府的许可职权非常模糊,同级政府的部门之间权责相互交叉,导致"多重""多头"许可的现象严重地存在着。鉴于这些问题,笔者在以下几个方面进行了探析,如大部制改革、相对集中行使许可权和综合行政执法模式。

---

❶ 杨敏:"省级政府规章行政许可设定研究",华东政法大学,2011年。
❷ 杨敏:"省级政府规章行政许可设定研究",华东政法大学,2011年。

1. 大部制改革

所谓的"大部制",就是在政府的部门设置中,将那些职能相近、业务范围趋同的事项相对集中,由一个部门统一管理,最大限度地避免政府职能交叉、政出多门、多头管理,从而提高行政效率,降低行政成本。"大部制"侧重改变政府职能机构繁多、职能交叉的现象,通过减少机构数量,使政府运作更有效率,更符合市场经济的宏观管理角色定位。❶

在地方上,大部制改革已经在积极地进行试点。在成都,以前有"一条河,五家管,公交开不过一站路"之说。府南河流进成都后,由几个部门分别进行管理:水利局管农村段,市容环卫局管河流下水道,市政公用局管河道,府南河管理办公室管府南河综合治理,国土局管地下水。五家单位管水,平时相安无事,一场暴雨之后却没有一家单位牵头进行管理与协调,导致隧道被淹。❷ 为了改变这一现状,成都市委、市政府从 2005 年到 2006 年间相继撤销了农牧局、水利局等单位,建立大部制,如农业委员会、水务局等机构。新组建的市水务局对全市的防洪、水源、供水、用水、节水、排水、污水处理与回收利用以及河道、农田水利、水土保持、农村水电等所有涉水事务实行城乡统一管理,实现了水务管理一体化,结束了"多龙管水"的局面。❸ 2008 年 8 月,重庆市农业委员会揭牌。它的挂牌,标志着原重庆市政府农村工作办公室、重庆市农业局、重庆市农机局和重庆市农业综合开发办公室四个部门的整合工作全面完成,也意味着重庆悄然拉开了探索大部制改革的序幕。据介绍,以探索实行大部制体制为特色的全国新一轮地方政府改革历时 10 个月,至 2009 年上半年已基本完成。通过改革,绝大多数省区市加快了政府职能转变,强化了社会管理和公共服务职能,政府部门更加统一、精简、高效,实现了从"瘦身"到"健身"的转变。❹

大部制改革确实能解决很多疑难杂症,但是大部制改革是一个循序渐进的过程,不能一蹴而就。我国与西方国家不同,西方国家之所以能建立起大部制体制,并且维持稳定,是因为这些政府不对经济文化社会事务进行直接管理,通常只是按照相关法律法规进行一般性监管。而在我国,成功的大部制改革,

---

❶ 金国坤:《行政权限冲突解决机制研究》,北京大学出版社,2010 年版,第 108 页。
❷ 金国坤:《行政权限冲突解决机制研究》,北京大学出版社,2010 年版,第 111 页。
❸ 梁小琴:"成都大部门体制改革纪实",《人民日报》,2008 年 2 月 25 日。
❹ 王克群:"60 年政府机构改革的启示",《济南日报》,2009 年 7 月 22 日。

肯定要牵动政治体制改革，涉及党政、人大等权力系统。若没有政治体制的改革推进，建立起来的大部制肯定是貌离神合。因此，大部制改革必须考虑党的权力和政府的权力的有效对接。

十八届三中全会的召开，给大部制的改革提供了很好的契机。十八届三中全会把转变政府职能和深化政府执法体制改革作为改革的重点，提出要优化政府组织结构，并指出转变政府职能必须要深化机构改革，优化政府机构设置、职能配置、工作流程，完善决策权、执行权、监督权既相互制约又相互协调的行政运行机制；要统筹党政群机构改革，理顺部门职责关系；积极稳妥实施大部制，优化行政区划设置，有条件的地方要探索推进省直接管理县（市）体制改革；严格控制机构编制，严格按规定职数配备领导干部，减少机构数量和领导职数，严格控制财政供养人员总量，推进机构编制管理科学化、规范化、法制化。

2. 相对集中行政许可权

《行政许可法》第25条规定："经国务院批准，省、自治区、直辖市人民政府根据精简、统一、效能的原则，可以决定一个行政机关行使有关行政机关的行政许可权。"这是关于相对集中行政许可权的规定，是我国第一次以法律的形式确认相对集中行政许可权，为改革我国的行政执法体制提供了法律依据，温家宝在政府工作报告中也强调了要实施相对集中行政许可权。

"天下之事，不难于立法，而难于法之必行。"《行政许可法》是为适应社会转型的需要在入世的背景下制定的，也是我国自改革开放以来关于行政审批制度的立法、执法经验的积累和总结。但是这部法律无论是从立法理念还是相关制度设定上，与其他相关的法律法规存在很大的差异。为了进一步完善相对集中行政许可权制度，笔者认为应从以下几个方面入手：

第一，及时修改已经滞后的相关法律法规，尽快制定关于相对集中行政许可权实施的可操作细则。《行政许可法》规定的法律制度体现了我国入世后所确立的新的立法理念，而目前我国的法律、法规中很多有关行政许可制度的规定还是计划经济时代的产物，无法与《行政许可法》的立法思想相匹配，所以对于违背《行政许可法》有关规定的法律、法规和规章应及时进行修改和废止。

第二，选择与我国相对集中行政许可权制度相匹配的实施模式。只有有效的实施才能实现一项制度的制定目的。构建相对集中行政许可权制度，将涉行政机关执法权力的调整,所以选择合适的运行模式至关重要,目前关于构建相对集中行政许可权的运行模式大体有三种,即分部集中、分口集中和全面集中。但是单纯的选择哪一个模式都不适合我国的国情,以分口相对集中行政许可权为基本制度,以分部集中为补充的复合模式更切合我国实际。❶

相对集中行政许可权制度按照"精简、效能、统一"的原则,调整归并行政管理职权,重新配置部门的职能,对于解决多头许可、重复许可等问题,形成集约化的行政许可机制,合理配置行政权力,简化行政许可项目,减少行政许可环节,缩短行政许可时限,节约成本,规范行政许可,便利行政许可申请人,转变政府管理方式,提升行政效能等方面具有重要意义。❷

3. 综合行政执法

综合行政执法是指在行政执法过程中,当行政事项所归属的行政主体不明或需要调整的管理关系具有职能交叉的状况时,由相关机关转让一定职权,并形成一个新的具有独立法律地位的执法主体,对该事项进行处理的执法活动。

综合行政执法体制通过近15年的探索实践,虽然取得了一定的成效,但是仍然存在很多问题亟待解决。如法律规范不健全;机构设置不统一;执法权力配置不到位;职权交叉、多头执法问题仍然存在;权力配置不合理;执法协调机制不完善、执法保障不到位;执法观念落后等。

随着研究的不断深入,笔者愈发感到我国综合行政执法体制的建立,不仅是为了解决行政执法中出现的多头执法、权限冲突、职能交叉、机构冗杂的难题,更体现了我国行政管理体制改革的大胆创新。综合行政执法模式虽然取得了一定的成效,但还需要进一步完善,笔者认为,应当从以下几个方面入手:

第一,完善我国综合行政执法的机构设置。根据我国各地方综合行政执法组织机构设置不同的问题,很多地方已经开始进行综合执法机构改革,并趋向将其设置为地方政府的执法部门。

为了避免综合行政执法机构体系陷入条块分割的机构设置模式,为了能够充分发挥地方综合行政执法权的横向行政执法作用,一方面,应当逐步将综合行政执法权力统一集中到地方政府;另一方面,改变省、市、区(县)

---

❶ 吕武:"论相对集中行政许可权",《湖南农业大学学报》,2005年第10期。
❷ 王敬波:"相对集中行政许可权:行政权力横向配置的试验场",《政法论坛》,2012年第1期。

的机构设置模式，只赋予省级综合行政执法机关业务指导和协调、监督的职责。❶

第二，综合行政执法机关实行内部职能分离原则，其内部设置按照"局队分离"的原则予以设置。根据"职能分离"和"局队分离"的原则，综合执法局的人员配备应该相应分为行政执法官和执法队员，并且在行政执法官和执法队员之间建立流动机制，执法队员经过培训、通过资格考试合格，便可成为行政执法官。❷

第三，转变综合行政执法观念。政府应加强行政服务意识，从国外行政执法的经验中不难发现，行政服务理念已经深入行政执法的每个环节。行政执法过程中，行政管理机关应当意识到政府管理的目的不仅在于维护秩序，更重要的是实现企业的效益和个人的自由与幸福。管理只是手段，而效益、自由、幸福乃是最终的目的。❸我国现阶段正处于社会转型时期，面对城市化进程的高速发展，行政执法活动中经常会遇到维护社会环境秩序的公共利益与公民个人利益冲突的情况，为了能够顺利地开展工作，行政执法者应当开始思考用行政服务的理念化解执法矛盾，使"管理"变为"服务"。

（二）行政许可实施机关权限冲突解决机制

权限冲突是一个世界性的话题，只要有分工存在，权限冲突现象就难以避免。为预防和解决权限冲突，西方各国都在本国国情的基础上，致力于找寻行之有效的解决途径和方法。❹我国的执法现状也不例外，政府职能部门间权限冲突现象较为普遍，所以有必要探寻一条权限冲突解决机制，使得行政机关在执法时能够有章可循，避免出现权限争议、职能交叉、互相扯皮的情况。就此，笔者认为如下办法可以疏解冲突。

（1）建立行政管辖制度。权限冲突也就是管辖权冲突，管辖制度实质上是对行政职权的具体划分，管辖范围也就是每个具体的国家行政机关的职责权限。行政职权由不同的机关分工行使，这是管辖制度产生和存在的根源。❺在

---

❶ 徐婧："综合行政执法体制研究"，中国社会科学院研究生院，2012年。
❷ 熊文钊："综合行政执法体制的若干问题研究"，载《中国法学会行政法研究会2008年年会论文集（下册）》，2008年。
❸ 姜明安："论行政执法"，《行政法学研究》，2003年第4期。
❹ 金国坤：《行政权限冲突解决机制研究》，北京大学出版社，2010年版，第127页。
❺ 金国坤：《行政权限冲突解决机制研究》，北京大学出版社，2010年版，第207页。

古代农业社会，国家行政事务比较简单，全部国家机构有吏、户、礼、兵、刑、工六部足矣，"从隋唐确立，迄至明清一千余年，一直未改"❶。自由资本主义时期，政府承担着社会守夜人的角色，"除了邮局和警察以外，一名具有守法意识的英国人可以度过他的一生却几乎没有意识到政府的存在"❷。在上述两种情况下，政府的职能由宪法和组织法加以规定即可，没有必要通过管辖制度来界定各部门之间的权限。但是随着现代国家的发展日新月异，出现了很多难以预料的情形，这就需要政府为社会经济的发展履行相应的职责，再加上社会经济文化事务的繁杂和科技专业化日益增强，需要政府设定更明确的职能分工，尽最大可能对各项事务做出明细化规定。

（2）完善行政协助制度。之所以说是完善行政协助制度，而不说是建立行政协助制度，是因为在我国现行的法律法规和行政执法实践中，已经存在行政协助制度。上述管辖制度主要强调行政机关之间的职能分工，但就如王名扬先生所言，职责分工不能排除在执行职务时彼此之间的合作，因为这种合作同分工一样有必要。❸ 行政协助从本质上说是建立在分工基础上的一种合作方式，但在实践中，行政协助并没有发挥它应有的功能。因此，笔者建议应规定行政协助是一种法定义务，没有法定理由不得拒绝，对不履行法定义务的，应当承担相应的法律责任。

（3）构建权限争议裁决机制。毋庸置疑，传统的行政解决机制的确存在着"先天不足"。有关法律规范只是笼统地规定产生权限争议报共同上级机关指定管辖，至于上级机关如何指定，法律并没有做出明确的规定。在实践中一般由政府办公机构或成立各种协调机构组织协调，但由于有职无权，对权限争议的协调往往难以奏效，如果争议各方无法达成一致意见，仍得由人民政府主管领导定夺。在协调方式上，目前更多的是依靠行政手段，通过会议方式解决，而不是从法律法规的角度进行裁决，主观随意性较大。协调一般是一事一议，就事论事，缺乏综合考虑的长效机制，以致有些权限纠纷长期得不到解决，最终受损害的还是行政相对人的合法权益。❶

从各国现行的法律规定来看，每个国家根据自身的政治体制和相应的司法

---

❶ 张晋藩、李铁：《中国行政法史》，中国政法大学出版社，1991年版，第93页。
❷ 威廉·韦德：《行政法》，徐炳等译，中国大百科全书出版社，1997年版，第3页。
❸ 王名扬：《英国行政法》，中国政法大学出版社，1987年版，第74页。
❶ 金国坤：《行政权限冲突解决机制研究》，北京大学出版社，2010年版，第164页。

体制建立了行政主体之间发生争议时的司法解决途径。从英美法系国家和大陆法系国家的权限争议司法解决机制可以看出这些国家对行政法治化的重视,即在发生机关权限争议时,不是仅仅依靠行政命令、通过行政程序来解决权限争议,而是通过司法诉讼的方式由法院或类似法院的机关来解决相应的争议,以保证行政争议解决的法治化水平。❶

权限争议是职能分工的必然产物,只要有分工,不管客观上是否存在职能冲突,由于利益关系、所处的地位和角度以及认知能力的不同,都有可能产生权限争议,中外各国概莫能外。权限争议本身并不可怕,关键是需要从法律制度上建立起一套完善的权限争议解决机制,有了权限争议能及时化解。❷ 只要权限冲突法制化解决机制能够有效运行,相信行政机关间的权限冲突必然能够得到有效解决。

第三节　专项改革管理公用事业之特许经营权

一、公用事业特许经营权内涵及发展

公用事业是指"受公共利益影响的行业"。美国加利福尼亚州《公用事业法》中写道,"公用事业是指受到政府监管的并且普遍地提供服务——该服务被认为是对公共福利必需且重要的行业"。❸ 从类型上讲,公用事业包括由国家垄断经营的铁路、航空、邮电、天然气、电力、供水、排水等关系人们生活和经济发展的基础设施部门。既然公用事业如此重要,与我们的生活息息相关,它的行政许可方式相较于一般事项也需进行特殊设置。传统上公用事业由国家通过特别许可,只允许国有企业进行独家经营,由此形成的是公共事业的国家垄断经营模式。但是这种国家垄断经营模式在现实中引发了资金短缺、技术落后、效率低下、投资成本攀升等一系列问题❹,为了解决以上提到的诸多

---

❶ 金国坤:《行政权限冲突解决机制研究》,北京大学出版社,2010年版,第283页。
❷ 金国坤:《行政权限冲突解决机制研究》,北京大学出版社,2010年版,第285页。
❸ 康枫翔:"公用事业特许经营市场准入的行政程序规制——以公开招标程序为例",《朝阳法律评论》,2013年第6期,第178页。
❹ 肖兴志:"公用事业的民营化改革:理论与中国实证",载黄继忠主编:《自然垄断与规制:理论与经验》,经济科学出版社,2004年版,第185-186页。

问题,便催生了公用事业民营化的热潮。特许经营作为公用事业民营化的方式之一,在现代社会中得到越来越多的运用。

什么是公用事业特许经营?它是指在市政公用行业中,由政府授予企业在一定时间和范围内对某项市政公用事业产品或服务进行经营的权利,即特许经营权。然后政府通过合同协议或其他方式明确政府与获得特许权的企业之间的权利和义务❶,明确其在一定期限和范围内经营某项市政公用事业产品或者提供某项服务的制度。

二、公用事业特许经营地方立法的权限及现状

特许经营在我国大陆的兴起始于 20 世纪 90 年代初期。进入 2000 年之后,公用事业的大规模市场化改革在全国推开。为了加快市政公用设施建设,实现投资主体的多元化,优化市政公用产品和服务,国家大力推进市政公用事业市场化改革,首先,建设部于 2002 年下发了《关于加快市政公用事业改革的意见》,指出要"建立市政公用行业特许经营制度",此意见被称为"国家第一次用文件的形式把市政公用事业改革的方向确定了下来,是中国公用事业改革史上一个重要的标志"。❷ 其次,温家宝在十届人大二次会议的政府工作报告中提出:"推进市政公用事业的市场化进程""进一步研究制定鼓励非公有制企业参与国有企业改组改造,进入基础设施、公用事业及其他行业和领域的具体办法。"❸ 2004 年,建设部又以部令形式发布《市政公用事业特许经营管理办法》(简称"《办法》"),目的在于"规范市政公用事业特许经营活动,加强市场监管,保障社会公共利益和公共安全,促进市政公用事业健康发展"。❹

由于具体运作市政公用事业的事权主要在地方,因此建设部出台的规章没有涉及地方立法的具体形式以及立法权力界分的问题,而是在该《办法》第 3

---

❶ "市政公用事业的法治之基:特许经营立法破局",中安在线,http://finance.anhuinews.com/system/2003/12/29/000528240.shtml,2014 年 1 月 3 日最后访问。

❷ "市政公用事业的法治之基:特许经营立法破局",中安在线,http://finance.anhuinews.com/system/2003/12/29/000528240.shtml,2014 年 1 月 3 日最后访问。

❸ 山西省人民政府法制办公室:"《山西省市政公用事业特许经营管理条例(草案)》的立法说明",http://www.sx.xinhuanet.com/dfzx/zfwz/2007-04/18/content_9827595.htm,2014 年 3 月 31 日最后访问。

❹ 山西省人民政府法制办公室:"《山西省市政公用事业特许经营管理条例(草案)》的立法说明",http://www.sx.xinhuanet.com/dfzx/zfwz/2007-04/18/content_9827595.htm,2014 年 3 月 31 日最后访问。

条中规定:"实施特许经营的项目由省、自治区、直辖市通过法定形式和程序确定。"虽然这一条款存在漏洞,但是不能否认的是建设部这些相关政策和规章的出台极大地推动了地方性立法的进程。调查显示,到2013年,江苏省、辽宁省、山东省、山西省等都制定了关于公用事业特许经营的地方性法规。然而,各地所采取的地方立法形式并不统一,尤其是在一些关键性的条款上,各地方立法的差异十分明显。总体来说,我国当下公用事业特许经营立法存在法律位阶过低、形式合法性缺失、不同文本相互冲突等问题,致使公用事业市场化改革隐藏着巨大风险。为了降低社会风险,保障人们的权利,应当通过中央和地方立法权限的划分、统一立法体例的完善以及不同地方立法之间的互动,来消解公用事业特许经营的法律困境。

研究者认为,城市市政公用事业是事关国计民生的头等大事,是与人民群众生活密切相关、影响公众利益和公共安全的重要领域,具有明显的公益性和自然垄断性❶,因而应当适用较为严格的法律保留原则同时兼顾国情需要,综上,笔者建议:第一,应由全国人大及其常委会制定统一的公用事业特许经营法。第二,在该法中授权国务院制定配套的行政法规。国内市政公用事业特许经营研究专家、中国社会科学院法学研究所研究员周汉华介绍说,虽然有关部门现在计划制定特许经营法,但是这个法律还没有列入全国人大目前的立法计划。不过建设部可能会先制定一个特许经营管理的规章。❷ 第三,地方在遵循法律、行政法规的前提下,结合本地方的实际情况制定相应的地方性法规,以此形成较为完整的公用事业特许经营法律体系。

三、公用事业特许经营立法困境消解的前提性问题

为了加快公用事业特许经营立法步伐,提高立法质量,本部分拟通过对特许经营立法中的疑难问题进行研究,力图推动统一公用事业特许经营法的尽早制定。为了达到这一目标,立法机关需要在清理、分析现有的法律、法规和规章的基础上,对今后需要制定发布的法律、法规进行全面规划、合理安排,以形

---

❶ 山西省人民政府法制办公室:"《山西省市政公用事业特许经营管理条例(草案)》的立法说明", http://www.sx.xinhuanet.com/dfzx/zfwz/2007-04/18/content_9827595.htm, 2014年3月31日最后访问。

❷ "市政公用事业的法治之基:特许经营立法破局",中安在线, http://finance.anhuinews.com/system/2003/12/29/000528240.shtml, 2014年1月3日最后访问。

成完整、系统、协调的公用事业特许经营法律体系。除此之外，还要彻底化解当下公用事业特许经营的法律困境，这就要求至少应解决好以下三个前提性问题。

（一）规制机构设置

随着公用事业市场化改革的推进，公用事业的规制模式发生了重大变化，一方面是生产制造者——国家的退却，另一方面是新型规制者出现在公用事业领域。在政府规制方面，明显偏好规制机构模式，而非行政部门模式❶。在这里有必要先对两个概念进行说明：首先是行政部门模式的定义。我国在计划经济体制时代强调政府在资源配置中的主导性作用，为了强化这种主导作用，国家分行业设置相应的行政部门。这些行政部门以资源配置为依托对公共事务直接进行管理，国家通过不同的行政部门按照管辖地区、管辖层级对社会进行金字塔式管理。❷ 其次是规制机构模式的定义。公用事业监管的主体和客体是完全独立的，其监管是以立法为先导，具有特定的法律依据和实施程序。目前，我国规制机构设置的现实模式是从政监合一的政府规制机构模式向独立规制机构的目标过渡中的政监分离的准独立规制机构模式。❸

目前，我国公用事业的监管体制错综复杂，职责权限模糊、交叉，存在多头监管、分散监管的现象，导致重复规制和规制能力的严重不足。如何解决这些难题？调查之后，笔者发现在特许经营的地方立法中出现了公用事业公众监督委员会这一词汇。《湖南省市政公用事业特许经营条例》第25条规定公用事业公众监督委员会的一般职能是：①代表公众对市政公用事业特许经营活动进行监督；②对市政公用事业特许经营中关系公众利益的事项，公众监督委员会有权提出意见和建议。❹ 虽然公用事业公众监督委员会具有相对的独立性，但其主要职责仅仅是对特许经营活动进行监督和提出建议，没有强制性约束的权力，并不是一种真正意义上的独立规制机构。

如何构建一种真正意义上的独立规制机构呢？从世界范围来看，公用事业

---

❶ E. S. 萨瓦斯：《民营化与公私部门的伙伴关系》，周志忍等译，中国人民大学出版社，第571页。
❷ "行政职能变迁的模式探究——从部门行政到公共行政"，360doc 个人图书馆，http://www.360doc.com/content/12/0718/11/388119_224900729.shtml，2014年1月3日最后访问。
❸ 张会恒："我国公用事业政府规制的有效性研究"，《经济社会体制比较》，2005年第3期，第124页。
❹ "湖南省市政公用事业特许经营条例"，百度百科，http://baike.baidu.com/link?url=fdByE-wrvWlIvwu Q6cOFFQuOnVK5 - yy3XwVOa5e3aE - a2o - VqblQjRFj1O - BjbCt8wVBT4wH0RNNg2a82mSzMHq，2014年3月31日最后访问。

规制机构的设置主要有3种模式：①以美国为代表的综合性规制机构模式，即设立美国联邦和各州的独立规制委员会。目前美国在联邦一级设置了4个独立的管制委员会，负责州际公用事业的管制并且负有专门的行业管制责任。这些委员会包括联邦通讯委员会、联邦能源管制委员会、原子能管制委员会、证券与交易委员会。美国50个州，加上哥伦比亚特区目前都有自己独立的管制委员会❶；②以英国为代表的行业性规制机构模式，每一个产业均有一个单一的独立的规制机构；③以法国为代表的不设立专门规制机构的模式。❷ 相比之下，笔者认为，美国的公用事业监管机构具有独立性、专业性和权威性特点，规制机构位于部门内部，有利于部门首长的统一指挥、监督和整个行政系统的协调，非常值得我国借鉴。具体来说，就是在我国中央与省建设部门内以及各城市人民政府设立独立的公用事业规制机构。

（二）特许经营权使用费

特许经营权使用费，是指受许人在特许经营合同期内按一定的标准或比例向特许人定期支付的费用。特许经营权使用费通常也称为管理费、权益金，它体现的是特许人在特许经营合同期内向受许人提供的持续支持和指导的价值。❸

《贵州省市政公用事业特许经营管理办法》（已失效）第14条："取得特许经营权的经营者，应当按规定支付市政公用事业特许经营权使用费。微利或者公益性的特许经营项目，可以减免特许经营权使用费。特许经营权使用费纳入地方财政基金预算，专项用于市政公用设施建设。涉及国有资产使用或者处置的，按国有资产管理的有关规定办理。"❹ 该条例为特许经营权使用费的收取提供了导向，但是该条例存在以下几点问题：第一，立法规定模糊。该条例规定了特许经营者要交纳特许经营权使用费，明确了特许经营权的使用不是无偿的，但该条例并没有说明使用费的计算方法和依据，这会造成实践中出现不同的解

---

❶ "我国政府规制机构独立性问题及其实现途径"，中国改革论坛，http://www.chinareform.org.cn/gov/governance/Practice/201403/t20140319_191846.htm，2014年3月31日最后访问。

❷ 章志远、李明超："公用事业特许经营立法问题研究"，《江苏行政学院学报》，2009年第6期，第118页。

❸ "特许经营使用费"，找法网，http://china.findlaw.cn/gongsifalv/zhaoshang/jmzs/txjy/43775.html，2014年3月31日最后访问。

❹ "贵州省市政公用事业特许经营管理办法"，法律图书馆，http://www.law-lib.com/law/law_view.asp?id=91987，2014年3月31日最后访问。

读。❶ 第二，法律依据不足。在公用事业领域，政府主管部门授予特许经营者特许经营权而收取特许经营权使用费，常常被认为是天经地义的事情。其实，有权并一定就有利。特许经营权使用费的主张，必须有一个正确的前提——主张权、利、金的一方必须确实拥有该项可营利之权利，而该项权利也经正式且无转变地让渡给另一方。❷ 政府把特许经营权授予私营企业并不同于私人间权利的转移，政府并不具有特许经营的权利，它运用的是自己的权力，把特许经营权授予私营部门，这种权力不具有获取利益的特性。所以，政府授予私营企业特许经营权并不能成为其收取特许经营权使用费的依据。第三，投资成本提高。根据该条例，公用事业领域的政府主管部门有权力收取除资产转让价款外的使用费，这加大了投资者的投资成本，特许经营者要通过特许经营来收回使用费及使用费的正常利润，这部分使用费及其正常利润同样要由购买公共服务的老百姓来支付，因此使用费的征收也变相增加了老百姓的负担。❸ 为了解决以上三个问题，笔者主张将特许经营使用费细化为具体条目，如将特许经营权使用费具体分为标准费、折扣费、延期费、附属费、转让费。当然每项费用都需要根据不同地方的经济发展水平进行局部调整，以适应地方经济发展的要求。除此之外，还可借鉴《哈尔滨市市政公用事业特许经营条例》中的规定，"特许经营权使用费属于政府非税收收入，应当全额上缴市财政，实行收支两条线管理，专项用于发展市政公用事业，不得挪作他用"❹，以期对特许经营权使用费进行定性，规范特许经营权使用费的收缴制度。

（三）行政接管

市政公用事业特许经营的行政接管是一项行政强制措施，因此，市政公用事业特许经营的行政接管具有以下特征。第一，强制性，对特许经营项目予以接管是政府单方决定的强制行政处分；❺ 第二，即时性，鉴于情况急迫且关系

---

❶ "特许经营使用费"，找法网，http：//china.findlaw.cn/gongsifalv/zhaoshang/jmzs/txjy/43775.html，2014年3月31日最后访问。

❷ 葛贤键、赖宗德、林香吟："民间投资参与公共建设保证金、权利金与土地相关租税之适法性刍议"，《月旦法学》，1998年第3期，第34页。

❸ 章志远、李明超："公用事业特许经营立法问题研究"，《江苏行政学院学报》，2009年第6期，第118页。

❹ "哈尔滨市市政公用事业特许经营条例"，360doc个人图书馆，http：//www.360doc.com/content/09/0428/10/58423_3297794.shtml，2014年3月31日最后访问。

❺ 应松年：《当代中国行政法（上卷）》，中国方正出版社，2005年版，第905页。

到公众利益，接管行为并非以确定义务的具体行政行为先行存在为条件，而是一种紧迫性的紧急措施；第三，临时性，对特许经营项目进行接管，仅是一种暂时性的过渡措施，一般设定有严格的条件和时限，一旦接管事由消除或时效届满，接管必须终止。❶ 由于市政公用事业关系广大公众的利益，在特许经营市场退出时，政府主管部门应采取行政接管措施，以保障公用事业持续稳定发展。

目前，我国市政公用事业特许经营的行政接管立法存在以下问题：①立法层级较低。随着我国《行政强制法》的实施，公用事业临时接管行为需受《行政强制法》的约束。根据该法的规定可知，行政强制措施由法律设定，行政法规和地方性法规仅能对特定行政强制措施进行创设性规定，法律、法规以外的其他规范性文件不得设定行政强制措施。❷ 由于接管是对特许经营者的财产权进行限制，基于法律保留原则，应在法律中予以明确规定，或者至少在法律中规定授权条款。而目前较高层次的立法仅有 2004 年建设部颁布的《市政公用事业特许经营管理办法》，该办法第 10 条规定了在危及或者可能危及公共利益、公共安全等紧急情况下，临时接管特许经营项目是主管部门应当履行的职责。❸ ②相关规定过于粗糙，缺少诸如接管主体、接管启动、接管措施、接管后续处理及救济方式的相关规定。既然规定粗糙，如何进行完善？笔者认为可以借鉴《江苏省城市市政公用事业特许经营权临时接管制度》中的相关规定，如规定特许经营接管的主体为省建设行政主管部门和市、县人民政府市政公用事业主管部门；特许经营的行业类型为城市供水、供气（管道燃气）、公共交通、污水处理、垃圾处理等行业；市、县市政实施临时接管的情况为：擅自转让、出租特许经营权的；存在重大安全隐患且拒不整改，危及或者可能危及公共利益、公共安全的；因管理不善，发生重大质量、生产安全事故的；擅自停业、歇业，严重影响社会公共利益和公共安全的；擅自将所经营的财产进行处置或者抵押的等。❹

---

❶ 闫海、姜丽："市政公用事业特许经营的行政接管"，《城市问题》，2011 年第 6 期，第 2 页。
❷ "地方法规行政强制措施的设定权限"，http：//news.9ask.cn/xzss/qzcs/201108/1475102.shtml，2014 年 3 月 31 日最后访问。
❸ "市政公用事业特许经营管理办法"，http：//baike.baidu.com/link? url=fPgmTIqcFiciMvydkjBi_J7B1b5jZo6bw7pfsoiLU0tXEzCwuPl2ylNEcSzUoSiN，2014 年 3 月 31 日最后访问。
❹ "江苏省建设厅文件"，http：//www.jiangsu.gov.cn/shouye/wjgz/bmwj/200711/t20071101_179101.html，2014 年 3 月 31 日最后访问。

除此之外，为了进一步加强公用事业特许经营立法、整合现行法律规范、建立包括公用事业特许经营的行政接管的法律规范体系，需要进行进一步改革。下文将从四个方面进行论述。

（1）规范接管条件。一般来说，并非所有的不可抗力事件都需主管部门实施接管，只有当因不可抗力无法继续正常经营，公共利益因此面临重大损害危险，特许经营者又无法独自解决危机，或解决危机的成本巨大并对后续经营造成严重影响时，政府为维护公共利益才必须实施接管。在这类行政接管中，政府是被动方。特许经营者应及时向市政公用事业的主管部门申请终止特许经营协议，主管部门应向本级人民政府提出接管申请。❶

（2）限制接管主体的范围。应将接管主体限于公用事业特许经营的主管部门，这是因为由行政主管部门组成的行政接管委员会不仅应该包含决策机构与监督机构，还应包括会计师、同行业专家、技术人员、律师等其他非行政机构的工作人员。因此，公用事业主管部门具有对接管事项比较熟悉、具备相关的专业知识的优势，可以保障公共产品和服务提供的连续性和稳定性。

（3）明确接管期限。为了企业整改和重新选择特许经营者，将接管期限规定在6个月至1年比较合适。❷ 低于6个月，接管期限就会稍显仓促，既不利于双方进行谈判，也没有给予特许经营者整改的机会。况且，在取消特许经营权的情况下，政府需要重新选择合适的特许经营者，必须有足够的时间进行充分考察。当然，接管期限也不宜太长，如果超过1年，可能会由于之前的接管组织缺乏相关的技术和管理能力，影响市政公用事业的稳定发展。

（4）完善接管的后续处理及救济。首先，公用事业特许经营的行政接管属于侵益性行政，为保障特许经营者的合法权益，应建立接管救济制度。救济渠道不外乎行政复议和司法诉讼两种。但是，为了避免特许经营者滥用救济权干扰行政接管的顺利进行，应对其加以必要的限制。❸ 其次，尽管各级人民政府是公用事业特许经营权的最终决定主体，人民政府在做出接管的决定之前，仍应先行征求公用事业公众监督委员会的意见，以保证其决策的合理性。最

---

❶ 章志远、李明超："公用事业特许经营中的临时接管制度研究"，《行政法学研究》，2010年第1期，第19页。

❷ 章志远、李明超："公用事业特许经营立法问题研究——以若干地方性法规为分析样本"，《江苏行政法学学报》，2009年第6期，第119页。

❸ 闫海、姜丽："市政公用事业特许经营的行政接管"，《城市问题》，2011年第6期，第6页。

后，对于接管决定所涉及的政策性问题，司法机关应限于合法性判断，尊重相关主管部门的专业判断。

四、公用事业特许经营权亟待立法变革

(一) 特许经营立法变革必要性

根据《市政公用事业特许经营管理办法》第2条的规定："本办法所称市政公用事业特许经营，是指政府按照有关法律、法规规定，通过市场竞争机制选择市政公用事业投资者或者经营者，明确其在一定期限和范围内经营某项市政公用事业产品或者提供某项服务的制度。"❶ 那么该条款中所称的"按照有关法律、法规"，是指哪些法律和法规？换言之，如何理解政府授予公用事业投资者和经营者特许经营权的法律依据？❷

检视我国现有市政公用事业特许经营制度的立法状况可知，其主要表现为部门规章、地方性法规、地方政府规章及其他规范性文件。除地方性法规外，包括被称为市政公用事业特许经营领域"基本法"的——《市政公用事业特许经营管理办法》在内的规范性文件均因法律位阶低而存在合法性危机。

(二) 特许经营法律制度的完善

政府授予公用事业投资者和经营者特许经营权属于一项行政许可。特许经营权适用于有数量限制的自然资源的开发利用、有限公共资源的配置、直接管理公共利益的行业中垄断性企业的市场准入和法定经营活动等事项。理论上，行政许可设定权是指创设许可规则的权利，属于立法权。按照人民主权理念和依法行政原则，特许经营立法权应由《立法法》所确定的统一的、多层级的立法体制组成。鉴于我国的法律制度包括宪法及其之下的法律、行政法规、地方性法规、行政规章等一系列法律规范，显然，特许经营制度也应由法律、行政法规、地方性法规和行政规章组成。❸ 考虑到行政许可设立权原则上由有权设定法律、行政法规、地方性法规的有关国家机关——全国人大及其常委会、国

---

❶ "市政公用事业特许经营管理办法"，百度百科，http://baike.baidu.com/link?url=fPgmTIqc-FiciMvydkjBi_J7B1b5jZo6bw7pfsoiLU0tXEzCwuPl2ylNEcSzUoSiN，2014年3月31日最后访问。

❷ 北京市住房和城乡建设委员会："《市政公用事业特许经营管理办法》评析"，http://www.bjjs.gov.cn/publish/portal0/tab662/info8726.htm，2014年1月3日最后访问。

❸ 北京市住房和城乡建设委员会："《市政公用事业特许经营管理办法》评析"，http://www.bjjs.gov.cn/publish/portal0/tab662/info8726.htm，2014年1月3日最后访问。

务院、较大市以上的地方人大及其常委会行使，只在例外情况下，省级政府的规章可设立临时行政许可。因此，对于公用事业特许经营的立法问题应做具体规定。

首先，应由全国人大及其常委会制定统一的《公用事业特许经营法》。立法内容上，应详细规定收费标准、收费时间、收费项目、接管条件、接管时间、紧急状态应对、违约条款等方面的内容。立法体例上，由于供水、供气、供热、污水处理、垃圾处理、公共交通等虽同属公用事业，但在是否涉及土地征用、是否涉及跨区域经营、基础建设是否具有排他性、收费难易程度等方面，每一行业都具有自己独特的一面，所以就不同的行业可以采取统一立法加专章规定的方式进行规制，即共性的内容可以安排在"总则"章节里面进行描述，各个行业可以设定专章进行规定。[1]

其次，由《公用事业特许经营法》授权国务院制定配套的行政法规。行政法规只能在没有法律的情况下，才能设定行政许可。行政法规的名称有三个，即条例、规定和办法。通常情况下，国务院应当以条例、规定和办法的形式设定行政许可，只有在特殊情况下，国务院才可以以决定的方式设定行政许可，但在实施后，除临时性的行政许可事项外，国务院应当及时提请全国人大及其常委会制定法律，或者自行制定行政法规。

再次，地方在遵循法律、行政法规的前提下，结合本地方的实际情况制定相应的地方性法规。公用事业特许经营的设定权不能归入行政机关的具体行政管理事项，依《立法法》的规定，对特许经营权、企业定价、供应等问题的规定，存在排除或限制行业内竞争的风险由地方性法规进行规定更为妥当。

最后，是地方政府规章特许经营权的规定权。依《行政许可法》，一般应当由地方性法规做出明确规定，地方性法规未做出规定时，地方政府规章可以做出为期一年的临时性规定，期满需要继续实施的，则应当制定地方性法规。具体如何实施特许经营则属于政府具体行政管理事项的范畴，可由地方政府规章规定。由于对具体实施特许经营方式的规定并未新增排除、限制市场竞争的内容，因而，地方政府规章可以做出规定。

---

[1] 余羚："市政公用事业特许经营立法刍论"，《浙江学刊》，2007年第3期，第175页。

第五章 公众参与行政许可执法制度研究

行政执法是法律法规的具体执行过程，在执法过程中公民的"应然权利"将转化为"实然权利"。人们为了维护公共秩序而制定行为规则，而制定的规则总是落后于人类不断增长的认知欲望和改造能力，这是行政执法中产生诸多矛盾的一个原因。此外，在执法过程中容易出现一种"行政执法的困境"，即法律规则在实践层面遭遇的被漠视、规避、拒斥等情形，并不能简单地通过强化执法而得到解决，因为大量社会成员（甚至包括一些执法者）对这些法律规则所代表的政府立场本身缺乏足够的认同。❶ 行政机关执法过程的不顺畅，一方面可以诉诸法律本身及制度设计层面，但其主要原因在于没有将公众参与纳入行政执法过程中，未获得公民的理解与支持。"法律制定者如果对那些会促成非正式合作的社会条件缺乏眼光，他们就可能造就一个法律更多但秩序更少的世界。"❷ 要在执法过程中取得公民的认同，就应当在行政执法过程中加强公众参与，使行政执法的依据、过程和结果透明化。另一方面，公众参与行政执法是程序正当的必然要求，对于规制政府行为、保障公民权益大有裨益。我国十八届三中全会通过的《中共中央关于全面深化改革若干重大问题的决定》中提到要深化行政执法体制改革，完善行政执法程序，规范执法自由裁量权，加强对行政执法的监督。行政执法体制要改革，需要改变社会治理方式。社会治理应当坚持系统治理，加强党委领导，发挥政府主导作用，最为重要的是要鼓励和支持社会各方面参与，以实现政府治理和社会自我调节、居民

---

❶ 王锡锌：“中国行政执法困境的个案解读”，《法商研究》，2005年第3期。
❷ 罗伯特·C·埃里克森：《无需法律的秩序——邻人如何解决纠纷》，苏力译，中国政法大学出版社，2003年版，第354页。

自治良性互动。因此，在行政许可执法过程中重视公众参与，规范行政许可裁量权，加强对行政许可实施的监督管理，是行政许可执法制度改革的必然要求。

第一节 公众参与理论分析

从古典的城邦民主中公民对公共生活的直接参与管理到密尔的由代议机构行使代理权力的代议制民主理论，再到现代古典直接民主理论的复兴，公众参与理论的兴起与民主理论的发展密不可分。民主理论的发展进一步带动了参与理论的发展，为公众参与行政管理提供了理论基础。对公众参与理论进行研究之前，需要对行政法模式和行政管理模式进行一个系统性的梳理，从行政法模式的变迁看公众参与理论的兴起。

一、公众参与理论的兴起——从传统行政法模式到参与式行政法模式

在行政法模式的发展过程中，传统的行政法模式是一种传送带式的模式。在这种模式下，行政机关处于连接立法机关和司法机关的传送带上。在这条"流水线"上，行政机关负责执行立法机关的指令，且其行使公权力的行为要受到法院的监督和审查。中国行政法模式在该模式的影响下发展为一种"家长式"的行政管理模式。在这种模式下，行政行为主要表现为高权行政，行政机关拥有较大的权力，以相对固化的强制性手段实施行政管理。随着社会经济的发展和公民权利意识的逐步加强，行政管理模式也在不断发展，新兴的民主理论要求改变既往的行政管理模式，赋予行政机关更多的自由裁量权，同时扩大公众参与的范围，通过政府与公民的协作，促进公权力的有效行使。

1. 传统行政法模式

传统行政法模式建立在保障个人自由、控制行政权的基础上。斯图尔特在《美国行政法的重构》一书中详细地介绍了行政法的发展脉络，对传统行政法模式系统地进行了介绍。他认为这种传送带式的传统行政法模式主要表现在以下几个方面：首先，行政机关除非获得立法机关的授权，否则不能对公民的人身、财产采取强制措施。西方国家深受霍布斯和洛克关于社会契约思想的影响，在主张社会契约的政治理论者看来，政府公权力的唯一合法性来源是

"公意",而"禁止授予立法权原理"❶ 正是基于这一理论。"由于达成合意的过程在立法机关那里得以制度化,因而,对私人所实施的任何新型制裁都必须由立法机关给予授权。"❷ 其次,行政机关应当严格依照行政程序实施行政行为。行政程序的设置宗旨即促进行政机关准确地、不偏不倚地、合理地将立法指令适用于特定案件或各类案件。行政程序的具体化和行政机关严格按照行政程序行使公权力的最终目的是确保立法机关的指令得到有效的执行。最后,行政机关的行为应当受到司法审查,且行政机关的决议程序应当便于法院对行政行为进行司法审查。

这种传送带式的传统行政法模式将行政机关的活动限缩在一个确定的范围内,即立法机关所授权的范围。在这个范围之内,行政机关消极地按照既定的程序执行立法机关的指令,并且法院对于行政机关执行立法指令的情况进行监督和审查。在这种行政法模式下,行政机关居于连接立法机关和法院的传送带之上,并受两端的制约。"行政法的传统模式将行政机关设想成一个纯粹的传送带,行政机关的职责是在特定案件中执行立法指令。不受选民控制的行政官员对私人自由的侵入,由该模式予以了合法化。所采用的方式是确保此类侵入受命于一个合法的权力来源——立法机关。行政机关必须证明对私人自由的侵入是立法机关指令其所为……法院的功能在于遏制,司法审查的指向在于把行政机关禁锢在国会所颁发的指令范围之内。"❸

西方传统的行政法模式对中国行政法基础理论的发展产生了非常重大的影响。中国行政法传统理论是一种管制型的行政法模式。传统的行政法理念认为,政府是社会的"家长",理想或标准的行政管理活动包括五个方面的机制和要素:即单一主体(行政机关);单一功能(通过管制实现秩序目标);单方意志(命令—服从);单一行为(仅靠命令、许可、处罚、强制等刚性、强制性的行政行为);单一依据(国会制定的法律,即古典的"依法行政"理念)。❹

---

❶ 禁止授予立法权原理,即禁止立法机关将立法权以授权的形式交由行政机关行使。之后美国联邦最高法院不再援用禁止授予立法权原理对行政立法进行全面的禁止,而是对立法机关的授权做出限制,要求法律在授权的同时必须提供充分的标准,以作为行政机关行使自由裁量权的指导与限制。[美]斯图尔特:《美国行政法的重构》,沈岿译,商务印书馆,2002年版,第7页。

❷ 斯图尔特:《美国行政法的重构》,沈岿译,商务印书馆,2002年版,第7页。

❸ 斯图尔特:《美国行政法的重构》,沈岿译,商务印书馆,2002年版,第10-11页。

❹ 莫于川:"公众参与潮流和参与式行政法制模式——从中国行政法民主化发展趋势的视角分析",《国家检察官学院学报》,2011年第4期。

在传统的行政管理过程中，行政机关行使公权力的行为是一种高权行政，行政机关主要依靠行政命令、行政检查、行政处罚、行政强制、行政许可、行政征收等刚性的管理方式进行行政管理，行政法律关系表现为一种命令服从的形式，行政机关掌握着极大的自由裁量权，行政相对人处于被管理者的位置。

2. 行政管理模式的创新

随着社会经济的快速发展，公民权利意识逐步增强，烦冗的行政管理体制不再能满足社会发展的需求。自1980年以来，西方国家进行了行政管理体制的改革，先后产生了新公共管理模式、新公共服务模式和善治模式。这些行政管理模式普遍提倡政府与公民的协作治理，扩大公众参与行政管理的范围。西方行政管理模式改革的潮流也影响了中国行政法模式的转变。在行政法领域，参与式理论和构建服务型政府理论逐步兴起。

（1）新公共管理模式。"新公共管理的一个重要的特征是将市场竞争机制引入公共服务组织的运作中，即实现公共服务的市场化。"[1] 政府角色的转变使得政府在行政管理过程中的权力发生了变化。"政府应该起掌舵而不是划桨的作用，企业化的政府越来越多地把划桨和掌舵分开……让决策管理者货比三家地自由挑选最有能力和效率的服务提供者，使他们花同样的钱能够得到更大的效益，使他们充分利用服务提供者之间的竞争，使他们保持最大限度的灵活性对变化中的情况做出反应，而且有助于他们坚持要求高质量工作表现的责任制。"[2] 新公共管理理论对公共行政做出了两个方面的贡献：新的治理模式和新的政府责任体制。新公共管理理论将政府与公民的关系重新解构为一种提供者与顾客的关系，将竞争机制引入行政管理中，由公民来评估政府管理结果。

（2）新公共服务模式。与新公共管理模式不同，新公共服务模式提倡服务而非掌舵。"政府的首要作用不仅仅是通过管制和命令来指挥公众的行动，也不是简单地建立一套惩戒规则和激励措施（胡萝卜或大棒），将人们引导到合适的方向上来。相反，尽管政府在推动社会朝某个方向发展的过程中是重要的参与者，但它事实上已经成为另一种意义上的参与者。"[3] 在行政管理过程

---

[1] Kieron Walsh: Public Services and Market Mechanism, Macmillan Press LTD, 1995, p. 61.
[2] 戴维·奥斯本、特德·盖布勒：《改革政府：企业精神如何改革着公营部门》，上海译文出版社，1996年版，第8—12页。
[3] 罗伯特·B·丹哈特、珍妮特·V·丹哈特："新公共服务：服务而非掌舵"，刘俊生译，《中国行政管理》，2002年第10期。

中，行政机关的目标是公共利益。行政机关应当制定符合公共利益的规划，通过协作实现公共服务的目标。行政行为对象不再仅仅包括作为申请人的行政相对人，还包括给付行政相对人。行政行为的成果惠及的不仅仅是作为"顾客"的公民，还包括那些需要政府主动救济的公民。

（3）治理与善治理论。"治理"一词的出现是公共行政领域行政管理理念转变的结果。公共行政从"统治"（government）转变为"治理"（governance），更加突出了政府与公民之间的协作。詹姆斯·罗西瑙（James·N·Rosenau）在其著作《没有政府统治的治理》中指出：治理与政府统治不是同义语，它们之间有重大区别。治理指的是一种由共同的目标支持的活动，这些管理活动的主体未必是政府，也无须依靠国家的强制力量来实现。也就是说，治理的内涵比传统的统治更加丰富。它既包括政府机制，同时也包括非正式的、非政府的机制。"治理"理论认为政府并不是唯一的权力中心，政府将公民、组织纳入行政管理的过程中，引导和规范公民行为，以达成行政目的。然而治理并不能解决行政管理领域的一切问题，治理也存在失效的情形。因此，有学者提出了"善治"理论。"善治"理论在本质上是政府与公民对公共生活的合作管理，是政府与公民之间积极而有效的合作。俞可平认为善治主要包括六个方面：①合法性，指社会秩序和权威被自觉认可和服从的性质和状态；②透明性，政治信息的公开性；③责任性，指人们应当对自己的行为负责；④法治，即法律是公共政治管理的最高准则，任何政府官员和公民都必须依法行事，在法律面前人人平等；⑤回应，公共管理人员和管理机构必须对公民的要求做出及时和负责的反应，不得无故拖延或没有下文；⑥有效，主要指管理的效率。它有两个方面的基本意义：一是管理机构设置合理，管理程序科学，管理活动灵活；二是最大限度地降低管理成本。❶ 上述六个方面的内容在本质上也是现代民主的要求。善治是从管理者与被管理者双方的角度改革行政管理模式。作为管理者，行政机关应当主动公开相关信息，在行政管理过程中，依照相关法律的规定，及时地做出行政行为。从被管理者即行政相对人的角度出发，应当建立参与机制保障其有足够的政治权力参与到行政管理过程中，以形成政府与公民的良性协作。

从新公共管理模式到新公共服务模式，再到"治理"与"善治"模式，

---

❶ 俞可平："治理和善治：一种新的政治分析框架"，《南京社会科学》，2001年第9期。

行政管理模式变革的大致走向要求公众参与到行政管理过程中来。"新公共管理理论强调顾客至上或顾客导向,它通过把公民变成消费者,以市场取代政府,提供回应性服务,满足公民的不同需求。它通过引入市场机制、公民参与管理、公共服务提供的小规模化等措施,给公民提供'以脚投票'即自由选择服务机构的机会,征求他们对公共服务的意见和要求,并测量其满意程度。"❶ 新公共管理模式学者戴维·奥斯本和特德·盖布勒在其合著的《改革政府:企业精神如何改革着公营部门》一书中提出了社区自治的构想,社区居民比管理者更了解社区治理,社区在提供公共服务方面比政府更合适,政府应当放权给社区。❷ 这种社区自治的模式是一种微观层面的公众参与,在地方管理区域内实行自治。而新公共服务模式更注重公民参与,他们认为社区是公民表达意见的重要场所,其主要理论——基础社区理论非常重视社区的建设。行政管理的过程需要政府与公民协作完成,这种协作模式促使公民更多地参与政府行政。就治理理论来看,政府并不是权力的唯一主体,公民及其他组织也是行政行为的参与者,公民参与政府行政是其行使民主权利的体现,而"善治的过程就是一个还政于民的过程,表示政府与社会之间的友好合作,它依赖于公民自愿的合作和对权威的自觉认同,要求公众积极参与"。❸

二、公众参与的基础——公民社会

公民社会的构建从某种程度上说,是为了使公众参与到行政管理过程中来。公民社会为公众参与提供了良好的制度基础,促进了公众参与机制的完善。

1. 公民社会的概念及理论

公民社会的英文为 civil society,又译为市民社会或民间社会。俞可平教授认为公民社会是相对独立于政治国家的民间公共领域,其基础和主体是各种各样的民间组织。公民社会的组成要素是各种非政府和非企业的公民组织,包括公民的维权组织、各种行业协会、民间的公益组织、社区组织、利益团体、同人团体、互助组织、兴趣组织和公民的某种自发组合等。❹ 邓正来教授认为公

---

❶ 陈振明:"评西方的'新公共管理'范式",《中国社会科学》,2000 年第 6 期。
❷ 转引自杨振宏:《当代中国政府转型中的公民参与问题研究》,苏州大学,2010 年。
❸ 俞可平:《治理和善治》,社会科学文献出版社,2000 年版,引论。
❹ 俞可平:"中国公民社会概念分类与制度环境",《中国社会科学》,2006 年第 1 期。

民社会有三种含义。第一种含义，就最低限度的含义来说，只要存在不受制于国家权力支配的自由社团，公民社会便存在了。第二种含义，就较为严格的含义来说，只有当整个社会能够通过那些不受国家权力支配的社团来建构自身并协调其行为时，公民社会才存在。第三种含义是对第二种含义的替代或补充，当这些社团能够相当有效地决定或影响国家政策之方向时，便可称为公民社会。❶ 对于公民社会理论的研究，有两种不同的观点，一种是基于"政治国家—公民社会"的两分法，另一种是"政治国家—经济系统—公民社会"的三分法。前者认为公民社会独立于政治国家的一切社会生活领域和私人领域，而后者认为公民社会应当将政治国家和经济系统排除在外，是介于国家和家庭之间的一种社团领域。公民社会理论最早可以追溯到古希腊罗马时期，随着社会经济的发展，公民社会理论也不断地被重新定义。

(1) 古典公民社会理论。亚里士多德在其著作《政治学》中提出了Politike Koinonia，即政治共同体。这种共同体是"所有共同体中最崇高、最有权威并且包含了一切其他共同体的共同体，所追求的是至善"。❷ 最早"为了种族的延续而存在男人和女人的结合体"❸，而村落的出现则是为了满足生活需求，当物质及精神欲望提高，出于对更加美好的生活的向往，村落组合在一起形成了城邦。亚里士多德主要是从政治角度来界定公民社会，因为他所指的公民不包括所有居住在城邦的人，仅仅包括那些有资格参与城邦议事和拥有审判职务的人。西塞罗深受亚里士多德的影响，他认为存在一种符合正义的法，这种法"与自然相一致，适用于一切人，并且它是恒久而不变的。这种法律，通过命令要求人们履行各自的义务；通过禁条制止人们的违法行为。这种命令和禁条的效力总是及于好人，而对坏人一无影响。通过人类立法的方式以使这一法律无效，在道德上永远是不正当的，甚至限制它的运用也是不允许的，整个地取消它则是不可能的"。❹ 但他又比亚里士多德有所进步，他认为公民不仅包括享有政治权力的人民，还包括一般的平民。西塞罗所主张的公民社会不

---

❶ J·C·亚历山大、邓正来：《国家与市民社会——一种社会理论的研究路径》，中央编译出版社，1999年版，第6-7页。
❷ 亚里士多德：《政治学》，颜一、秦典华译，中国人民大学出版社，2003年版，第1页。
❸ 亚里士多德：《政治学》，颜一、秦典华译，中国人民大学出版社，2003年版，第2页。
❹ 转引自李佃来："古典市民社会理念的历史流变及其影响"，《武汉大学学报》（人文科学版），2007年第5期。

仅包括国家政治社会本身，还将政府运转与社会文化囊括在内。

（2）中世纪的公民社会理论。中世纪对于公民社会理论进行研究的主要是社会契约论者。卢梭认为国家权力的唯一合法性来源是公意，并认为公意永远是正确的，他提倡直接民主，认为"人民必须亲自参与法律和各种决策的制定，法律和政策都应当以'公意'作为唯一的基础，在这样的条件下，人民通过服从自己为自己制定的法律就可以获得自由"。❶ 而在洛克看来，自然状态是一种"尽管自由却经常充满着恐惧和危险的状况"，而人们对于自由与安全的渴望，促使他们愿意通过契约建立国家，通过协作来保障生命和财产。"政治社会起源于自愿的结合及人们自由地选择他们的统治者和政府形式的相互协议。"❷ 人们在自愿结合建立国家后，又设立了法律。洛克认为国家权力应当分为立法权、行政权和对外权，这三种权力互相制衡。他赋予了法律神圣的权威，他认为"法律按其真正的含义而言与其说是限制还不如说是指导一个自由而有智慧的人去追求他的正当利益，它并不在受这法律约束的人们的一般福利范围之外做出规定。假如没有法律他们会更快乐的话，那么法律作为一件无用之物自己就会消灭；……法律的目的不是要废除或限制自由，而是要保护和扩大自由。这是因为在一切能够接受法律支配的人类的状态中，哪里没有法律，哪里就没有自由。这是因为自由意味着不受他人的束缚和强暴，而哪里没有法律，哪里就不可能有这种自由"。❸

（3）现代公民社会理论。随着社会经济的发展，国家行政职能不断扩张，国家对公民的干预加强，公民社会理论的研究也进一步深化。黑格尔将公民社会与国家政治区别开来，他将法哲学分为三个部分：法、道德和伦理，他认为意志自由的实现应当经过家庭、公民社会和国家三个环节。在家庭环节，一个人的思想和身体方面在这里得到"爱"的形塑，成长为一个成年人。而家庭则在子女经教养而成为自由的人并有能力拥有自己的自由之后解体。第二个环节即公民社会。在公民社会，每个人都是独立并互相依赖的，其准则是"利己"。因此，在这个阶段，个人可能为了自己心中的欲望而丧失伦理精神。于是，就有了第三个环节，即国家。"国家的理念具有：①直接现实性，它是作

---

❶ 卢梭：《社会契约论》，何兆武译，商务印书馆，2003年版，第64页。
❷ 洛克：《政府论》（下篇），叶启芳、瞿菊农译，商务印书馆，1964年版，第63页。
❸ 洛克：《政府论》（下篇），叶启芳、瞿菊农译，商务印书馆，1964年版，第35-36页。

为内部关系中的机体来说的个别国家——国家制度或国家法；②它推移到个别国家对其他国家的关系——国际法；③它是普遍理念，是作为类和作为对抗个别国家的绝对权力——这是精神，它在世界历史的过程中给自己以它的现实性。"❶ 黑格尔所主张的公民社会是"一种与家庭关系和公民关系相区别的社会关系样式及其所代表的社会联合体。在此联合体中，人的个性得到了解放，每一个人都作为一个独立的人格而存在，按自己的独立意志行事，为自身的特殊利益奋斗"。❷ 而马克思认为公民社会是基于物质交往关系而产生的，"市民社会包括各个人在生产力发展的一定阶段上的一切物质交往，它包括该阶段的整个商业生活和工业生活"。❸

(4) 当代公民社会理论。当代对于公民社会理论研究的集大成者是尤尔根·哈贝马斯，他是新马克思主义的代表人物。研究前期，他将社会结构分为两个部分，一部分是公共权力领域，主要是政治国家；另一部分是私人自治领域，即公民社会。私人自治领域又可分为经济领域和社会文化生活公共领域。经济领域是社会文化生活公共领域的基础，而社会文化生活公共领域是公民社会的主要场所，在"实际承担了市民社会从重商主义乃至专制主义控制之下获得政治解放的语境当中的一切功能"。❹ 在社会文化生活公共领域，公民参与到政府运转过程中，使公民拥有社会认同感，同时也保障了自身权益。而研究后期，哈贝马斯更加倾向于用公社团体来描述公民社会，他认为"构成公民社会建制核心的，是一些非政府的、非经济的联系和自愿联合，它们使公共领域的交往结构扎根于生活世界的社会成分之中。组成市民社会的是那些或多或少地出现的社团、组织和运动，它们对私人生活领域中形成共鸣的那些问题加以感受、选择、浓缩，并经过放大以后引入公共领域。旨在讨论并解决公众普遍关切之问题的那些商谈，需要在有组织的公共领域的框架中加以建制化，而实现这种建制化的那些联合体，就构成了市民社会的核心"。❺ 他将社会体

---

❶ 黑格尔：《法哲学原理》，范扬、张企泰译，商务印书馆，1961 年版，第 259 页。
❷ 伍俊斌：《公民社会建构的基础理论研究》，中共中央党校，2007 年。
❸ 马克思、恩格斯：《德意志意识形态》（节选），载《马克思恩格斯选集》第 1 卷，人民出版社，1995 年版，第 130 – 131 页。
❹ 哈贝马斯：《公共领域的结构转型》，曹卫东、王晓珏、刘北城、宋伟杰译，学林出版社，1999 年版，第 59 – 60 页。
❺ 哈贝马斯：《在事实与规范之间——关于法律和民主法治国的商谈理论》，童世骏译，生活·读书·新知三联书店，2003 年版，第 453 – 454 页。

系分为三部分，即政治体系、经济体系和文化体系。他将"生活世界"（life world）引入公民社会理论，并将其作为公民社会的主要部分。

2. 公民社会与公众参与

"公民社会是政府善治和公民参与的社会背景，没有一个健全和发达的公民社会，就不可能有广泛的公民参与。"❶ 公民社会为公众参与的发展提供了外部环境和制度基础，而公众参与则是公民社会构建的重要方式。

首先，公民社会为公众参与提供了良好的制度环境。公民社会是处于国家和家庭之间的一个领域，公民社会的发展需要一个良好的制度环境，即建立有限政府。与有限政府相对的是全能政府，全能政府与有限政府的区别在于：一个政府在权力、职能、规模和运行上是否受到来自法律的明文限定，是否自愿公开接受社会的监督和制约，政府在逾越其法定边界时，是否能得到及时有效的纠正。全能政府是指政府自身在职能、权力、规模和运行方式上具有无限扩张、不受法律和社会有效制约倾向的政府模式。❷ 有限政府奉行法治精神，将政府权力运行过程纳入法治规范的范畴，使政府权力受到法律的理性规范的约束；在政府职能方面，实现了从管制型政府向服务型政府转变，将公民权利的实现作为行政管理的主要目标，按照法律法规的规定实施行政行为。有限政府是一种自由主义的国家观，公民社会的发展势态在于构建有限政府。全能政府将权力集中于中央，干涉经济市场的运作，无益于建设公民社会。而有限政府主张权力主体多元化，政府不是唯一的权力主体，公民、社团和民间组织也是权力主体。有限政府理念主张限缩政府职能和权力主体多样化，为公众参与制度的构建创建了良好的制度环境。

其次，公民社会为公众参与提供了多元化的渠道和途径。公民社会的构成要素不是单一的，包括私人领域、民间组织、公共领域和社会运动。公民社会导致民间组织大量涌现，这些民间组织被视为公民社会的主体。民间组织是一种非营利性的社团，是有着共同利益的公民自愿组织在一起的。俞可平教授认为民间组织有四个方面的显著特点，其一是非政府性，即这些组织是以民间的形式出现的，它不代表政府或国家的立场；其二是非营利性，即它们不把获取利润当作生存的主要目的，而通常把提供公益和公共服务当作主要目标；其三

---

❶ 俞可平：《中国公民社会的兴起与治理的变迁》，社会科学文献出版社，2002年版，第195页。
❷ 伍俊斌："从全能政府走向有限政府"，《企业导报》，2009年第11期。

是相对独立性，即它们拥有自己的组织机制和管理机制，有独立的经济来源，无论在政治上、管理上，还是在财政上，它们都在相当程度上独立于政府；其四是自愿性，参加公民社会组织的成员都不是被迫的，而完全是自愿的。❶ 公民社会的发展为公民在私人领域获得自由提供了条件，公民个体的参政意识增强。而民间组织的大量出现，促使人们的利益组织化。公民参与不仅表现为个人的参与，还表现为组织参与。行政决策的过程即各种利益相互协调的过程，而相对于个人，组织拥有更好的资源和能力参与到行政管理过程中。此外，"那些组织化的、集中的利益主体往往能够对政策制定过程施加有效的影响，从而使政策的制定反映出对这些特定利益的'偏爱'"。❷ 民间组织的良性发展，将公民权利和意见集合在一起，使公民在行政管理过程中获取了更多话语权。

三、公众参与机制研究

公众参与并不是一种单纯的政治口号，而是构建法治政府和程序正义的必然要求。广泛的公众参与需要以配套的民主制度和完善的法制为基石，公众参与应当发展成为一种规范化的制度，需要相关的法律法规保障这一制度的良性运行。因此，要在行政管理过程中引入公众参与，就应当对公众参与进行制度化的构建。

1. 公众参与的主体

公众参与行政管理过程不仅包括以个人的形式参加，还包括组织化的形式，甚至以群体化的形式参与行政管理。

（1）个人参与。关于个体参与民主决策，古典自然法学家认为个体性的公众参与是民主的首要表现。柏拉图认为理想国的国王应当由"哲学王"担任，国王应当集真善美于一身。亚里士多德在《政治学》中提倡应当让公民参与议事和审判事务。而卢梭则主张直接参与式民主，认为人民作为一个整体，直接地、在场地参与和决定，是政治统治合法性的基础。我国《宪法》第2条规定，"中华人民共和国的一切权力属于人民。人民依照法律规定，通过各种途径和形式，管理国家事务，管理经济和文化事业，管理社会事

---

❶ 俞可平：《中国公民社会概念分类与制度环境》，《中国社会科学》，2006年第1期。
❷ 王锡锌：《公众参与和行政过程——一个理念和制度分析的框架》，中国民主法制出版社，2007年版，第77页。

务"。《宪法》第41条规定,"中华人民共和国公民对于任何国家机关和国家工作人员,有提出批评和建议的权利;对于任何国家机关和国家工作人员的违法失职行为,有向有关国家机关提出申诉、控告或者检举的权利,但是不得捏造或者歪曲事实进行诬告陷害"。《宪法》以最高法律规范的形式规定了公民参与行政事务的权利。而在实践中,个人参与主要是通过投票、信访以及作为行政行为当事人一方参与行政管理过程,以个案的方式实现行政参与。

(2) 组织参与。一般而言,囿于社会发展水平、公民自身法律素养等因素,个体参与的发展存在许多障碍。首先,相对于拥有强势公权力的行政机关而言,在行政信息和行政权力方面公民处于"劣势"。其次,考虑到参与的经济成本和法律成本,公民可能放弃参与的机会和权力。"搭便车"❶的心理使得个体自利的一面凸显,因此组织参与主要是利益集团的参与。利益集团是因相同的利益而联结在一起的公民团体,在《联邦党人文集》中,詹姆斯·麦迪逊对利益集团进行了阐述,他认为利益集团"就是一些公民,不论是全体公民中的多数或少数,团结在一起,被某种共同情感或利益所驱使,反对其他公民的权利,或者反对社会永久的、集体的利益"。❷ 利益集团具有组织性、群体性、自愿性、非政府性等特点,根据其活动目标的不同可以分为经济性利益集团和非经济性利益集团。经济性利益集团是为了表达某些特定群体的经济利益诉求而专门组建起来的,如各经济团体、行业协会等。非经济性利益集团的一个突出特点是它们本身及其成员并不从他们的活动中得到直接的物质利益,而多以维护或实现社会成员的政治或社会权益为宗旨❸,如环境保护组织、消费者权益保护协会、残疾人联合会等。随着我国社会利益多元主义和利益主体组织化的迅速发展,我国利益集团发展态势良好。根据民政部的统计,截至2002年年底,全国共登记社会团体13.3万个,其中全国性及跨省、自治区、直辖市的社团1712个,省级及省内跨地(市)域活动的社团20069个,

---

❶ "搭便车"现象是由美国经济学家曼柯·奥尔逊在1965年出版的《集体行动的逻辑:公共利益和团体理论》(The Logic of Collective Action Public Goods and the Theory of Groups)一书中对集体行动困境的描述。其中心论点是:一些人需要某种公共财产,但事先宣称自己并无需要,在别人付出代价去取得后,他们就可不劳而获地享受成果,反映了公共物品的集体性使得一些人不付成本而坐享他人成果之利。

❷ 汉密尔顿、杰伊、麦迪逊:《联邦党人文集》,程逢如等译,商务印书馆,1980年版,第45页。

❸ 程浩、黄卫平、汪永成:"中国社会利益集团研究",《战略与管理》,2003年第4期。

地级及县以上活动的社团 52386 个。至于县级以下的社团以及没有登记的（包括以网络形式存在的）利益集团，保守估计有 300 万个。❶ 社会利益集团的快速发展，促使更多的公民以组织的形式参与行政事务，进而促进了民主政治的发展。利益集团参与行政事务主要是通过向人大或政协提案、精英人员的影响、集体行动施压、新闻媒介宣传、渗入选举等方式来实现。

（3）群体参与。群体参与是指一定范围的社会利益群体通过社会组织或以临时集结的方式进行的公众参与活动。❷ 广义的群体参与包括组织参与和临时集结的公众参与，而狭义的群体参与仅指后者。群体参与有别于群体性事件，群体参与是公民寻求自身权益实现的合法途径，而群体性事件是一种在较短时间内突然爆发的一部分群众与另一部分群众之间、一部分群众与领导部门之间、一部分群众与企事业单位之间的冲突和对抗。❸ 群体参与是疏导利益冲突的一种解决方式，而群体性事件则使得社会矛盾在范围和规模上不断扩大，对社会稳定和公共秩序产生的危害极大。要预防群体参与向群体性事件的转变就要规范参与过程，加强社会事件信息的公开。

2. 公众参与权利

就权力主体而言，公民作为国家的主人，有权对行政机关的行政行为进行监督。而且，行政机关的行政行为涉及公共利益和行政相对人的利益，公民也有权参与到行政管理的过程中。公民的参与权主要包括三种：一是事前参与权。公民在行政行为发生前享有申请权、建议权、请求权等方面的权利。申请权是公民向特定的行政机关提出请求的权利，如申请颁发许可证和营业执照。建议权是我国《宪法》第 41 条规定的关于批评建议权这一宪法权利的具体化，是指公民向国家机构或国家公职人员提出有关改进国家机关工作，促进政治、经济、文化和社会发展的意见、倡议和方案等的权利。而请求权是公民直接向有关国家机关提出要求履行相关义务以保障其权益的权利，如请求行政赔偿。上述申请权、建议权和请求权都是行政事务发生之前的权利，是由公民发起的一种权利请求，并不以行政机关实施相关行政行为为前提。二是事中权利。公民在行政管理过程中的参与权，主要是知情权和表达权。知情权是宪法

---

❶ 转引自汪永成、黄卫平、程浩："社会利益集团政治化趋势与政府能力建设"，《武汉大学学报》（人文科学版），2005 年第 1 期。

❷ 麻宝斌、马振清："新时期中国社会的群体性政治参与"，《政治学研究》，2005 年第 2 期。

❸ 孟庆英："论群体性事件的诱因及预防"，《理论探索》，2006 年第 6 期。

和法律规定的公民享有的一项基本权利，又称知悉权、获悉权等，指个人和组织依法享有的知悉并获取与自身利益相关的各种信息的自由与权利，包括获知行政管理信息、了解行政过程、查阅行政执法案卷的权利。行政机关应当告知行政相对人其享有的权利，公民对行政过程所涉及的相关文件和法律法规有权知晓，并有权查阅相关卷宗材料，以维护自身的合法权益。表达权是指行政相对人和相关人为了维护自身的合法权益而参与到行政程序过程中，就涉及的事实和法律问题公开阐明自己的主张，从而参与并影响行政过程的程序性权利，主要包括陈述权、申辩权、听证权等。❶ 公民有权对案件事实进行陈述，对不利己的案件情况和证据进行申辩，有权参与涉及自身利益的听证会。三是事后权利。公民在行政行为做出之后享有的权利主要是防御权和监督权。防御权既包括公力救济，也包括私力救济。公民的监督权是一种积极的权利，主要是指私力救济。公民有权就行政机关做出的行政行为向行政机关提起申述，或向行政复议机关提出复议，或向法院提起行政诉讼。公民还可以针对行政机关的不法行政行为实施抵抗权并提起行政赔偿。公民也可以对行政机关的行政行为进行监督，促使行政机关实现依法行政。

3. 公众参与方式

公民参与方式是公民借以进入政策过程，影响或决定政策制定和执行的具体途径或手段，主要表现为公民与政府在行政管理过程中协作治理所采取的制度化、合法化的参与方式和策略。对公众参与方式的分析，笔者将采用公众参与二分法，将公众参与分为制度性参与和非制度性参与。

（1）制度性参与。所谓制度性参与是指按照法律法规规定的合法途径参与行政管理的参与方式。制度性参与主要包括：①信访，根据我国《信访条例》，信访是指公民、法人或者其他组织采用书信、电子邮件、传真、电话、走访等形式向有关机关反映情况，提出建议、意见或者投诉请求。信访制度在建立之初是为了解民意，监督行政机关，而随着司法公信力的下降，出现了越级上访和集体上访的现象，这种"信访不信法"的现象一方面给行政机关和司法机关的工作带来了极大的障碍，另一方面也削弱了信访这一原初参与方式的合法性地位。②选举，我国《宪法》对公民的选举权做出了宪法性的保障。选举是公民参与行政管理最直接的方式，公民选出自己认可的代议制机关工作

---

❶ 李卫华：《行政参与主体研究》，法律出版社，2012年版，第146页。

人员，代表自己的利益实施行政管理。❶ ③咨询和调查。咨询主要是关键公众接触，即指政府通过小型会议或电话访谈等方式，向重要的公民团体领导人或商界首脑了解情况，征询意见。❷ 这种方式主要是由政府发起的针对一些技术性、专业性的问题进行咨询。调查主要是针对公民群体的社会调查，主要采用问卷调查的形式，即通过纸质问卷和网络问卷针对公共服务质量和具有广泛性的问题进行调查，获取相关信息。④听证会，听证包括重大公共政策规划听证和一般听证。重大公共政策规划往往会对较大范围内的公民的身体及生活造成重大的影响。因此，政府在实施某项重大公共工程和规划之前应当先进行规模较大的公民听证。有利害关系的公民或公民代表参与公民听证，发表自己的意见和建议，如价格听证、规划听证。而一般听证的参加者主要是行政行为的相对人或者其他人数较少的有利害关系的公民，如行政处罚听证、行政许可听证。

（2）非制度性参与。非制度性参与是一种与法律规定相悖的参与方式。非制度性参与方式的出现是国家经济发展过程中政府过多干预导致的结果，主要表现为街头政治和群体性事件。街头政治的首要特点是无组织性，或者说是无组织化政治力量的活动，尽管每次活动都有主导者。❸ 街头政治的另一个重要表现是其宣扬口号的空洞，其主要的活动主题多数是要求实现自由民主，没有具体的利益目标。群体性事件主要是弱势群体争取利益的一种集体行动。"在贫富差距巨大的社会里，正规的利益表达渠道很可能由富人掌握，而穷人要么是保持沉默，要么是采取暴力的或激进的手段来使人们听到他们的呼声。"❹ 群体性事件的发生与社会利益多元化和利益分配不均等因素有着密切联系，这种非制度性的参与方式应当尽力避免。

---

❶ 广泛意义上的公众参与包括选举这一规范性制度。而我国一些学者提出公众参与作为一种新生的民主制度，不同于代议制民主制度，不应当包括选举这种政治性的参与。详见蔡定剑："公众参与及其在中国的发展"，《团结》，2009年第4期。
❷ 孙柏瑛："公众参与形式的类型及其适用性分析"，《中国人民大学学报》，2005年第5期。
❸ 杨光斌："公民参与和当下中国的治道变革"，《社会科学研究》，2009年第1期。
❹ 阿尔蒙德：《比较政治学：体系、过程和政策》，曹沛霖等译，上海译文出版社，1987年版，第230页。

第二节 公众参与行政许可执法制度

公众参与的出现是民主理论和民主政治发展的结果。民主理论的进一步发展确定了民主政治的三个必要条件，即"人民同意的政府"（consent of the governed）、有见识的公众（informed citizenry）和有效的公众参与系统（an effective system of public participation）。❶ 民主理论从古典的民主理论（即古代雅典的古典民主、共和主义民主、自由主义民主和马克思主义民主）演变为现代的民主理论，民主理论的基础也从直接民主转变为代议制民主。而近年来，古典民主理论开始复兴，参与式民主理论开始兴起。参与式民主理论的核心概念是公民参与，强调公民的政治参与，主张通过公民对公共事务的共同讨论、共同协商、共同行动解决共同体的公共问题。这是参与式民主的根本特征，它区别于代议制民主中公民只是在投票、选举中进行参与。❷ 一方面，公众参与行政许可执法、了解行政机关确认许可的过程，可以维护自身的合法权益；另一方面，公众参与到行政许可执法过程中，可以提高公众对于行政决策的接受度，进而为行政许可的实施提供合法性基础。

一、公众参与行政许可执法的必要性

从理论上来看，公众参与制度起源于民主理论，是建设法治政府、实现程序正义的应有之义。在实践中，公民参政议政的积极性不断高涨，并通过各种形式和途径参与到行政管理过程中。我国宪法、法律对公众参与制度做出了规定，为公众参与行政许可执法提供了法律基础。而公众参与到行政许可执法过程中，在程序上完善了行政执法制度，有利于形成公民与行政机关在执法领域的良性互动。

1. 公众参与行政许可执法的宪法基础

"宪法的核心目标是为一个运转良好的民主秩序创造前提，在这个民主秩

---

❶ 转引自朱海波："论中国行政决策程序中公众参与的理论脉络、宪法基础和立法原则"，《甘肃行政学院学报》，2013年第2期。

❷ 陈炳辉、韩斯疆："当代参与式民主理论的复兴"，《厦门大学学报》（哲学社会科学版），2008年第6期。

序中，公民能够真正实现自我管理（self-government）。"❶《宪法》作为最高法律规范，规定了公民享有的广泛的权利和国家职能部门的职权。《宪法》要创造一个运转良好的民主秩序，保障公民的宪法权利，就应当将国家管理与公民自主管理结合起来。公众参与行政许可执法即是为了保障一种运转良好的民主秩序，其宪法依据主要体现在以下几个方面：①人民主权原则。我国《宪法》第2条规定了国家一切权力属于人民。人民依照法律规定，可以通过各种途径和形式，管理国家事务，管理经济和文化事业，管理社会事务。人民主权原则赋予了人民权力的主体地位，人们可以参与到行政事务中行使这项权力。②人权保障原则。2004年对我国《宪法》进行修改时，将"尊重和保障人权原则"写入其中。人权是人基于其自然属性和社会本质所应当享有的权利，包括政治人权和民事人权。我国《宪法》规定了公民享有各项基本权利，公民可以参与到行政管理过程中以更好地维护自己的权利。③民主监督原则。我国《宪法》第27条第2款规定：一切国家机关和国家工作人员必须依靠人民的支持，经常保持同人民的密切联系，倾听人民的意见和建议，接受人民的监督，努力为人民服务。根据卢梭的理论，他认为国家的产生来源于公民权利的让渡，"我们每个人都以其自身及其全部的力量共同置于公意的最高指导之下，并且我们在共同体中接纳每一个成员作为全体之不可分割的一部分"。❷公民的合意是国家行政机关公权力的来源，国家行政机关执行职权的行为，其根本目的在于维护公民的权益，为公民服务。公民有权获取政府行政管理的信息，监督行政机关的行政行为。

2. 公众参与行政许可执法的功能

行政许可是一种程序性的权利，作为一种行业或者资格准入的规制，行政许可是国家一种必要的"恶"，对行政许可进行规制可以更好地保障公民的权益。传统意义上的政府行政信奉威尔逊的"政治与行政两分法"和韦伯的官僚制理论，即行政问题不同于政治问题，在管理模式上强调官僚制、国家行政机关与公民相分离。"这种强调效率的管理模式带来的问题就是国家行政机关和公民关系的异化。行政机构的过分强大使公民与政府之间的距离越来越大，公民与政府处于一种陌生和相互不了解的状态，行政机构长期置于公民之上，

---

❶ 凯斯·R·孙斯坦：《设计民主：论宪法的作用》，金朝武等译，法律出版社，2006年版，第5页。
❷ 卢梭：《社会契约论》，何兆武译，商务印书馆，2003年版，第20页。

公民对政府决策只有服从的义务，而没有参与决策的事实。这种异化的状态不仅损害了公民的利益，也容易导致公民政治冷漠和消极的社会行为，进而使政府的政策实施失去效应。"❶ 行政法模式的转变，使得行政机关更加关注柔性行政，参与式行政开始兴起。将公众参与吸收到行政许可过程中，能够更好地完善行政许可执法制度和切实保障公民的权益。

（1）公众参与有利于行政相对人在行政许可执法过程中切实维护自身合法权益。在民主国家，公民的各项权利得到普遍认可。国家公权力来源于公民权利的让渡，行政机关行使公权力、做出行政行为的最终目的是实现公民的各项权利，这是公权力的合法性来源。而行政许可就是行政机关为公民创设财产权或自由的"构成性事实"❷，行政许可的结果是创设法律权利或自由。❸ 行政许可所创设的权利是一种财产性权利，公民想要拥有这项权利应当符合国家设定的条件。公众参与行政许可执法过程，必然要求行政机关公开设定许可的理由、许可的条件及其他相关行政许可信息。作为权利的主人，公民直接参与行政许可执法过程，可以更加有效地维护自身权利和自由。

（2）公众参与有利于加强行政相对人对行政政策、行政决策的理解，保证行政政策的实施和行政决策的有效运行。公民参与行政许可执法不是无缘之权利，我国《宪法》《行政许可法》对于公民的参与权做出了规定。为保障公民的实际参与权，行政机关应当主动公开行政许可相关信息，公民可以通过网络或者其他方式查询行政机关的行政许可决定。对于涉及自身利益的相关许可公民有权要求听证，表达自己的意见和建议。对于行政许可的实施和监督管理过程，公民也有权进行监督。公民参与行政许可执法的过程，实现了行政机关的行政信息和行政决策的公开化、透明化。"阳光是最好的防腐剂"，公民参与了从行政许可设定到最后的监督实施过程，会对整个行政许可执法的过程了然于心，这将提高公民对行政机关做出的行政许可决定的可接受度。

---

❶ 卢雷："宪政治理与公民参与"，《江南大学学报》（人文社会科学版），2004年第1期。
❷ "构成性事实"也称组构性事实、因成性事实或处置性事实，是根据适用的一般法律规则足以改变法律关系，即创设一个新的法律关系或消灭一个旧的法律关系或同时具有上述两种作用的事实。详见陈端洪："行政许可与个人自由"，《法学研究》，2004年第5期。
❸ 陈端洪："行政许可与个人自由"，《法学研究》，2004年第5期。

（3）公众参与有利于加强对行政许可的设定和实施进行监督，进而有效地遏制公权力的腐败问题。孟德斯鸠曾说过：一切有权力的人都容易滥用权力，这是万古不易的一条经验，有权力的人们使用权力一直到遇有界限的地方才停止。❶ 权力本身就带有特权，极易腐蚀人心。从历史发展来看，对权力的制约主要包括三种方式：①以权力制约权力，主要是通过两种方式，一是较高级别的权力制约级别较低的权力，二是平级的不同权力之间相互制约。②以道德制约权力。郭道晖认为道德具有强制力，道德强制力也就是道德权力，它可以借助其有形无形的压力，迫使人们履行道德义务，或者受到道德的惩罚。❷ 道德对国家权力的约束主要是依靠权力的道德自律和权力的道德他律，掌握权力的国家机关工作人员自己的良心促使他们按照授权目的行使行政权，而道德法律化规范了行政人员的行为，公民和其他组织也可依据道德形成一种社会权力对公权力进行监督。③以权利制约权力。在现代法治国家，公民享有各项权利。公民作为权利的主体，有必要为了维护自身的合法权益参与到行政机关的行政管理过程中监督行政机关。以行政许可中的特许经营为例，一些高权益的公用事业被国家所垄断，而民主社会的发展使得市场竞争成为推动经济社会发展的主要方式。国家将这些公用事业的经营权让渡出来，由社会经营团体公平竞争，但最后的选择权在国家手中。因此，公民都期望参与到特许经营权的设定和决定过程中，在程序和条件公平的基础上平等竞争。公众对行政许可的设定和实施过程的参与在某种程度上监督了公权力的行使。"公众参与的行政程序可以为政府提供一个廉价的纠错机制，像听证会、论证会一类程序不仅可以揭露行政行为的违法和不当，促使其及时纠正，而且因程序的公开性对公权力的腐败和滥用形成震慑力。"❸

二、公众参与行政许可执法的内容

《行政许可法》中公众参与的条款主要有行政许可信息公开、行政许可听证和行政许可监督这三个方面。《行政许可法》中涉及公众参与的条款见表1：

---

❶ 孟德斯鸠：《论法的精神》，何兆武译，商务印书馆，2003年版，第154页。
❷ 郭道晖："道德的权力和以道德约束权力"，《中外法学》，1997年第4期。
❸ 姜明安："行政程序：对传统控权机制的超越"，《行政法学研究》，2005年第4期。

第五章 公众参与行政许可执法制度研究

表1 《行政许可法》中涉及公众参与的条款

类别	条款	内容
行政许可信息公开	第5条第1款和第2款	设定和实施行政许可，应当遵循公开、公平、公正的原则。有关行政许可的规定应当公布；未经公布的，不得作为实施行政许可的依据。行政许可的实施和结果，除涉及国家秘密、商业秘密或者个人隐私的外，应当公开
	第30条第1款	行政机关应当将法律、法规、规章规定的有关行政许可的事项、依据、条件、数量、程序、期限以及需要提交的全部材料的目录和申请书示范文本等在办公场所公示
	第33条	行政机关应当建立和完善有关制度，推行电子政务，在行政机关的网站上公布行政许可事项，方便申请人采取数据电文等方式提出行政许可申请；应当与其他行政机关共享有关行政许可信息，提高办事效率
	第40条	行政机关做出的准予行政许可决定，应当予以公开，公众有权查阅
	第61条第3款	行政机关应当创造条件，实现与被许可人、其他有关行政机关的计算机档案系统互联，核查被许可人从事行政许可事项活动情况
行政许可听证	第46条	法律、法规、规章规定实施行政许可应当听证的事项，或者行政机关认为需要听证的其他涉及公共利益的重大行政许可事项，行政机关应当向社会公告，并举行听证
	第48条第1款	行政机关应当于举行听证的七日前将举行听证的时间、地点通知申请人、利害关系人，必要时予以公告
行政许可监督	第65条	个人和组织发现违法从事行政许可事项的活动，有权向行政机关举报，行政机关应当及时核实、处理

1. 行政许可信息公开

行政信息公开是公民参与权有效行使的前提条件，公众参与权利只有在充分了解行政管理过程的每个环节的信息基础上才能充分地得以实现。从国家权力来源上说，"行政机关所享有的一切行政权力，均直接源于人民的权力和宪法的授权；基于此，行政机关行使一切行政权力的目的只能是更好地维护人民的权力，并全心全意为人民服务；也正是由于宪法的授权，才使行政机关行使行政权具有了合法的基础"。[1] 从公民权利方面来说，《宪法》赋予了公民知情

---

[1] 韩大元、姚西科："试论行政机关公开公共信息的理论基础"，《河南省政法管理干部学院学报》，2001年第2期。

权,公民有权知悉并取得有关行政许可的法律规定、条件、标准、数量要求,及拒绝许可或撤销、中止许可的理由等信息。信息公开是政府享有公权力的必然要求,政府有义务公开自己的活动情况即政府在行使管理权过程中形成的各种信息。从另一角度而言,公民享有知情权,有权知悉并取得行政机关的文件、档案资料和其他行政信息。"在民主社会,公众有知道和被告知政府在做什么以及为什么要那样做的基本权力。保密是具有腐蚀性的,它与民主的价值背道而驰,并且制约了民主的进程。它是建立在治理和被治理者之间互不信任的基础之上的。同时,它又使互不信任更加恶化。"❶

(1)行政许可信息公开的范围。"一个民主的政府,如果没有民主的信息或没有获取信息的方式,只能是一场闹剧或一个悲剧或两者皆是。"❷《行政许可法》第5条列明了行政许可信息公开应遵循"公开为原则,不公开为例外",明确规定了"有关行政许可的规定应当公布;未经公布的,不得作为实施行政许可的依据。行政许可的实施和结果,除涉及国家秘密、商业秘密或者个人隐私的之外,应当公开"。行政许可信息的获取可以通过两种方式:一是国家行政机关主动公开相关的行政许可信息,主要包括:①行政许可设定条件及过程的公开。行政许可是对公民财产性权利和行为自由的一种限制或者准入制度,涉及公民的财产权、自由权。因此,行政许可的设定应当审慎进行,不得侵害公民的合法权益。行政许可的设定应当遵循公开、公平、公正的原则,行政许可设定的各种条件应当向社会公众公布。②行政许可实施过程的公开。公民申请行政许可之前,行政机关应当向申请人提供行政许可申请书格式文本。并且行政机关应当将法律、法规、规章规定的有关行政许可的事项、依据、条件、数量、程序、期限以及需要提交的全部材料的目录和申请书示范文本等在办公场所进行公示。行政机关应当建立和完善有关制度,推行电子政务,在行政机关的网站上公布行政许可事项。③行政许可决定的公开。行政机关做出的准予行政许可决定,应当予以公开,公众有权查阅。二是公民申请行政机关公开的信息。《行政许可法》对公民申请公开的信息没有做出具体的规定。但根据《政府信息公开条例》第13条的规定:"除本条例第9条、第10

---

❶ 转引自侯琦:"论信息不对称对政府信用的影响",《东北大学学报》(社会科学版),2004年第3期。

❷ 参见麦迪逊于1822年8月2日致W·T·巴里的信。

条、第 11 条、第 12 条规定的行政机关主动公开的政府信息外，公民、法人或者其他组织还可以根据自身生产、生活、科研等特殊需要，向国务院部门、地方各级人民政府及县级以上地方人民政府部门申请获取相关政府信息。"因此，对于行政许可设定以及行政许可决定的相关信息，公民可以申请公开，不仅限于行政许可的申请人。

（2）行政许可信息公开的排除范围。行政许可信息公开遵循"公开为原则，不公开为例外"，行政许可信息涉及商业秘密和个人隐私时，一般不予公开。商业信息并不是全部属于保密的范畴，以特许经营为例，招标文件的潜在投标人的名称、数量，投标人的投标文件，包括投标价格、方案以及可能影响公平竞争的有关招标投标的其他情况均属于商业秘密，不得公开，而招标人、招标代理机构、招标项目、招标条件、招标公告、中标人等则属于一般信息，可以主动公开或依申请公开。❶

我国《行政许可法》对行政许可信息公开的范围和方式做出了规定，这有利于申请人和利害关系人参与到行政许可过程中。但是我国行政许可信息公开仍存在许多问题。首先，《行政许可法》中没有对行政机关公开行政信息的义务和责任做出规定。我国《行政许可法》明文规定对于行政许可的设定信息和申请行政许可的信息都应当公开。但通观该法全文，并没有对行政机关不公开这类信息所应承担的责任做出规定。其次，《行政许可法》没有建立公众申请行政许可信息公开的救济机制。《行政许可法》规定公众有权查阅行政许可相关卷宗材料，但没有规定公民是否有权申请行政机关公开相关的行政许可信息。最后，对行政许可信息公开的方式的规定存在欠缺。《行政许可法》第 30 条规定了行政机关应当将法律、法规、规章规定的有关行政许可的事项、依据、条件、数量、程序、期限以及需要提交的全部材料的目录和申请书示范文本等在办公场所公示。该法第 33 条规定行政机关应当建立和完善有关制度，推行电子政务，在行政机关的网站上公布行政许可事项，方便申请人采取数据电文等方式提出行政许可申请；应当与其他行政机关共享有关行政许可信息，提高办事效率。《行政许可法》规定对于行政许可信息公开的方式主要是办公场所和电子政务。办公场所作为政府机关办公区域，具有封闭性。电子政

---

❶ 杨晓丹："论行政许可类政府信息公开范围的界定"，《山东科技大学学报》（社会科学版），2011 年第 5 期。

务即行政机关在网站上公布行政许可事项,行政机关对于公布的信息具有较大的裁量权,且怠于公开行政信息并不会引致相关责任。因此,《行政许可法》对行政许可信息的公开方式的规定并不能确保公民简便有效地获取行政许可信息。

2. 行政许可听证

听证制度源于英国的"自然公正原则",包括两个最基本的程序规则:即任何人或团体在行使权力时若可能使别人受到不利影响必须听取对方意见,每一个人都有为自己辩护和防卫的权利;任何人或团体不能作为自己案件的法官。听证权即在行政许可机关做出对行政相对方不利的行政行为之前,相对方所享有的陈述自己的意见和与行政许可机关进行辩论的权利。听证制度的概念包含三个层次:首先,听证是一项重要的法律制度,它不仅仅是一种程序,而是程序法中的一项法律制度;其次,听证是法律所设定的一项具体的涉及立法、行政、司法领域的活动程序;再次,听证是利害关系人的一项重要权利,体现在国家机关应当给利害关系人发表意见、提供证据的机会,并听取其意见和接受证据。❶ 我国对于行政许可听证的规定主要是在《行政许可法》和部门规章中。部门规章对行政许可听证的规定主要包括:2004年7月1日实施的《环境保护行政许可听证暂行办法》《农业行政许可听证程序规定》和《建设行政许可听证工作规定》;2004年10月1日施行的《财政机关实施行政许可听证办法》;2006年2月1日实施的《海关行政许可听证办法》;2006年5月24日颁布的《水行政许可听证规定》;2008年10月1日施行的《林业行政许可听证办法》。

公众参与行政许可听证主要包括两个方面的内容:一是告知和公告,行政机关应当告知相对人其享有的听证权利,并将听证日期及地点告知相对人。告知和公告制度保证了许可申请人和利害关系人有充足的时间准备许可听证所需的材料、证据。我国《行政许可法》第48条第1款规定,行政机关应当于举行听证的七日前将举行听证的时间、地点通知申请人、利害关系人,必要时予以公告。我国关于行政许可听证的告知制度的规定过于简化,不利于保护公民的许可程序权利。行政许可听证的告知时限"七日前"属于一个时间段,而不是时间点;而告知事项仅包括时间和地点,对于行政许可事由、听证主持人

---

❶ 黄建水:"论行政许可听证制度的法律基础和宪法依据",《行政与法》,2005年第1期。

的姓名及工作部门、相对人和利害关系人的各项听证权利、听证的主要流程未做具体的规定,申请人和利害关系人也无从得知。二是听取和陈述,如同"自然公正原则"所示,行政相对人有权在行政许可过程中听取行政机关的意见,也有权就自己的观点陈述自己的意见,并对不利己的证据和事实进行辩解。国家设置行政许可听证的主要目的在于通过听证会这样一种形式,听取利害关系人的意见,为行政机关做出行政许可决定提供事实依据。行政许可的地域广泛性决定了一项行政许可的设置必然涉及较多利害关系人的利益,因此,为了保护众多利害关系人的利益,建立利害关系人听证代表制非常重要。在我国《行政许可法》中没有对行政许可听证的利害关系人听证代表制做出规定,只有《农业行政许可听证程序规定》和《建设行政许可听证工作规定》两个部门规章对听证代表人制度做出了规定。❶ 行政许可听证不可能让所有的利害关系人都列席参加听证会,特别是那些涉及较大地域或者全国范围的行政许可,这在一定程度上损害了利害关系人听取和陈述意见的权利。

3. 行政许可监督

行政许可的监督,不同于行政许可的检查监督,前者是各监督主体对行政机关实施行政许可的全过程进行的监督;而后者指的是上级行政机关对下级行政机关实施行政许可的监督检查和行政许可机关对被许可人从事行政许可事项的活动情况的监督检查。行政许可的监督包括:①行政机关的内部监督,即上级行政机关对行政许可机关的监督、不同职能部门的机关之间的监督以及行政监察和审计机关的专门监督;②行政机关的外部监督,主要包括权力机关的监督(人大监督、检察监督、审判监督)和社会监督(新闻监督、公民及其他社会组织的监督)。在这里,我们主要探讨公众参与行政许可监督。

行政许可监督的内容主要包括以下几个方面:①对行政许可权限及方式的监督。行政机关实施行政许可必须在其权限范围内,不得超越其权限。《行政

---

❶ 《农业行政许可听证程序规定》第 13 条:行政许可申请人、利害关系人可以亲自参加听证,也可以委托 1～2 名代理人参加听证。由代理人参加听证的,应当向农业行政机关提交由委托人签名或者盖章的授权委托书。授权委托书应当载明委托事项及权限,并经听证主持人确认。委托代理人代为放弃行使听证权的,应当有委托人的特别授权。《建设行政许可听证工作规定》第 5 条:主管机关对第 3 条规定的事项举行听证的,应当在举行听证会 30 日前,向社会公告听证会的时间、地点、内容、听证会代表产生办法、申请参加听证会须知。符合主管机关规定条件的公民、法人和其他组织,均可申请或推选代表申请参加听证会。主管机关按照听证公告规定的代表产生办法,根据拟听证事项及公民、法人和其他组织的申请情况,确定听证会代表;确定的听证会代表应当具有广泛性、代表性。

许可法》规定了"统一办理""联合办理""集中办理"等方式。随着行政执法体制规范、高效的发展要求，行政机关综合执法开始大范围地实行。行政机关综合执法须经国务院批准，由省、自治区和直辖市人民政府做出决定。在综合执法过程中应当遵循精简、统一和高效的原则。②对行政许可程序的监督。行政许可程序包括许可的申请与受理、审查与决定、期限、听证、变更与延续以及特许、认可、核准、登记等特别程序。在行政许可程序的实施中应当严格遵守《行政许可法》的规定，确保行政许可程序的实施符合程序正义的要求，并将公众参与纳入程序参与的范畴，实现行政目的。③对行政许可实施的监督。我国《行政许可法》第65条规定，个人和组织发现违法从事行政许可事项的活动，有权向行政机关举报，行政机关应当及时核实、处理。关于公众参与行政许可实施的监督，国家环保局颁布了《环境影响评价公众参与暂行办法》，强化了关于行政许可的社会监督。

行政许可是一种授益性行政行为，行政机关掌握着较大的裁量权，巨大的利益使得行政机关可能会以行政许可权力寻租。行政许可权利对于被许可人而言是一种财产性权利和行为自由，被许可人享有权利的同时也承担着相应的法律义务。而行政许可的行使可能会限制其他权利主体的资格和权利，甚至危害公共利益和社会秩序。因此，对行政机关实施行政许可的行为和被许可人从事被许可事项的活动进行监督尤为重要。行政许可的内部监督是一种较为常态化的方式，而公众则有更多的时间、精力和机会监督行政许可的实施。

三、公众参与行政许可执法的案例分析

1. 湖南长沙雨花区环境保护行政许可听证

2006年，李桂平与其合伙人决定在雨花区仁和家园开办和聚园酒家。当年8月下旬，长沙市雨花区环保局接到居民举报，和聚园酒家在居民区一楼从事的餐饮经营活动影响到楼上居民的正常生活。8月31日，长沙市雨花区环保局工作人员到现场调查核实，和聚园酒家在建设过程中未依法报批环境影响评价文件擅自开工建设，属于环境违法行为。环保部门当即依法责令其停止建设，并要求其补办环境影响评价手续。9月2日，和聚园酒家依据相关法律赋予的权利向雨花区环保局提出了环境保护行政许可听证申请，环保部门当天受理了听证申请，并于9月6日通过政府网站和张贴公告等方式公开公告。9月7日，长沙市首例餐饮业环境保护行政许可听证会如期举行。经过调查取证等

程序后，环保部门做出如下结论：第一，在审批环境影响评价文件时，环保部门将充分考虑居民的意见，把其作为环境保护行政许可的重要依据之一；第二，待和聚园酒家环境影响评价报告表通过专家评审后，环保部门再做出是否许可的决定。10月15日，雨花区环保局主持召开了《和聚园酒家环境影响报告表》评审会，参加会议的有区环保局、建设单位和环评单位等代表，会议邀请了3位专家参加评审会，会前与会专家们对现场进行了勘察，建设单位介绍了项目前期工作情况和项目听证会情况，环评单位介绍了环评报告表的主要内容，经与会领导、专家认真审议，形成评审意见为：该项目选址敏感，应调整污染防治方案，加大环保投入，在确保污染措施到位、不扰民的情况下，该项目是可行的。同时结合实际，有针对性地对废水、废气、噪声提出了具体污染防治措施。评审会之后，和聚园酒家在原有基础上又添加6万元资金进一步落实污染防治措施，设置了隔油池、沉淀池，对含油废水进行了隔油、栏栅、去渣、初级生物处理后排入城市下水道。对居民反映强烈的热污染采取隔热措施，在炉头上空1.5米处加设隔热罩，制作间天顶加粘隔热板，减少热源污染。油烟净化器采用国家认可的油烟净化设备，将排烟管道加长30米，净化高空加导向口朝东排放。同时，风机噪声选用低噪声风机，风机放置在20米外的土坡上，通过消声措施和减震措施，实现了达标排放。❶

　　将听证制度引入环境行政许可能更好地规范环境行政许可的程序。环境行政许可听证制度有利于行政机关听取各利益主体的意见，做出正确的行政决定。另外，环境行政许可听证制度也赋予了公民参与行政许可实施的权利。公民可以参与到环境行政许可中来，表达自己的意见和建议，也进一步理解了行政机关做出的行政许可决定。公众对环境行政许可的参与也是对行政机关的许可行为进行监督，使得行政机关的许可行为透明化，在很大的程度上防止了官员腐败的问题。我国《环境保护行政许可听证暂行办法》规定申请人、利害关系人可以就可能产生油烟、恶臭、噪声或者其他污染，严重影响项目所在地居民生活环境质量的建设项目提出环境行政许可听证。仁和家园小区居民因不满和聚园酒家营运产生的油烟、噪音和废弃物对其生活造成的污染提出了环境

---

❶ "长沙首例餐饮业环境保护行政许可听证举行"，红网，http://hn.rednet.cn/c/2006/09/09/978760.htm，2014年4月5日最后访问。中华人民共和国环境保护部："湖南省长沙市首例环保听证餐饮通过公示听证后添加6万元治污"，http://www.zhb.gov.cn/zhxx/gzdt/200701/t20070104_99230.htm，2014年4月4日最后访问。

行政许可。经过环境许可听证和《和聚园酒家环境影响报告表》评审会，最终和聚园酒家采取了相关的措施，从而保障了居民的正常生活，这是公众参与环境行政许可维护自身合法权益的例证。

2. 厦门 PX 项目行政规划许可

厦门市海沧 PX 项目，是 2006 年厦门市引进的一项总投资额为 108 亿元人民币的对二甲苯化工项目。该项目于 2006 年 11 月开工，原计划 2008 年投产。但因为该项目区位于人口稠密的海沧区，邻近拥有 5000 名学生的厦门外国语学校和北师大厦门海沧附属学校，项目区 5 公里半径范围内的海沧区人口超过 10 万，居民区与厂区最近处距离不足 1.5 公里，项目区与厦门风景名胜地鼓浪屿仅 5 公里之遥，与厦门岛仅 7 公里之距，所以项目开工后便遭到广泛质疑。2007 年 3 月，在全国人大、政协两会上，中国科学院院士赵玉芬等 105 名全国政协委员联名签署提案，建议厦门 PX 项目迁址。2007 年 6 月 1 日至 2 日，厦门市民以"散步"的形式，集体在厦门市政府门前表达反对意见，厦门海沧 PX 项目被缓建。随后厦门市政府委托中国环境科学院牵头并成立规划环评领导小组开展"城市总体规划环境影响评价"工作。在相关专家和研究人员进行资料搜集、现场考察的基础之上，从项目定位、规模、空间布局等方面分析了该项目可能导致的对环境的不利影响并研究相应对策。在规划环评领导小组的环境影响报告完成后，进入公众参与阶段，政府广泛征求社会公众对此项目的意见。当地居民以及学者、环保专家、环保组织都积极参与其中，通过座谈会、网络投票、电子邮件和电话等方式参与该项目的意见反映和交流中。在广泛听取包括公众在内的各方面意见后，同年 12 月 16 日，福建省政府针对厦门 PX 项目问题召开专项会议，会议决定迁建 PX 项目于漳州，得到了社会的普遍认可和接受。❶

在厦门 PX 项目事件中，因该项目会对环境造成影响、危害公众的环境利益，公民通过各种各样的方式参与到该项目的环境评价和决策中。首先，是人大政协委员对行政许可的监督。人民政协监督主要是指各政党、无党派、社会各阶层、各人民团体、少数民族等各界人士通过召开民主座谈会，列席人民代

---

❶ "厦门 PX 事件"，百度百科，http：//baike.baidu.com/link?url=FfT9k14-WaMItYPNFqUx5hG8XVbHLpRUvkw4aNMDl5lWRC7EVtohV7KjYqzxS2N6evDXAx6HzBUXBy4EQVMBiK；卓光俊、杨天红："环境公众参与制度的正当性及制度价值分析"，《吉林大学社会科学学报》，2011 年第 4 期。

表大会、提出建议案和提案，视察和调查，对口协商等方式进行监督。❶ 在厦门 PX 项目中，赵玉芬联合百余名全国政协委员，在 2007 年的"两会"上提交了"关于厦门海沧 PX 项目迁址建议的提案"，在提案中提到："PX 全称对二甲苯，属危险化学品和高致癌物。在厦门海沧开工建设的 PX 项目中心 5 公里半径范围内，已经有超过 10 万的居民。该项目一旦发生极端事故，或者发生危及该项目安全的自然灾害乃至战争与恐怖威胁，后果将不堪设想。"其次，是关于"环评报告网络公众参与活动"的投票。公众积极参与网络投票，投票结果显示，有 5.5 万张投票反对 PX 项目建设，支持的仅有 3000 票。最后，是该项目的市民座谈会。相关媒体如新华社、《人民日报》《光明日报》等参与了此次座谈会，第 1 次座谈会有 49 名市民代表参加，其中超过 40 人坚决反对 PX 项目的运行，在 8 位政协委员和人大代表中，仅 1 人支持复建项目。第 2 次市民座谈会有市民代表、人大代表和政协委员等 97 人参加，62 人发言。在座谈中，有 87 名代表反对 PX 项目。政府让公众参与到该项目的环境评价和决策中，赋予公众应有的发言权和有效的表达渠道，维护了公民的合法权益。

第三节　完善公众参与行政许可执法制度

　　将公众参与纳入行政许可执法，是民主理论和法治建设发展的必要途径。我国目前的《行政许可法》在行政许可信息公开、行政许可听证和行政许可监督环节都规定了公众参与行政许可执法的一些方式和途径，但这些公众参与只是流于表面和形式的参与，并没有从根本制度框架上对公众参与行政许可执法做出明确的规定。因此，构建和完善公众参与行政许可执法制度，还应从以下几个方面继续推进。

一、公众参与行政许可执法的法律保障

　　行政机关是行政权力的具体实施机关，通过立法机关颁布的法律获得授权而对社会进行管理，这也是行政机关权力合法化的途径。权力之间相互制约有

---

❶ 吴凯："行政许可监督：主体与内容、缺失与重构"，《山西高等学校社会科学学报》，2006 年第 4 期。

效地防止了权力腐败和恣意妄为。这种权力之间的平衡状态因行政国家的到来而显得不甚稳固，行政权力的扩张使得立法权在很多方面显得"力不从心"。一方面，随着社会经济的发展，囿于法律自身的滞后性和规制领域的专业性，立法往往脱离社会现实，无力规范一些新的技术领域；另一方面，由于行政职能的不断扩大，行政机关获得了更为广泛的自由裁量权，使得行政机关有突破立法机关授权范围之嫌。为了控制行政权力的膨胀趋势，有必要将公众参与引入行政领域，建立一个体系化的参与机制。笔者认为，要构建公众参与制度，首先应当在法律层面上对公众参与进行明确的规范。

1. 公众参与的有效性保障

首先，立法应当旨在保障公众参与主体的合法权益。立法上，应明确规定公众享有参与权和提起公益诉讼的资格，同时要明确行政责任的形式和内容。当参与主体的合法权益受到侵害时才能"有径可循"，使行政主体受到应有的法律制裁，使参与主体的合法权益得到保护。其次，相关法律应当保障公众参与主体的合理意见得到采纳和吸收。立法上不仅需要确立能够辨别"合理意见"和"不合理意见"的可操作性标准，同时需要确立能够保证合理意见被采纳和吸收的法律原则和法律制度，如案卷排他原则❶等。

2. 公众参与主体的明确化

公众参与有着扩大民主、保障公平、提高效率和保护权利等诸多的积极价值，只有通过立法对公众参与机制进行合理的配置才能切实有效地实现这些价值。在公众参与主体方面，如果限制过严，就可能导致某些利害相关人被排斥在行政程序之外，无法维护自己的合法权益；如果管得太松，行政机关又可能使自己置于被某些强势个体或组织挟持的危险之中，沦为个体或组织获取利益的工具，同时还会降低行政效率。比如说，北京是我们国家的首都，是国家的政治中心，是外来人口占了相当大比例的城市，这座城市的一举一动实际上已经不仅仅是北京人民所关心的了，而是全国人民都关心的。那么，北京市的行政机关在确定参与主体时，就要妥善地考虑特定事项所涉及的范围和造成的影响，绝不能仅仅将自己的权限人为地限制在所谓的辖区范围之内。

3. 公众参与的程序性规范

通过法律明确地规定不同类型和不同形式的公众参与的程序和方法，能够

---

❶ 关于案卷排他原则，详见王名扬：《美国行政法》（上），中国法制出版社，1995年版。

有效地保障公众参与的有效性和公正性。没有程序上的公正，实体上的公正也就失去了意义。如果公众参与在程序上得不到良性的保护，那么公众参与就难以有序地进行，难以发挥有效作用，甚至产生种种负面问题。公众参与应当程序化、制度化。首先，正在实践讨论中的行政程序法应当单章列名行政程序中的公众参与制度，对公众参与的主体和权利、参与的具体内容和方式、参与的经济保障和法律保障做出详细规定。其次，在具体的单行法律中，尤其是诸如《行政许可法》这类规范具体行政行为的法律中应当明确地建立公众参与机制，确保公众参与始终贯穿于行政许可的设定、实施和监督等过程中。

二、公众参与行政许可执法的过程完善

公众参与尽管有着重大的价值和意义，但也有着相应的风险，如果运作不当，可能会导致侵犯他人合法权益的情形发生，甚至会对正常的社会秩序造成极大的破坏。除此之外，公众参与自身也存在许多问题。首先，公众在很多时候是盲目的，有时候会受到个体或者组织的局部利益的诱惑，可能会试图改变行政行为的正确方向，损害他人或社会的长远利益；其次，若公众参与涉及人数众多，公众情绪彼此影响，难以控制，一旦有个别分子积极煽动，极有可能会导致公众失去理智，造成场面失控，进而做出危害社会的行为；再次，公众常常缺乏针对特定问题或事项的专门知识，有可能会对行政机关做出的某些正确决定表示反对，这虽然可以通过提高公民的素质以及加强政府信息的公开来缓解，但依旧不能完全避免；最后，具体行政行为一般只涉及事件的当事人和其他利害关系人，如果没有其他相对应的力量予以平衡，则可能会造成为了顾及一部分人的利益而侵害了另外一部分人的利益的情形发生。从另一角度而言，公众参与还会招致行政机关既得利益者的抵制。公众参与往往会导致行政成本的增加、行政效率的降低，还可能会危及行政机关及其工作人员的利益，尤其是对那些意图贪污腐败的行政机关及其工作人员来说，公众参与会给他们带来诸多的不便和障碍。所以，他们不会欢迎公众参与，甚至会处心积虑地妨害公众参与的积极运行。有鉴于此，为了保障公众参与的良性发展，除了以法律形式来予以制度规范外，还需要在公众参与的运行过程中探寻有效的保障机制。

1. 推进公众参与主体多元化

当前我国的公众参与制度在参与主体的设置上存在如下问题：

其一，现行法律并未明确参与主体的范围。在我国的法律实践中，一直是采用利害关系人参与的方式，但是在实践操作中，利害关系人的范围却是由行政主体来决定。受到行政机关决策者主观因素的影响，行政主体对利害关系人的范围理解可能有所偏差或按照有利于自己的标准选择参与人。这样导致的结果是，本应参与的人没有来，而不应该参与的人却成了参与主体。除此之外，行政主体常常在参与主体的设置上作假，造成"先做决定，后找根据"的诡异现象。比如2006年的北京出租车涨价听证会，在此之前的媒体随机采访中，大约70%的出租车司机和民众不支持涨价，而听证的结果却是56%的代表支持涨价。这样的结果是无法让公众信服的，前后两次结果的差异难免会让人猜想其中存在猫腻。如果公众参与发展到此种境地，简直比没有还要糟糕。这不仅是对公众积极性的伤害，更是对民主的践踏。

其二，公众代表的产生机制不健全。如上文所述，我国的公众参与采取的是利害关系人参与机制，一旦利害关系人众多，难以全体参与时，往往需要公众代表参与。但是，在我国的现行法律文本中，却找不到诸如代表如何产生、名额如何分配等问题的规定。同时，我国的各种代表机构实际被政府所掌控，根本无法发挥应有的代表功能，这些机构不过是一些权威部门的发言人，无法代表公众的利益。由于公众参与主体多以个体形式出现，难免形成"孤军奋战"的场面，相较强大的行政主体而言，公众参与主体几乎是毫无话语权的，即便公众能够提出有效的意见，这种意见又能被多少人听见呢？

其三，专家机制的专横。民众一直戏称专家为"砖家"并不是毫无道理的，有时候，这些专家在某些领域如同红砖垒起来的高墙一样，只会阻挡公众的声音。由于缺乏有效的机制来阻止专家们做出超出自己技术范围的判断，专家们常常用自己的价值判断来替代公众的价值判断，而这种价值判断往往又是和专家们自身的利益相关的。这样，专家们就可能以带有官僚性质的利益来取代公众利益，从而谋取私利，更有可能"绑架"行政机关，使之成为营私的工具，在这些情形下，所谓的"专家意见"不过是另一种形式的"专制"。

针对上述几点问题，笔者认为可以从以下几个方面来解决：

首先，科学地设置参与主体的标准。如何确定参与主体才能使参与代表既不失代表性，又能体现典型性？目前，各国一般以是否存在利害关系作为主要依据，但仅仅以利害关系为标准是否合适呢？我们依旧以北京市出租车涨价听证会为例，假设一个人有私家车，他几乎不坐出租车，那出租车的涨价听证要不要列他为代表呢？如果列他为代表，由于这个人是不坐出租车的，涨价的问题他可能并不关心，他所提出的意见很可能没什么意义；如果不列他为代表，他又是北京市民，出租车涨价这种关系全北京市人民的事情显然也和他的利益相关，他也应当是利害关系人。由此可见，仅以利害关系为标准显然不合理。实际上，除了利害关系外，还有一个重要因素可以作为设置参与主体的标准，那就是参与主体对参与事项的关心程度，对参与事项越关心的参与主体越有可能提出有建设性的意见。

其次，完善利益集团代表机制。当代社会是一个利益复杂化的社会，个人想要维护自己的合法权益是极其艰难的，只有以集团的方式来增强影响力，才能使利益的受关注程度大大增加。与此同时，政府也需要一种新的方式来与公众加强联系，而利益集团恰好可以满足这两方面的需求。以利益集团是否属于国家政治制度的基本组成部分为标准，可以将其分为两类：制度性意见表达集团（又称制度内利益表达团体）和结构性意见表达集团（又称制度外利益表达团体）。❶ 我国制度内利益表达团体有四大类：民主党派、共青团、工会和妇联。制度内利益表达团体往往有充分的表达机会，因为这些集团本身就属于政治体系的一部分。这类利益表达团体在代表民众表达利益诉求时有优势也有劣势，优势是其具有代表性，在社会上更容易引起广泛关注。但是，利益的表达是不充分的，因为这些团体的利益和行政机关要保持一致，它们会和行政机关得出一样的结论，难以真正代表公众的利益。制度外利益表达团体出现于我国 20 世纪 80 年代，就是通常所说的社会中介组织，它们常常代表着某一方面或某一部分群体的利益，带有非官方性质，按照民主的原则成立与运作，属于政府与公众之间的非营利性组织。一般主要有市场中介、公益服务机构、社区自治组织等。由于这些中介组织的非官方性，它们在代表公众利益方面有着得天独厚的优势。在当前的公众参与领域中，应该充分发挥利益表达团体的作用。在西方，公众参与社会治理是从基层开始的。在基层领域，民众通过参与社区治理为社区建设提供了深厚的实践基础，促进了民主政治的发展。我国应该参照《村民委员会组织法》和《城市居民委员会组织法》加强对这些非官方利益表达团体参与决策活动的规制。

最后，完善专家参与机制。现代行政面临着行政对象日益复杂化、专业

---

❶ 朱光磊：《当代中国政府过程》，天津人民出版社，2002 年版，第 99 – 107 页。

化、技术化的困境，仅仅依靠公众参与已经不能保证行政的科学性和合理性。其中涉及的技术性问题只能通过拥有专业技术的专家来参与才能确保行政行为的合理性。同时，在处理社会矛盾时，也应向相关专家咨询请教，从而缓解矛盾。在过去的几年里，我国公益律师等相关专家学者、知识分子参与社会治理、制度改革取得了值得瞩目的效果。比较有代表性的如"孙志刚案"，在上百位法律专家和学者的联名"上书"下，国务院顺应公共舆论的要求，废除了《城市流浪乞讨人员收容遣送办法》，颁布了《城市生活无着的流浪乞讨人员救助管理办法》。这不仅标志着收容遣送制度在国内的落幕，更是给相关专家学者参与社会治理以极大的鼓舞和信心，也在一定程度上推动了对现存不合理制度的改革。

2. 拓展公众参与形式

我国的公众参与形式单一，除了座谈会、论证会和听证会之外，应该积极探寻对行政行为涉及的事项进行有效评议的其他形式。

建立健全政府信息公开制度。信息公开是公众有效参与的基本条件和前提，信息如果不公开，公民无法了解政府决策、决定的事实依据、形成过程、基本目标以及预期的效果等情况，就难以针对政府的行政行为进行评议，进而提出自己的建议、意见，这种情况下的公众参与不过是走过场，一种形式而已。更为严重的是，在没有法律对信息公开做出规定时，行政机关往往临时地向公众说明情况，很多时候这种信息是加工过的，是行政机关用来误导公众的虚假信息。因此，通过法律建立经常性、规范化的政府信息公开制度来对公众参与进行保障是十分必要的。

完善公民公开讨论机制。公民通过电视、报纸、网络发表对政府行政行为以及各种社会问题的看法和意见，同时展开公开性的讨论，是公众参与的重要途径。政府应当充分地保障公民的言论自由，建立新闻舆论对公众意见的反馈机制。当然，自由的表达也有相应的风险，尤其是在网络上，容易滋生谣言，总有别有用心的极端分子发表对政府或他人不负责任的攻击性言论，故意误导公众，挑起事端。因此，政府在保障自由表达的基础上，也要规范新闻舆论，打击利用言论自由造谣生事、危害他人利益的行为，从而创造公民自由表达的良好环境。

建立公众动议机制。行政行为的主动权一直是掌握在行政主体手中的，"国家在决策意向上，首先是把政府的价值放在第一位；在决策定位上，即需要出台哪方面的政策,以政府阶段性决策进行演绎"。❶ 行政行为虽然是以行政主体为主导,但是行政相对人往往能更切身地感受到行政行为的效果,因此,规定行政相对人动议权,能更好地保障公民的合法权益。《广州市规章制定公众参与办法》中明确规定了公众动议权,该办法第 10 条第 1 款规定:"公众可以通过信函、传真、电子邮件等书面方式向市政府法制机构提出规章制定、修改或者废止的意见,意见应当包括规章的名称,制定、修改或者废止的理由,可行性和必要性,需要解决的主要问题和措施等内容。"同时,该办法第 12 条第 1 款规定:"市政府法制机构拟订的市政府年度规章制定计划应当在上报市政府常务会议或者全体会议讨论前通过市政府网站、市政府法制机构网站等征求公众意见。"

构建公众参与意见反馈机制。若缺乏意见反馈制度,那么公众的诉求就难以得到及时和有效的回应,公众参与的积极性也会大打折扣,最终公众参与就会流于形式。为了遏制行政机关的恣意,提高公众参与主体的积极性,建立公众参与意见反馈机制显得十分必要。首先,行政机关应设专人来负责收集和分类公众意见;其次,要给予明确的反馈,对于利害关系人,应直接给予答复;对于有普遍适用性或专业性较强、有教育意义的,可以通过新闻发布会向全社会集中答复;最后,如果没有任何的反馈,可以认为该行政行为存在重大瑕疵,经由有权机关予以撤销。

三、公众参与行政许可执法的后续监管

曾经有学者针对食品安全监管指出:"在市场经济条件下,没有公民社会的参与,要解决食品安全问题是很困难的,这是我们前一段时间食品安全频亮红灯的主要教训所在,恐怕也是今后解决食品安全的出路所在。"❷ 国内常常出现的食品安全问题,在很大程度上要归罪于行政许可缺乏后续监管,这也反映了我国行政许可"重审批,轻监督"的现状。在我国当前的状态下,要加强行政许可的后续监管,最好的方式无疑是扩大行政许可后续监管的公众参与,将公众的力量引入监管体系。具体而言,我国行政许可公众参与机制应该

---

❶ 关保英:《行政法的价值定位》,中国政法大学出版社,1997 年版,第 21 页。
❷ 郭松民:"靠公民社会才能解决食品安全问题",新华网,http://news.xinhuanet.com/comments/2007 - 07/27/content_ 6433859. htm,2014 年 4 月 7 日最后访问。

着重对以下几个方面的内容进行完善。

1. 培养公众的公民意识

古希腊的哲学家伯里克利说过:"一个只关心自己事务的人,我们认为他是一个无用的人,只有既关心自己又热心国家整体福利的人,才是一个真正的公民。"❶ 现代社会需要的是具有完全的公民意识、公民精神的人,只有这样的人,才能清楚地了解他的权利,并且毫不避讳地运用各种法律手段去维护自己的权利,这是维系国家廉政体系的重要基石。要达到政府的开放状态,就必须唤醒大众的公民意识,让公众积极地参与到政府和社会的各项事务中去。公民意识淡薄一直是我国公民的普遍状态,而恰恰是这种对公共事务的冷漠态度导致了当下我国行政许可缺少良性的后续监管。为此,加大公众公民意识的培养,增强公众的主人翁意识,是我国行政许可后续监管有效构建的关键所在,只有这样,公众参与的监管机制才有良好的思想基础。

2. 强化行政许可持有人自律监管机制

行政许可后续监管作为一种政府治理方法,绝对不单单是行政许可监管机关一方的事情。高效的行政许可后续监管还需要借助于来自行业协会、中介组织等群众自治组织的自治力量,从而形成多元监督主体下的行政许可后续监管治理机制。行政许可后续监管自律体制从本质上来说,是一种整合政府资源、社会资源、个人资源的综合性行政许可后续监管模式,它是在以政府行政监管为主导的前提下,以社会中间层监管为主体,以市场监管为基础,合理配置行政许可后续监管的权力,实现制度供给和需求的相对均衡,以从整体上降低社会监管成本,实现社会福利最大化、可持续化的一种行政许可后续监管模式。❷ 行政许可后续监管自律机制主要包括行政许可持有人个体自律和以行政许可持有人为成员的行业自律两个方面的内容。行政许可持有人的个体自律要求每一个行政许可持有人在获得行政许可以后加强自律、依法实施行政许可,而行业自律则要求以行政许可持有人为成员的同行之间加强交流与沟通,通过不断提高行政许可实施行业标准的方式来促进整个行业行政许可实施的整体素质提高。

---

❶ 徐迅雷:"开启官智是尊重民意的基础",新华网,http://news.sina.com.cn/c/2008-01-03/00341318 4156s.shtml,2014年4月8日最后访问。

❷ 李长健、张锋:"一种社会性监管模式——中国食品安全监管模式的理性回归",《重庆社会科学》,2006年第3期。

强化行政许可持有人自律监管机制在国外早有实践,并取得了良好的监管实效。以美国证券市场行政监管为例,美国的证券监管除了依靠联邦证券交易委员会进行监管以外,同时还借助于证券自律监管机构对证券行业进行管制。美国的自律监管机构包括证券交易所、证券商协会等。它们在联邦证券交易委员会的监管下,有权制定自己的管理制度,对其会员进行管理等。

3. 完善悬赏举报制度

制度是由人设计并由人来实施的,只有契合人性假说的制度才具有生命力,才能发挥其最大的制度效用。制度设计既要尊重人的自利本性,又要充分利用因人的自利本性而衍生出来的社会力量,使公共利益在个体逐利的过程中一并获得增值。❶ 悬赏举报制度就是这样一种契合人性假说前提下的行政许可监管机关与社会公众互惠、公益与私益双赢的良好监管制度模式。悬赏举报制度就其本质而言是一种信息交易有偿激励制度,是行政许可监管机关通过与不特定的社会私人信息拥有者之间进行有偿信息交易以提升行政许可后续监管质量的一种信息交易制度。例如,《广州市质量技术监督局举报违法行为奖励办法》第2条规定,对以书面材料、电话、上访或其他方式向各级质量技术监督部门举报质量技术监督违法行为,经质量技术监督部门查证属实并依法实施行政处罚的举报人员,各级质量技术监督部门要予以奖励。再如,《柳州市安全生产举报奖励办法(试行)》通过第1条、第2条规定任何单位和个人均有权举报发生在柳州市境内而隐匿不报的生产安全事故、生产经营场所重特大安全生产事故隐患、涉及未取得安全生产许可擅自从事有关生产经营活动的行为。由柳州市安全生产监督管理局负责举报事项的查证并给予举报人奖励,同时将情况定期向社会公布。

基于悬赏举报制度所搭建的信息交流平台,一方面,社会公众可以制度化地参与到行政许可后续监管环节中来并可以主动地向行政许可监管机关提供监管信息;另一方面,行政许可监管机关通过提供物质和精神的奖励方式对社会公众提供监管信息的行为进行正面肯定与引导。这种物质或者精神上的正面肯定与引导一方面体现了社会公众提供监管信息、参与行政许可后续监管的行为在道德和法律上的正义性,另一方面也体现了政府行为的导向价值,它可以从正面引导并激励其他社会主体继续沿着这一方向努力。悬赏举报制度作为一种

---

❶ 傅红伟:《行政奖励研究》,北京大学出版社,2003年版,第116页。

有偿信息交易制度,它将行政许可后续监管目标寓于积极的正面诱导、激励中去实现,能够有效克服传统的以命令—服从为特征的行政权力运行模式所存在的互动性不足问题,可以最大限度地调动社会公众参与行政许可后续监管,提升支持、配合行政许可监管机关的积极性、主动性和创造性,既提高了行政许可监管效率,又使社会公众的主体地位得到了充分的尊重,充分体现了深厚的行政人文主义精神。❶ 对于社会公众的个体利益而言,悬赏举报制度具有肯定、激励和示范功能。对于社会整体利益而言,举报人的个体利益并不是行政许可监管机关的最终价值追求,举报人的个体利益仅仅是一种媒介或者说是行政许可监管机关为了获取更多有价值的监管信息、进一步提高监管能力所采取的措施及手段,悬赏举报制度的根本目标价值在于刺激与引导个体逐利的能量转化为推动整个公共利益实现的动力。悬赏举报制度的实施在一定程度上有助于增加行政许可监管机关的决策信息量,大大增加了行政许可持有人实施机会主义行为的防御成本,从而有效提升了行政许可监管机关的监管信息获取能力,增强了行政许可监管机关的行政监管决策能力。

4. 构建公益诉讼机制

行政许可后续监管机制中公益诉讼机制的引入就其本质而言,是将对民众的诉权保障理念引入行政许可后续监管环节当中,达到公众参与权、表达权、监督权与司法审判监督权相链接的目的。公益诉讼机制具有原告资格广泛性、可诉对象双重性、诉讼功能预防性的特点。基于权利与权力链接所形成的司法监督这一制度平台,当行政许可监管机关疏于监管而致公共利益受到损害时,广泛而不特定的社会公众既可以以行政许可监管机关为被告,针对其行政不作为或者乱作为行为提起公益行政诉讼,也可以直接针对行政许可持有人的违法侵权行为提起公益民事诉讼。

公益诉讼机制的运作对于提升行政许可后续监管制度的运行质态具有重要的理论与实践意义。一方面,行政许可后续监管环节中的公众参与精神有了施展的舞台,行政许可后续监管的公众司法参与路径得到进一步的拓宽与畅通;另一方面,基于公益诉讼机制的运行,社会公众与司法机关在行政许可后续监管环节中的监管驱动力得以被进一步激发,而外在监督力度的加大在客观上也会不断鞭策与推动行政许可持有人依法实施行政许可以及行政许可监管机关依

---

❶ 姬亚平:"论行政奖励法制的完善",《科学·经济·社会》,2006年第3期。

第五章 公众参与行政许可执法制度研究

法履行行政许可后续监管职能等。

公众参与是行政法模式适应社会经济的发展而衍生出来的,是民主理论发展和法治建设的必然结果。公众参与行政管理过程,特别是行政执法过程,提高了公众对于行政决定的可接受度,有利于公众在参与过程中切实维护自身的合法权益。行政管理也是行政机关行使公权力、履行行政职务的过程,公众参与到行政管理过程中,同时也可监督行政机关的行政行为,防止官员腐败。"广泛的公民参与要求健全的民主制度和完善的法制作为保障。没有健全的民主制度,公民参与的广泛性就不可能得到充分实现,最多也不过是由政府从民众中遴选少数精英来参与公共事务,讨论和制定重大公共政策;没有完善的法制,广泛的公民参与可能因缺乏制度化的途径与程序而难以有序发挥问责作用。因此,既要继续夯实责任政府的政治基础,即不断扩大公民参与的边界和范围,又要持续推进民主和法制建设,从而不断地完善社会主义民主和法制,进而实现构筑于法治平台上的责任政府。"[1] 公众参与行政许可执法机制的构建,要从法律上切实保障公民的各项参与权利,要在行政许可执法过程中丰富公众参与的主体,增加公众参与行政许可执法的途径,更要加强行政许可执法监督中公众参与的分量。正如杨光斌教授所言,"民主自由已经成为中国所接受的一种价值观。中国改革开放所形成的自由环境使公民得以参与政治生活,创造着活生生的民主形式,改善着地方的治理结构。因此,我们应该有信心。但是,政治权利和政治秩序的性质决定了,进步只能是渐进的。因此,我们又必须有耐心"[2]。公众参与行政许可执法制度在理论层面和实践层面都有所规范,对于全面而深入的公众参与机制,我们应当充满信心和耐心。

---

[1] 陈国权、李院林:"论责任政府的基本属性",《社会科学战线》,2008 年第 2 期。
[2] 杨光斌:"公民参与和当下中国的治道变革",《社会科学研究》,2009 年第 1 期。

第六章 行政许可执法制度理论、研究与评价

第一节 行政许可执法制度改革及其构建理论的价值与研究现状

一、行政许可执法制度之理论基础与研究现状

行政许可为何存在,其存在的目的或者价值是什么,是行政许可执法改革理论构建的前提条件,也是首先应当解决的问题。我国学者对于此有不同的看法。

(一)经济学视角

(1)市场失灵论。市场不是万能的,自由市场机制也存在一些缺陷:一是限制了人们在福利事业进步中具有明确的推动力的信仰;二是市场效率与分配公平之间缺乏联系,以及市场这只"看不见的手"无法确保个体在追逐个人利益尤其是个人财产地位优势时,同时推动社会总体福利事业的进步;三是伴随经济增长而来的社会和环境成本在 GDP 增长的利益中加以冲销。❶那么在市场失灵的时候,由什么来进行矫正,市场内部参与主体由于其利益的关联性,难以站在一个相对客观的位置,由行政机构这样一个市场外部的第三方主体进行制约,不失为一种良策。

(2)资源配置论。社会是由一系列的资源组成的,人们在其中生活,一

---

❶ 应松年、杨解君:《行政许可法教程》,法律出版社,2012 年版,第 16 页。

方面通过自己的劳动创造价值,另一方面通过国家分配资源。在民主基础上建立起来的许可制度,有利于应对行政实践的复杂性和不确定性;既能有效维护社会公共利益,又能充分保障个人自由;是一种既能有效节约成本又能考虑不同个体的不同价值取向的资源配置程序。❶

(二) 法理学视角

(1) 公益论。公共利益是国家存在的正当理由,也是行政许可之所以存在的重要因素。这一点在《行政许可法》第1条中便明确地表明了,可见行政许可的正当性和限度在于个人自由与公共利益的平衡。故而有学者认为行政许可的性质为"解禁说",罗豪才先生就认为"行政许可是行政主体根据特定的行政相对方的申请,依法赋予其从事法律一般禁止事项的权利和资格的行政行为"。行政许可在一定程度上是国家实现公共利益的手段,国家出于社会大众的利益考量,进行行政许可,限制社会的某些优势集团或者个人单方面地占有社会资源。正是因行政许可涉及公共利益与个体利益(权利)、自由之关系,故在探讨其实质意义时有必要将单个主体行为置于社会整体利益中加以考虑,即不忽略单个主体某些无限制的行为可能给他人及社会造成危害这一现实。

(2) 功能论。行政许可的实施有着不同的效果,不同领域的行政许可发挥的作用也不同,有积极的,如有利于国际宏观规划,有利于维护社会公共利益和保障公共安全,有利于保持行政许可机关和行政相对人的关系;同时也有消极的,如抑制竞争,窒息社会活力;行政许可的交叉重复给腐败以可乘之机;行政许可可能被用来制造行政垄断,体现为行业垄断和地方保护主义。❷日本学者根岸哲将行政许可的作用归纳为十点:自我永久持续性;自我增殖性;高费用性;非效率性;恣意裁量性;无效率,保护既得权益和特殊利益;产生腐败;关税障碍,激化国际贸易摩擦;重复性;中央集权性。❸我国学者也认为:"它属于一种政府管制性行为,体现出权力对社会生活,尤其是经济生活带有强制性的、监控性的干预。"❹正是不同的功能建立了不同的行政许

---

❶ 肖泽晟、冯惠:"走出行政许可的尴尬困境",《政法论坛》,2002年第1期。
❷ 应松年、杨解君:《行政许可法教程》,法律出版社,2012年版,第16-18页。
❸ 根岸哲:"许认可的优点和缺点",载日本《法与政策》1982年2月号,第9-10页;转引自张正钊、韩大元主编:《比较行政法》,中国人民大学出版社,1998年版,第454-455页。
❹ 崔卓兰、吕艳辉:"行政许可的学理分析",《吉林大学学报》,2004年第1期,第31页。

可内容,而正是由于行政许可内容千差万别,更需要在提取普适性基本原则的基础上,凸显不同行政领域许可内容、方式、执法手段的不同。

(三) 行政许可制度改革的现实意义——以市场经济为视角

改革开放以来,我国经济取得了突飞猛进的发展。行政许可作为一种调配市场中资源配置的基础性手段,不仅仅具有法治的意义,也具有影响经济的意义,根据近代法律的经济分析方法,通过价格杠杆和竞争作用的引导,资源会向能够取得最大效益的地方流动。但是经济学理论和实践同样证明,市场并非在所有领域都是万能的,如在公共物品的配置、稀缺资源的分配、精神和文化产品的生产和分配等方面,市场调节往往无能为力或者难以达到理想的效果,市场的失灵为政府通过行政许可进行介入提供了可能。在这种情况下,是需要政府通过行政手段干预经济的。

据盖伊·彼得斯的理论:市场经济要求经济主体获得更多、更充分的自主权,要求市场机制成为资源配置的主要机制,行政许可应在市场机制能够发挥作用的领域逐步淡出,一般由市场调节的某些要素政府不应设定行政许可,相信市场机制分配社会资源的效率[1],这对于市场经济的健康发展具有重大的促进意义。[2]

二、行政许可执法制度改革的路径选择

2003年全国人大常委会通过了《行政许可法》,同年,国务院就发布了2篇行政法规进行具体的贯彻实施。从2003年至2006年,中央各部委共发布了与《行政许可法》相关的法规、司法解释共计30篇,各地方发布地方政府规章3篇,地方规范性文件184篇。[3] 可见,《行政许可法》的贯彻实施得到了具体的量化规定。这是因为法律本身具有滞后性的特征,其在面对真实的社会现象和社会问题时都会面临地域性与地方性的问题;同时,法律是一门具有实用性的许可,法学理论离不开法律实践对其立法的解释、论证与评价,法律实践超越了法学理论的范畴,这不仅反映着法律的现实,也预见着法律的未来方向。[4]

---

[1] 盖伊·彼得斯:《政府未来的治理模式》,中国人民大学出版社,2001年版。
[2] 宋术:"我国全面实施《行政许可法》引起的思考",《东北农业大学学报(社会科学报)》,2005年第3期,第105-106页。
[3] 资料来源:北大法宝。
[4] 付子堂:《法理学初阶》,法律出版社,2009年版,第39页。

第六章 行政许可执法制度理论、研究与评价

行政许可执法实践作为法律实践的一部分，其实现的依据是基于《行政许可法》及相关司法解释所构建的行政许可制度，联系两者的路径是行政许可执法过程，在这个过程中，行政许可主体与相对人在法律规范的范围内产生法律上的关系。相对人以积极地直接对行政许可法律关系发生作用的方式进入行政许可主体的视野。

在这个路径的实现过程中，笔者认为应当以相对人的权利保障为基石进行展开和扩展，行政法为"保持国家权力和公民权利的平衡做出了很大的贡献"。❶ 行政相对人在行政法律关系中旨在调整"公权"与"私权"这一特定社会关系领域，追求行政权力与公民权利、公共利益与个人利益、行政效率与社会公正、对行政权的保障与法律控制之间的平衡。而行政相对人作为个人或组织这一特定的法律角色，是个人或组织的权利的特定表现形态。因此，大陆法系国家的行政法学者提出了"私人公权（利）"的概念，即对私人在公法上的权利予以特定化保护。根据山东大学李卫华教授的观点，在行政许可领域，行政相对人享有的权利可以分为七类：申请权、知情权、无瑕疵许可裁量请求权、程序抗辩权、受平等对待的权利、许可信赖权、申请救济权，在此基础上推行行政许可执法改革，不仅可以完善我国的行政许可制度中相对人权利体系，也可以体现现代民主政治限制行政权力的观念、反映法治国家建设的需要、重构我国行政许可权力的框架和政府与市场的关系，更可以从外部有力地促进我国政府由管理型政府向服务型政府的转变。

由 Paul·A·David 于 1985 年给出证明，W·Brian·Arthur 做了进一步拓展的"路径依赖理论"（Path Dependence）是现代行政改革中一个重要的命题，也是一种经过实践证明的有效方法。该理论认为在人们的行为过程中，一旦人们做了某种选择，就好比走上了一条不归之路，惯性的力量会使这一选择不断自我强化，并让人不能轻易走出去。究其内在的推动原因，是在制度改革的背后都有对利益和所能付出的成本的考虑。对组织而言，一种制度形成后，会形成某个既得利益集团，他们对现有的制度有强烈的要求，只有巩固和强化现有制度才能保障他们继续获得利益，因而他们不愿意轻易做出改变。

诺斯把阿瑟提出的技术变迁机制扩展到制度变迁中，用"路径依赖"概

---

❶ H·韦德：《行政法》，牛津大学出版社，1988年版，第5页。

念来描述过去的绩效对现在和未来的强大影响力，证明了制度变迁同样具有报酬递增和自我强化的机制。在我国当前的行政许可执法改革中，也可以套用这一理论的作用机制。在行政许可执法改革中，基于改革的基本原则，一旦走上某一条改革路径，它的既定方向会在以后的改革中得到自我强化。沿着既定的路径，许可执法的主体、程序、结果的变迁可能进入良性循环的轨道，迅速优化，类似于物理学中的"惯性"，被"锁定"在某种可预见的状态之下。一旦进入了"锁定"状态，要想脱身而出就变得十分困难，当然前提是需要政府或其他强大的外力推动。因此，在既定的制度变迁目标下，要正确选择制度变迁的路径并不断调整路径方向，使之沿着不断增强和优化的轨迹演进，进入制度锁定状态。

在制度改革过程中如果要选择"路径依赖"机制，则需要政府及法律发挥三个方面的功能。

第一，正式的、具有强制性的法律规则对经济发展的作用是连续的、累积的。根据法经济学观点，所有法律活动，包括一切立法、司法以及整个法律制度事实上都是在发挥着分配稀缺资源的作用。因此，所有法律活动都要以资源的有效配置和合理利用即效率最大化为目的，所有的法律活动基于此论断都可以用经济学的方法进行分析和指导。在西方国家，很多人曾经片面地认为法和法学所要解决的根本问题是公平或者正义这样的问题，而经济学所要解决的则是效益问题，即如何有效利用资源、增加社会财富的总量。经济学本质上是实证科学，注重数据分析。而法律是调整人们相互关系的行为规范，由于难以对人的行为做定量分析，因此人们以往极少运用经济学理论和方法去分析法律制度。但20世纪以来，尤其是第二次世界大战以后，法律在经济生活中的作用越来越大，人们开始认识到法律与经济有着不可分割的联系。对法律的经济分析在可能的条件下不仅是定性的，而且是定量的，从而使人们可以比较精确地了解各种行为之间存在经济效益的差异，进而有助于法律制度改革，最终有效地实现最大程度的经济效益。"路径依赖"发生作用的前提在于有一个强力主体改变现有资源配置的制度格局，在行政许可执法改革中，只能是通过政府推动法律制度改革，这是因为利益格局的重新划分只有通过法律实现才是最有执行力和最有效率的。

第二，非正式规则对经济发展的作用是持久的、沉淀于历史过程中的。与正式制度相比，非正式制度具有较强的非易性，其变迁也是连续的、缓慢的、渐进的、内生的。在历史上虽然许多国家的政治法律制度差异不大,但经济发展路径却相差颇大,其主要原因就是不同的非正式制度和传统文化在起作用。这意味着在行政许可执法改革过程中必须高度重视公众参与与行政相对人、第三方机构的作用,同时在基于中国国情的基础上不断推进其作用的发挥。

第三,与制度相关的特殊利益集团具有使制度变迁持续进行的推动力。在行政执法过程中,必须明确执法结果的监督与惩处机制,因为这种利益集团与现有制度是共存共荣的,而且在各种利益的博弈中处于主导地位,如果变革现有制度,则需要从外部限制的角度,促使制度变迁保持原有的惯性、按原有的方向持续下去。

三、行政许可制度改革的价值取向

钱穆说:"任何制度之创立,必然有其内在的用意。"[1] 所谓制度的内在用意,其实乃是人们对制度意义的期望,即制度的价值预期。同样,任何一项制度改革都包含着某种价值追求。确立行政许可制度改革的价值取向是继续深入开展行政许可制度改革的前提之一。

中国行政许可制度改革的价值取向应该与社会主义市场经济、行政法治以及公共行政的价值取向相一致,应当至少定位于下列四个价值取向。

(一)从"国家行政"理念转向"公共行政"理念

著名的社会法学大师狄骥提出:"现代国家职能已经发生或者应当发生根本性变化:从主权的统治到为公众服务。"这从正面应合了国家由"警察国"的传统形象向"法治国"形象转变这一历史趋势。在现代的"法治国"中,基于社会连带关系基础的政府的存在目的在于实现"公共服务"。在行政法领域,我国继承了苏联的"行政法作为一种概念范畴就是管理法,更确切一点说,就是国家管理法"这一理念,故而高度强调行政法,特别是在行政许可这一国家行政权主导的领域,进行严格的管控。虽然20世纪90年代以后,随着新《宪法》的颁布,在借鉴了英美法系行政法理论的基础上对《行政法》进行了恢复和发展,但是依然学习的是20世纪中期西方行政法的"福利国家"概念,正如美国施瓦茨教授所说的:"20世纪的社会中,政府必须保护的'所有'概念已经比个人拥有所有权的物质财产广泛得多。……社会的目标正

---

[1] 钱穆:《中国历代政治得失》,三联书店,2001年版,第5页。

变为保障每个人在社会中都能过一种合适的人类生活。"❶ 这样导致中国行政高度强调"积极行政"的效果，其中反映在行政许可领域就是高度管控的许可范围、严格烦琐的许可程序。

诚然，高度集中的经济体制不可不说是一个重要的原因，依据社会主义法治理论，基于单一的所有制形式这一基础建立的上层建筑——法律，难免带有计划经济的影子。在行政许可领域为了保证政府成为最大的所有者、经营者、投资者、管理者和社会产品各个层次的分配者，凡是国家经济、政治、社会发展的一切事务，无不由它直接进行管理。同时根据英国历史学博士诺斯古德·帕金森总结的帕金森定律（Parkinson's Law）："在行政管理中，行政机构会像金字塔一样不断增多，行政人员会不断膨胀，每个人都很忙，但组织效率越来越低下。"行政机构的臃肿也会导致行政效率的日益低下，这在行政许可领域尤为突出。

故笔者认为，应该借鉴20世纪70年代以来的国家理论，从结构上变革公共行政，正如哈里甘教授所说的，进行"体现了公共行政方式的根本性的方向性调整"。❷ 在国内，姜明安教授也提出应该以两种改革趋势为主：一是外部理性化，即重新定位政府与市场的关系；二是内部理性化，即提高行政管理活动的经济效率。反映在行政许可执法领域即在外部应当把握好政府行政许可管制范围的尺度，保障行政职能的市场化和管制的适度化，同时在内部提高公共行政的效率化。

公共行政改革以市场价值的重新发现和利用为核心，以政府退缩和市场回归为主线；在基本理念方面，即从国家行政转变为包括国家行政和社会行政在内的公共行政。国家行政理念主张，管理公共事务的最优选择是由国家直接运用行政权力实现行政目标。人们需求的无限性、个性化、多样化与复杂化，逐渐向全能政府提出了挑战：单靠政府这个唯一的行政权力行使角色采取管理范围无限扩大的方式已不能满足社会的需要。因此，现代社会需要政府收缩控制幅度，压缩运行空间，在减少直接控制的社会资源的相对量和绝对量的同时，改变控制手段，听取行政相对人的意见。行政权力行使主体的多元化，不仅不

---

❶ 施瓦茨：《美国法律史》，中国政法大学出版社，1997年版，第273页。
❷ 哈里甘："澳大利亚与新西兰"，载《西方国家行政改革述评》，国家行政学院国际合作交流部编译，国家行政学院出版社，1998年版，第101页。

会弱化政府的功能,相反,它一方面可以使政府从许多领域和事务中淡出,专门把好宏观之"舵";另一方面,多元行政主体可以最大限度地实现公民对行政事务的参与,在能力和正当性上有效弥补政府一元行政主体的不足。❶

(二)从关注"权力"转向"权力与责任"并重

行政权是权力和责任的统一。从权力行使主体的角度来看,行政权更应是一种职责、一种义务。"公共行政的责任取向是权力的授予,必然伴随着责任的规定,政府在获得人民直接或间接授权的同时,也就承担了相应的责任。与政府的民主取向一样,政府的责任取向也是政府的内在价值标准。"❷

行政许可作为对一般性禁止的解除,其以法律对实施特定活动或行为的资格或条件的限制为前提,意味着行政相对人失去了自由行事的自由。所以,在我国的传统行政许可执法制度中,十分强调行政许可制度中由谁来设定行政许可、如何设定行政许可。对于由谁来设定行政许可和如何设定行政许可的问题,当前世界各国主要有两种方式,一种是仅以立法机关制定的法律文件为依据设定行政许可,另一种是原则上以立法机关制定的法律文件为依据设定行政许可,但也允许较高级别的行政机关根据具体的情况设定行政许可。

从社会契约论的观点来说,如果行政主体违反了自己的义务未尽到应有的职责而造成了社会公共利益的损害,则行政主体违背了政府与人民所定之社会契约,需要承担相应的责任。

虽然《行政许可法》的出台在一定程度上完善了关于行政许可事后救济的条款,但仍缺乏保证行政相对人合法权益的法律救济措施的具体操作规定。同时,有关行政许可执法行为的救济制度的规定也有所欠缺,难以真正发挥其应有的作用。没有救济的权利不是真正的权利,我国当前的行政许可制度并没有对行政相对人的合法权益给予充分的救济和保护,从而导致难以实现行政许可制度衡平相关利益的目的。

(三)对于行政执法主体的监督与规范

美国著名学者博登海默曾经说过,不受限制的权力乃是世界上最有力的、最肆无忌惮的力量之一,而且滥用这种权力的危险也是始终存在的。由于权力存在潜在的扩张性,故有必要对权力的行使进行限制和制约,而对行政许可权

---

❶ 杜万松:"依法行政的理念变革及其当代特征",《唯实》,2002年第11期。
❷ 金太军:"公共行政的民主与责任取向析论",《天津社会科学》,2000年第5期。

的行使来说,事后的监督管理和事前的审查预防同样重要,这些都是对行政许可权力规制的必要手段。针对我国现行行政许可制度的状况和存在的问题,首先应对我国行政许可监督管理制度予以合理化,在对行政许可行为进行合法性监督的同时也对其予以合理性的监督。❶

具体来说,我国行政许可监督管理制度的合理化应当从内部监管和外部监管两个方面来实现。

从内部监管来说,①可以考虑建立相对独立的监管机构,对行政许可主体的行政许可行为进行独立的监管,由于该机构的独立性,其可以站在中立的角度更自由地行使监管权,从而确保行政许可行为在合法性和合理性的范围内进行。②可以考虑使行政许可主体之间的层级监管合理化。当前我国的行政许可制度中,上下级行政许可主体之间的权限并不明确,而且当前的《行政复议法》规定中并没有将行政复议对行政行为合法性和合理性的审查扩展到所有的抽象行政行为,所以有必要进一步完善行政许可主体之间尤其是上下级行政许可主体之间的关系,加强不同层级的行政许可主体之间的监管。③应当增强行政主体中工作人员的守法和合理意识。在行政许可制度中,具体实施行政许可行为的是行政许可主体中的工作人员,因此有必要加强他们的守法和合理意识,促使他们合法、合理地实施行政许可行为,不滥用权利,自觉遵守工作守则和职业道德,合法、合理地开展工作,这样才能使行政许可制度的合理化落到实处。

从外部监管来说,①应当推进各级人大及其常委会等权力机关对行政许可行为的监管合理化。各级人大及其常委会对行政许可行为的监督是从源头上开展的监管,其对不合法或不合理的行政许可行为有权责令其改正。我国的行政许可制度要想趋于合理化,离不开各级人大及其常委会等权力机关对行政许可行为监管的合理化,因此有必要进一步完善各级人大及其常委会对行政许可行为的监管体制,完善行政许可相关立法的备案制等,充分发挥各级人大及其常委会等权力机关的监管作用。②还应当推进司法机关对行政许可行为的监管合理化。司法最终审查制度是现代民主法治国家普遍确立的原则和制度,政府的行为应当受到司法机关的最终审查和规制,司法审查是维护社会公平和正义的底线。如果没有司法机关的监管,那么行政主体将为所欲为,而行政相对人则

---

❶ 周佑勇主编:《行政许可法理论与实务》,武汉大学出版社,2004年版,第178-193页。

会有冤无处伸。但是，司法最终审查制度也是需要不断完善的，中国当前的司法监督存在很多不尽如人意的地方，因此为了实现行政许可制度的合理化，首先有必要将司法机关对行政许可行为监管的相关制度合理化。③有必要将社会公众对行政许可行为的监督合理化。行政许可行为作为一种关系公共利益的具体行政行为，有必要受到社会公众的监督，但是这种监督机制不是一开始就是完美的，其仍需要不断发展。当前我国并未建立完善的公众监督机制，所以有必要将这一机制合理化从而更好地对行政许可行为进行监督，而这种监督也会进一步促进行政许可制度的合理化。

（四）从依赖"强制"转向"强制和非强制"并重

进入20世纪以来，特别是第二次世界大战以来，由于对经济与行政管理的社会需求不断增加，政府职能逐步扩大、丰富与活跃，特别是世界范围内民主化潮流的推动和国家的福利性质逐渐增强，传统的管理行政、秩序行政逐步转向以给付行政、服务行政为特点的现代行政，以行政机关为中心和行政权力的单向行使为全部内涵的传统行政法日益转向更注重人权和民主的现代行政法，倡导运用行政合同、行政指导、行政规划、行政给付等新型非强制性手段。新型非强制性行政行为的形式既包含了行政主体的意思表示，又体现了相对人的意志；既有行政权力的因素，又有市场自由的精神。

传统行政行为理论认为，行政行为具有单方性特征；在非强制行政场合，行政主体的意志不再具有绝对的正统性。

按照新自由主义大师哈耶克的阐释，"自由意味着始终存在着一个人按其自己的决定和计划行事的可能性；此一状态与一个人必须屈从于另一个人的意志的状态形成对照"。❶ 在行政执法视域中，行政执法主体与行政执法相对方在执法过程中形成的关系是最重要的，也是最具决定性的内容，因为这对关系的性质直接反映着行政许可执法制度的价值定位以及制度构架的整体样貌。然而，行政执法主体与行政执法相对方关系的性质只是一种抽象的学理认知，只有当其通过一定的行为方式表现出来时，才能产生可观察并进而做出评判的效果。因此，对体现自由实现程度的法律关系的考察必将转化为对政府行为方式的考察。

就行政许可执法而言，它在实施过程中，本身就是以行政相对方的人身和

---

❶ 哈耶克：《自由秩序原理》，邓正来译，三联书店，1997年版，第4页。

财产自由为对象的，即限制或剥夺行政相对方的人身和财产自由是强制行政执法方式的基本内容，行政处罚、行政强制执行、行政强制措施等无一例外地体现了这一点。长期以来，人们对政府的警惕和恐惧正是来自行政权强制的一面，故而在20世纪中期形成的比例原则，成了控制行政机关强制性权力运作的"帝王条款"。比例原则包含着适当性原则、必要性原则和狭义的比例原则三项内容。虽然能在一定程度上缓解行政执法的强制性，但是这种以行政主体为单一中心的制度构建模式又存在着自身难以克服的局限，即通过限缩或者压制"强制"来实现自由。

这是因为在我国的传统行政法理念中，公共利益的优先性导致维护公共利益的行政主体具有正当性的优势地位。无论是政治意识形态中还是在法律制度框架内，公共利益相对于私人利益的优先性曾在我国存在了相当长的时间，政府作为公共利益政治上和理论上的代表者自然而然地具有优越于行政相对方的地位。由于行政主体拥有并经常使用强制性权力，这导致了现实中行政主体与行政相对方之间处于一种事实上的不均势状态，而立法者在规范强制权的同时又在一定程度上对这种不均势状态予以强化和合法化，如行政优益权、行政优先权的立法承认便是例证。

但是，随着经济体制改革和政治体制改革的深入，公共利益与私人利益之间的地位关系发生了显著变化。在市场经济条件下，无论是公共利益还是私人利益，只要是合法利益均应当受到法律的同等保护。公共利益与私人利益平等地位的确认一旦折射到行政法领域，即作为公共利益代表者的行政机关与作为私人利益代表者的行政相对方的平等地位应当得到行政法制度的确认，当政府实施的行政行为剥夺或限制私人利益时，必须通过一个事先确立的协商或对话程序来进行，仅以公共利益即可作为剥夺或限制私人利益的正当性理由的时代已经一去不返了。

同时，非强制性手段进入行政许可执法领域中，可以保证行政主体和行政相对方双方权利、义务内容的协商性，在行政相对方与行政主体之间形成一种非对峙的关系，行政相对方不再从属于行政主体，而是作为平等主体通过行使程序性和实体性参与权来制约行政主体职权的行使和意愿的表达。

从效率上看，非强制执法中，公民主体性地位的政治和法律确认受到了制度的确认，行政相对方的意志和利益受到了法律的同等尊重和认真对待。这能够使得行政相对人有更加积极的意愿加入行政许可执法过程中，从而为行政主体把行政相对方的资源与智慧统合到行政管理目标的实现提供了可能。因为这直接关系到任职所在地当地居民的生活水平、文化素质、人员流动等各个环节。❶ 同时，对于行政主体而言，非强制性手段也有利于实现其最为重要的政治行政任务——发展地方经济。在当前的行政政绩评估机制中，所任职地区经济发展状况是考量一个官员任职效果最直接也十分重要的标准，而政绩往往是行政机关及其公务人员主动追求的目标。其实，行政机关并不能从非强制行政许可执法中获得直接的物质、经济利益，因为即便其指导企业注册了商标、推广了产品，使得行政许可的效率实现最大化，也无法从企业那里获得相应的物质回报；然而，其能够获得的或许是"搞活地方经济发展"的政绩。之所以这一动机能够通过非强制行政来实现，乃是因为：①在市场经济条件下，政府不能依靠强制性手段、只能采取行政指导等非强制性手段推动经济发展。与计划经济不同，市场经济体制将经营自主权赋予公司、企业等经济主体独立行使，行政机关不能再通过行政命令、行政强制等方式决定或干涉经济主体的经营活动，在此背景下，政府若要致力于推动地方经济发展，只能采用指导、建议、交流、协商等非强制性手段——非强制行政是政府发展经济所能采取的唯一可行的方式。这也意味着，只要不具处罚性、强制性和损益性，地方政府扶持地方经济发展的任何活动皆可归入非强制行政的实践范畴中，这也是此类范例数量众多的原因之一。②行政机关凭借其综合优势有能力为经济主体提供指导。莫于川教授指出："行政指导之所以能发生实际作用，……往往需要借助于行政机关通过组织法授权和其特殊地位及权威带来的实际影响力，加之行政机关在知识、资讯、资源等多方面具有优势，以及扮演特殊的社会角色，这种权威性、优势性和超脱性使得原则上适宜由行政机关作为行政指导行为的主体。"❷ 反之，如果行政机关不具备法律、信息、资源等方面的优势，或者说其所掌握的信息还比不上私人企业，那么行政指导显然无由发生。

---

❶ 卢护锋："论非强制行政执法方式的人权意蕴——以非强制与强制的比较为视角"，《广州大学学报（社会科学版）》，2011 年第 10 卷，第 21 - 25 页。

❷ 莫于川等：《法治视野中的行政指导》，中国人民大学出版社，2005 年版，第 24 页。

表2 行政许可执法"非强制方式"实践案例

案例编号	行政许可执法主体	行政许可执法方式及实践效果
案例一	浙江舟山市岱山县烟草专卖局于2011年9月探索实施非强制性许可执法方式❶	该局在尊重烟草零售户意愿的基础上，采用提示、告诫、回访等灵活易行、零售户易于接受的方式方法，对具体行为实施不同的许可及许可后的监管措施，制定出台了《推行非强制性行政行为工作方案》，明确了工作原则、内容和要求，同时，对涉及的许可文书进行格式化编制，为一线专卖所队提供了操作依据和范本，具有较强的可操作性
案例二	福建省泉州市安溪县工商局指导许可"铁观音"品牌建立❷	该局大量推行实施行政许可执法非强制制度，形成了泉州市工商局行政指导案例——"泉州经验"，在具体内容上，①指导建好制度，规范证明商标的许可申请管理。②指导抓好培训，增强正确申请、使用证明商标意识。通过举办培训班、讲座等方式，组织茶叶企业管理人员及技术人员系统学习证明商标许可申请、使用管理规则，掌握申请使用证明商标的条件和程序、使用人的权利义务以及《商标法》《商标法实施条例》等有关知识产权保护的法律法规知识。③许可后，实施牵手行动，指导打假维权，指导农企协作，提升质量保品牌。④指导注册防御商标，构筑商标保护
案例三	天津市工商局2012年2月23日在行政许可执法过程中探索实施《天津市工商局关于在行政许可审批中实施行政指导的意见》——津工商许字〔2010〕16号❸	该局为了进一步规范审批行为，充分发挥行政许可审批服务功能，出台该意见，其中明确要求"在行政许可审批工作中，工作人员要详细了解申请人申请登记的具体事项，并根据实际情况制定指导方案，有选择性地对行政许可过程中需要注意的事项做出特别说明，对申请人已经形成的申请材料进行预览、审查，对不符合法律、行政法规要求的，指导申请人进行修改、完善，一次性告知清楚"等行政许可执法非强制措施及具体实施细则

---

❶ 浙江舟山岱山县烟草专卖局办公室："浙江岱山县局非强制性行政行为助推行政执法显成效"，中国烟草，http://www.tobacco.gov.cn/html/30/3002/3843815_n.html，2014年1月3日最后访问。

❷ 刘福元："非强制行政的动机分析——探索政府柔性执法的内部之源"，《云南大学学报法学版》，2012年第25卷第6期，第35页。

❸ 天津市工商行政管理局："天津市工商局关于在行政许可审批中实施行政指导的意见"，http://www.saic.gov.cn/fgs/gzdt/gdfzdt/201202/t20120223_124187.html，2013年12月10日最后访问。

第六章　行政许可执法制度理论、研究与评价

续表

案例编号	行政许可执法主体	行政许可执法方式及实践效果
案例四	2007年，北京市工商行政管理局在行政许可执法中实施"柔性指导""高科技执法手段"❶	该局重点推行加强行政指导，不再单靠处罚等"铁面"查处方式，而是尽量采取提示、告诫、约见、建议等"柔情"式的行政指导方式，从而改变在以往执法过程中存在的以罚代管、先罚后管、重罚轻管的现象 同时启用"行政执法案件管理系统"后，工商执法人员要办案，先得报主管部门负责人同意，再通过网络向局法制部门申请立案编号。核审后，符合立案要求的才能立案、取得立案编号。有了编号才能打印出执法文书，没有文书，也就没有办案资格。立案后，执法者只能严格按照法定程序调查、终结、执行，或依法撤销，执法的每一步都清晰反映在网上，处于严格监督之下
案例五	国家工商总局出台的《工商行政管理机关行政指导工作规则》❷及《以柔性执法方式全力助推经济社会发展——关于吉林省工商局推进行政指导工作的调查》❸	国家工商总局在2013年3月1日出台了《工商行政管理机关行政指导工作规则》，其中对行政许可执法的非强制方式——行政指导方式进行了规定，规定了行政指导的基本原则、实施主体与适用范围、适用情形、适用程序、监督和管理等 同时针对吉林省工商局下发了《关于在全省工商行政管理系统推行"四段式"行政执法模式的指导意见》。其中对规定的法规宣传、教育引导、告诫说理和行政处罚"四段式"执法模式，进行了说明和肯定，并要求各地有条件的地区进行推广和借鉴

由表2可见，实践中已经有工商机关采取了一些非强制行政许可执法手段，为某个或某些特定相对人提供许可指导和帮助，而以发展地方经济为目的的非强制行政许可所着眼的并不是特定相对人，而是其所代表或体现的作为背景的地方经济；这样一来，行政指导工作的重心就可能落在地方支柱产业或某行业的支柱企业身上。

---

❶ "北京工商管理实现柔性指导高科技监管"，法制日报，http://news.sina.com.cn/c/2007-04-08/103211593694s.shtml，2013年11月11日最后访问。

❷ "关于印发《工商行政管理机关行政指导工作规则》的通知（工商法字〔2013〕3号）"，中国工商报，http://www.saic.gov.cn/zwgk/zyfb/zjwj/fgs/201301/t20130129_132950.html，2013年12月25日最后访问。

❸ "以柔性执法方式全力助推经济社会发展——关于吉林省工商局推进行政指导工作的调查"，中国工商报，http://www.saic.gov.cn/gsld/yjbg/rdwt/yjzx/201301/t20130117_132691.html，2013年12月26日最后访问。

例如，天津市工商局在 2012 年 2 月 23 日实施的《天津市工商局关于在行政许可审批中实施行政指导的意见》——津工商许字〔2010〕16 号，这一规范性文件详细地规定了在行政许可过程中应该坚持的原则与方式，并将行政许可指导方式分为以下 4 种。

①行政示范。要求行政许可机关将申请行政许可提交的文件、证件制作成示范文本，如各类许可事项表格的填写示范、各类许可事项要件的模板文件等，放置在审批场所醒目位置，供办事群众参考，引导申请人准备相关申请材料，提高审批文件的规范水平及审批申请的成功率。

②行政约见。对行政许可审批工作中的一些重大项目或疑难问题，全市工商机关行政许可部门可根据行政指导相对人的申请，安排专人与申请人约定时间和地点进行会商，也可上门服务、现场办公。针对申请人的具体问题，帮助申请人出谋划策，制订解决方案。对于同时涉及工商其他部门的问题，为方便行政相对人办事，可酌情邀请工商机关其他相关部门的同志参加。

③行政告诫。当工作人员发现申请人提交的材料有违法律、行政法规及政策的规定，或者发现申请人有提交虚假材料倾向时，工作人员应对申请人进行必要的告诫、劝导，引导申请人依照法律法规的规定，准备相关申请材料，申请行政许可审批。

④行政提醒。如公司法定代表人、股东等登记事项发生变更，提醒企业提交真实合法的文件，必要时需要当事人到场进行确认。在登记事项和备案事项发生变化，办理完毕变更和备案登记手续后，许可审批部门应提醒企业，变更登记和企业年检是两个不同的事项，企业应分别办理相关手续，防止企业误认为变更后不再需要办理年检手续，而违反企业年检有关规定，给企业带来不必要的行政处罚。对于新设立的企业，要进行照后提醒，告知企业照后应到哪些相关部门办理手续，并应在每年规定时间内办理年检手续。

在行政许可过程中，设定了以下 2 种规范性行政文书以进行制度化管理。

①制发《行政指导提示书》。如：行政许可部门可向注册资本分期到位的公司制发《行政指导提示书》，提示其按照规定时限，及时办理实收资本的变更登记。

②制发《行政指导建议书》。如：行政许可部门对实施改制的企业，提前介入，针对不同企业的实际情况，依照法律法规及改制政策的规定，制作并向企业发送《行政指导建议书》，指导企业制订相应的改制方案，告知企业改制

登记的依据、程序及所需提交的材料目录，为改制提供个性化服务，支持企业改制顺利开展。

四、行政绩效维度下的行政许可执法制度之评价

英国在20世纪70年代末进行了行政改革，在随后的20年间，逐步形成了英国行政法上颇具特色的行政绩效评价制度。同时在美国和德国也产生了有关行政绩效的"日落计划"评价机制，进而形成了20世纪末行政改革的浪潮，我国在行政许可执法改革中也可以借鉴这一系列举措。

（一）从评价原则上看

英国在20世纪末推行的行政绩效评估，不仅重视以效率作为绩效的核心课题，而且还关注行政质量与行政相对人的满意程度。

（二）从评价主体上看

传统上，行政绩效评估由上级部门发起，采取自上而下的单向反馈方式，是以政府为中心展开，并限制评价结果由行政机关做出。随着评价原则在20世纪末发生转变，评估主体也随之转变，由公共组织扩展到社会公众。例如，在公民宪章运动中，各公共服务系统颁布的乘客宪章、纳税者宪章、病人宪章等服务标准中都明确提出了顾客满意率。并且，布莱尔政府上台后，又进一步明确提出让公众参与测评。

（三）从评价功能上看

政府绩效评估的功能主要是评判、控制。所谓评判功能，是指通过对组织绩效的分析来指出促进或妨碍组织取得绩优的因素。例如，雷纳评审的目的是通过对政府部门活动的经济性和效率的评审来发现部门内存在的问题，并提出具体的改进措施。所谓控制功能，是指上级部门依据绩效协议或绩效合同评估下级部门，并运用评估结果对下级部门实施有效控制。

（四）从评价的价值标准上看

20世纪80年代初，英国的效率小组建议在财务管理新方案中设立"经济""效率""效益"的"3E"标准体系，以取代传统的效率标准（如财务、会计指标等）。不久之后，英国审计委员会（The Audit Commission）又将"3E"标准纳入绩效审计框架中，并运用于地方政府以及国家健康服务的管理实践中。实际上，"3E"标准是一种包含了不同价值观点的标准体系，它反映了公共组织目标的多元化。

第二节　行政许可执法制度改革理论的要素

在行政许可执法的改革过程中，对于改革要素的剖析是改革进行的前提，也是改革成败的关键。笔者认为，改革可以分为主体、制度、工具、方向四个要素。

一、主体：市场和第三方机构在执法过程中作用的强化

（一）世界各国行政许可执法改革的外部趋势环境

从世界范围来看，行政许可执法改革的过程是政府不断还权于市场，还权于社会，同时社会也更加积极主动地参与执法的过程。从亚当·斯密提出"看不见的手"的主张之后的很长一段时间内，世界主要资本主义国家的经济大多处于自由竞争的状态，完全依靠市场来调节经济的发展，政府不做过多的干预，直到19世纪末20世纪初之后，资本主义国家进入垄断阶段，伴随着产业分工的不断细化，市场很难再完成对经济的完全调控。随之，政府"看得见的手"参与到资源的配置和经济的发展中，制定了大量的法律和政策。就行政许可来说，相关法律政策多如牛毛。在美国，到20世纪70年代，政府将手伸到社会生活各个领域，规制的内容变得非常烦琐，仅在钢铁工业领域，政府就制定了27个法规、5600项条例。[1] 在日本，截至1983年年底，国家许可、批准事项的数目达11402项。20世纪80年代后，韩国政府的过多干预已经严重损害了国内经济的发展。在进入20世纪后，特别是20世纪后半叶，世界各国纷纷进行了行政许可制度的改革，这一进程延续至今。可见，限制政府的权能，不断扩大市场在经济发展中的作用，在世界范围内是一大趋势。

反观我国，目前的行政许可执法行为是片面地由政府行政机关主导。这一现状一方面取决于我国传统文化的影响。传统上，在相信个人理性的基础上，我国坚信领导人的绝对正确，这导致了我国有着"人治"的历史源流，"官本位"思想氛围浓厚，行政人员往往根据自己的经历和个人喜好来具体实施行政行为，而不是依据具体明确的法律规定。这种实施行政行为的"非专业性"直接导致了实施结果的非理性，法律和政策的执行差异度大，易导致社会秩序

---

[1] 蒋剑云：《行政审批制度改革探讨》，湘潭大学，2003年。

的混乱。另一方面，行政许可执法往往与政治和政策紧密相连，我们不得不承认，政策鉴于其自身的灵活性与涵盖性，具有更加符合社会发展实际需要的特点，在实现社会健康有序发展方面，发挥着重要的作用。但是，灵活性的另一面是缺乏严谨性，由于政策不能够像法律那样对执法过程进行严谨而全面的规定，在政策的实施过程常常出现一些事与愿违的状况。许多政府部门为了完成所谓的指标，经常实施一些不合理甚至不合法的行为。类似行为不仅是对"法治"的亵渎，而且对行政执法的有效实施以及实现行政执法应有的社会效果是一大挑战。

目前行政体系的冗杂也在一定程度上导致了行政许可的效率低下及收费高昂。政府不愿意放弃在行政许可方面的权力，除了受我国传统执法文化的影响之外，还取决于行政体系内部臃肿，政府财政开支在很多情况下很难完全得到保障，许多政府部门"负债经营""穷则思变"，其结果是，政府往往打法律的"擦边球"，不断扩大已有的权力。目前各地方不断上演的政府行政许可部门"收费养人"问题就是最集中的体现。我国《行政许可法》第58条明确规定，"行政机关实施行政许可和对行政许可事项进行监督检查，不得收取任何费用。但是，法律、行政法规另有规定的，依照其规定。行政机关提供行政许可申请书格式文本，不得收费"。但实践中，许多政府部门为了"创收"，以各种地方政策的形式列出了大量需要缴费的许可事项。权力的滥用最直接的后果是，原本属于政府的那部分"不利益"转移到普通的市场主体身上，而政府由服务者变成了受益者。另外，行政机关是改革的主要对象，在改革实施过程中，逐步限制政府权力直接触犯了行政机关自身的利益，故而在实践中，改革的阻力主要来自于行政机关内部。据报道，山东省临沂市进行了两轮行政许可制度改革，市领导决心很大，但在具体部门，却遇到了"沉默的抵抗"。

（二）世界行政执法改革大背景下我国行政执法改革的方向

1988年，我国的近邻印度将许可证制度自由化，放开了航天工业等高新技术领域的市场准入，高新技术产业因而得到迅猛发展，并带来了整个经济结构的变革。这对同属于发展中国家的我国来说，是值得借鉴的。党的十八届三中全会指出，"经济体制改革是全面深化改革的重点，核心问题是处理好政府和市场的关系，使市场在资源配置中起决定性作用和更好发挥政府作用"。埃德加·博登海默曾经指出，"一个发达的法律制度经常试图阻碍压制性权力结构的出现，其依赖的一个重要手段便是通过在个人和群体中广泛地分配权利以达到权力的分散和平衡"。❶ 改革中，应充分发挥市场机制和行业机构的资源配置作用。与政府相比，市场和行业机构往往对经济有更加准确的把握，可以根据某一行业的特性和实时特征，提供最为恰当的制度。另外，以市场为导向的改革把政府权力分散给市场，减少了政府行政许可的数量，限制了政府权力的滥用。根据盖伊·彼得斯的理论：市场经济要求经济主体要获得更多、更充分的自主权，要求市场成为资源配置的主要机制，行政许可应在市场机制能够发挥作用的领域逐步淡出，一般由市场调节的某些要素政府不应设定，相信市场作为分配社会资源的机制的效率。❷ 这对于市场经济的健康发展具有重大的促进意义。

（三）第三方机构在行政许可执法中作用的加强

在这样的大背景下，我国也应当扩大行政许可执法制度主体及方式的开放性，引导其他主体参与执法过程，其中最为重要的就是第三方主体。

从世界范围内行政许可执法方式改革的实践来看，市场竞争机制的有效调解和第三方机构的自律监督是对逐步缩小的政府职能的最好替代。例如，美国在行政许可执法改革过程中，逐步将政府的某些职能进行了大幅度的精简，并将其中的一些规制职能如资格审查、价格监督、质量控制等权力向各类商业机构、行业机构及社会中介组织转移，以实现政府规制规模的适度化。第三方机构主要包括行业机构和社会中介机构。针对目前行业分工逐步细化、政府承担的社会服务职能越来越多的现实情况，大力扩大第三方机构的职能具有更加现实的意义。然而，我国行业组织和中介机构的发展现状令人担忧，存在的问题主要包括组织不健全、职责不明确、没有一个健全的机制来进行严格约束，缺乏行业和社会诚信，关系依托或行业垄断现象严重等。反过来，正因为中介组织不发达或沦为政府的附庸，所以政府若退出社会，社会便不能自行组织和管理，这也造成了政府迫于形势不敢"放权"。总之，市场机制培育不完全，行业协会和中介组织发展滞后，在一定意义上已成为行政管理体制和社会体制转型的瓶颈。因此，行政许可制度改革要与市场的发育程度和社会自治能力结合起来。

---

❶ 埃德加·博登海默：《法理学——法哲学及其方法》，邓正来译，华夏出版社，1987年版，第344页。

❷ 盖伊·彼得斯：《政府未来的治理模式》，中国人民大学出版社，2001年版。

二、工具：行政许可执法的制度成本及其效益分析

（一）德国行政许可"成本—效益"评估机制的借鉴

在许多国家，执行法律时进行"成本—效益"评估已经成了一项必须执行的制度。以德国为例：德国规定，法律法规制定时，无论大小，都必须经过评估。负责进行成本—效益评估的主体是法规评估委员会和执行成本评估委员会。其中，法规评估委员会直接隶属于总理府，执行成本评估委员会不是常设机构，在需要评估时，由内政部根据立法项目进行组织。因需要专业技术知识，执行成本评估委员会成员大多来自高校和各类科研机构。评估主要内容相对规范，①必须确定制定该部法律的目标，即该项立法会给社会带来什么样的影响，这是后续评估工作的前提；②评估已有的法律法规实现该目标的情况；③该项法律实施后可能造成的目标外的其他影响。具体评估时，需要考虑法律实施的必要性和可能性。其中，可能性包括实施后带来的经济效益，对环境的影响，立法对专业性的要求，是否存在社会不稳定性因素以及与现有法律、法规是否存在矛盾的情况。必要性包括如果不制定这部法律，会给社会带来什么影响，如果制定了这部法律，又会给社会带来什么样的影响，该部法律的制定过程是否需要受已有法律的制约。经过论证之后，如果结论是制定这部法律的各方面条件已经成熟，则应该向上级递交初审稿，并提供几个备选方案，备选方案均需通过评估。

（二）中国行政许可执法"成本—效益"分析制度的建立

参考德国的成本—效益分析机制在实践中发挥的作用，笔者认为在行政许可执法中推行"成本—效益"分析机制对我国有着重要的意义。随着依法治国的推进，许多行政机关认为要想达到法治首先必须立法，这在行政许可方面表现得尤为突出，政府把触角伸到了其职能范围之外的领域，更重要的是，没有经过调研就制定出的法律较为粗糙。笔者认为，包括我国在内的世界上大多数国家都存在行政许可泛滥的现象，此时，许可的评估特别是事前评估就显得越发重要了。"立法者不是在制造法律，不是在发明法律，而仅仅是在表述法律。""事物的法的本质不应该去迁就法律，恰恰相反，法律倒应该去适应事物的法的本质。"而我国的现实情况是，立法的"成本—效益"分析制度仍然停留在理念层面，需要逐步制定具体的评估制度。笔者建议，不妨通过试点进行实验，首先在制度层面进行构建，然后在有条件的地区进行推行，在实行一

段时间后观察效果，最后决定是否进行大范围推广。

三、制度：透明性与利益的平衡性

（一）制度透明性的根源——"行政公开"

"行政公开"常常被视为现代行政法一项重要的原则和制度。究其理论渊源，主要有"人权思想""主权思想""公共信息的自由流动"。"政府的正当权利得自被统治者的同意""整个国家主权的本质寄托于国民"。国家机关是人民利益的维护者，是为人民服务的人，所以，作为与人民接触频繁的行政许可行为，其行使必须公开。就权力与权利的关系而言，基于人民主权的理念，在承认权利为本源的前提之下，权力必须以保障权利为目的，以权利为其自身运行的边界。因此，公开所拥有的公共信息对政府来说，既不是权力的体现，更不是对"纳税人"的某种恩赐，相反地，这是其应当自觉履行的义务或职责。另外，知情权是公民行使其他政治权利的前提条件，"一个民选政府如果没有广泛的信息或者是没有取得这些信息的方法，那么它只能是一场闹剧或悲剧的前奏或者二者可能兼而有之。知识将永远统治无知，因而准备成为他们自己主人的人们一定要用知识赋予的力量武装自己"。❶ 知情权的实现与满足只能依赖于公共信息的公开。必须指出，政府是公共信息最大的拥有者和控制者，这是由政府作用领域的广泛性和作用时间的持久性所决定的。作为一种公共资源，政府所拥有的公共信息必须得到自由地流动，以便为公众所开发利用，进而产生巨大的效益。特别是涉及突发事件时，为了稳定局面，政府往往采取封锁消息的措施，结果导致谣言四起，更重要的是，政府的此类行为引起了民众对政府极大的不信任感，公信力的降低又进一步带来管理的混乱，形成恶性循环。实际上，从经济学的角度讲，政府在实施公务中获得的大量信息，是一种蕴含着丰富能量的资源。但是这些经过加工的信息只有经过快速的自由流动才能创造出巨大的经济效益和社会效益，进而实现社会公众和政府的双赢。

（二）我国促进行政许可执法改革信息公开的具体方式

就我国来讲，"从信息作为一种产权来看，现代行政公开制度实际上是对公共信息的产权的一种新的制度安排。在当下中国的公共信息制度安排中，官

---

❶ 徐大同：《西方政治思想史》，天津教育出版社，2000年版，第167页。

僚拥有最多最大的产权,是现行产权结构的受益者;改革现有模式,建立现代行政公开制度,必然构成对官僚利益的一部分或相当多的剥夺,实质是对现有的公共信息产权结构的重新调整"。❶ 笔者认为,政府行政公共信息公开应逐步实现以下三个转化:由自上而下的"命令式"改革转换为自下而上的"外压式"改革;由各自为政的"分散式"改革转化为统一协调的"通盘式"改革;由权力本位的"恩赐式"改革转化为权利本位的"服务式"改革。具体来说,必须大力培育非政府组织,健全不同群体的利益表达机制,为行政信息公开化营造坚实的社会基础。个人的力量毕竟很小,非政府组织作为一种民间力量的集合体,蕴含着更多的能量,他们作为不特定社会成员的"代言人",可以在一定程度上影响政府的决策机制。但是,由于我国目前非政府组织的组织化程度仍然不高,尤其是利益集团表达机制的缺乏使得他们很难形成集体行动。要壮大这些组织的力量,必须放松对公民结社权的管制,并减少对非政府组织的干预,让其参与行政决策的过程。其实,这些非政府组织的兴起于政府而言是利大于弊的。著名社会学家张静教授曾指出:"社会和国家双方通过合作而获益:一方面,社会中分散的利益按照功能分化的原则组织起来,有序地参与到政策形成的过程中去;另一方面,从这种制度化的参与机制中,国家权力获得了稳定的支持来源(合法性)和控制权。"

在具体改革过程中,必须遵循"先地方,后中央"的整体思路。政府信息的公开绝不是仅仅依靠一部《政府信息公开条例》就可以完成。目前,有关政府信息公开的地方性法规的制定仍然很重要。当各地的信息公开改革有了基本的法律法规支持并积累了众多经验之后,全国性的统一立法即水到渠成,亦会更加科学。

(三) 改革利益的平衡性——对于"公益"与"私益"

在制度透明的基础上,利益的平衡也是执法过程的一个重要的考虑因素,特别是公共利益的存在。传统行政法理论中,公共利益是一切行政行为所必须围绕和关切的,而代表个体权利和自由的私益,又无疑是市场经济条件下人们所追逐的目标。行政法在设定行为模式时,有意无意地将行政主体假定为两种利益的代表——行政主体代表公益,相对方代表私益。按照马克思主义理论,社会公共利益与个人利益是辩证统一的关系。"作为一般的、普遍的和具有共

---

❶ 石红心:"治理、信息与行政公开",《中外法学》,2003 年第 1 期。

性特点的社会利益，寓于作为个别的、特殊的和具有个性特点的个人利益之中，而个人利益则体现着社会利益的要求，是社会利益在个别人身上的利益表现，并且受到社会利益的制约。社会利益是反映在个人利益之中的一般的、相对稳定的、不断重复的东西，是人的最强大的利益基础。社会利益不是简单地存在于个人利益之外，而是借助于个人利益以不同的形式和不同的强度表现出来。"对公益的过分偏重，往往会挤压、吸纳甚至抹杀、吞噬个体的权利和自由；相反，私益的极度扩张则势必对公益形成威胁与损害。而行政许可显然一直置于公益与私益之间的矛盾旋涡中。许可过宽意味着对社会生活中存在的损人利己、发不义之财等丑恶现象的放纵，致使公共资源被私人贪婪地攫取、公有财产被盗用、生态环境被破坏，使原本生活安宁的人们如遭遇洪水猛兽。许可过严，即管制泛滥，有悖于民主与法治之真谛，限制了人们的自由选择，侵害了公民的私权，同时也必然窒息市场活力，阻碍经济正常发展。显然，对公益与私益进行合理的配置，不啻行政许可法律制度乃至当代行政法所不可回避的根本性问题。在将理论和原则运用于实践方面，行政法控权与管理两种对立理论及其模式，显示出同样的无能为力状态，与平衡论相比均相形见绌。平衡论所提出的在寻求公共利益与保护公民合法权益并重基础上构筑现代行政法体系和框架及内容之理论，为我国行政许可法律制度的制定和实施提供了依据和指南。基于平衡论，在两者发生矛盾、冲突之际，不能在不进行利益权衡的情况下，就先行断定孰者优先。这一思路应为我国行政许可法律制度乃至整个行政法律制度体系建构所遵循。

四、发展路径：行政许可执法的改革发展方向和路径选择

行政许可执法改革的内部利益多元性及外部环境的复杂性要求我们必须怀着开放的心态应对改革中遇到的问题。改革的外部环境复杂性要求我们在实践改革开放性时做到以下两个方面。

（一）行政许可执法改革要拓宽视野

由于行政许可执法是政府行政行为的一类，其行为的结果不仅仅对行政许可执法对象产生作用，在整个社会范围内考量，还会影响其他社会主体的权利，乃至整个社会的舆论评价。故而行政许可执法改革不应仅仅局限于行政许可法理论构建以及行政许可的执法实践规制，还应包括与之配套的行政执法主体设立、管理制度、行政规制手段；行政政策甚至公众对于行政许可执法过程的社会评价

形态及批判标准必须与改革相协调,同步进行,防止出现交叉甚至矛盾的现象。

(二) 改革与全球行政法改革环境和国内需求相协调

在全球化的大背景下,中国的改革必须与世界发展的整体趋势相协调,具体表现为:在执法改革中,不得违反普遍得到认可的国际规范。国内方面,扩大改革过程中的民主参与是切实反映社会实际需求的重要手段。"知屋漏者在宇下,知政失者在草野",扩大各方利益主体的参与,有利于改革的理性推进,而且,相互妥协的过程能让改革的结果为更多的社会群体所接受。例如,在美国环境行政许可过程中,不仅个人或者非政府组织、传媒、公众、受管人,而且那些遵从环境保护局(Environment Protection Agency)法规的实体:公司和其他私人组织、州和地方政府以及其他联邦机构均可以进入全方位、深层次的行政许可法制监督网络体系之中。

同时,由于行政许可执法改革的内部利益具有多元性、碎片化的特点,改革过程中的利益重新配置过程,必然涉及行政主体和各类相对人以及监管部门的利益再分配,这样的结果是分配的过程必然伴随着既得利益集团的抵制。根据近代西方经济分析法学的观点❶,制度改革的交易费用和交易成本会影响改革涉及主体(包括行政主体及各类行政相对人)在改革过程中的行为选择,通过法律规制的行政许可执法制度,可以将改革的资源消耗最优化,同时对违反改革的行为进行处罚,鉴于新古典经济学的"理性人"范式,改革涉及主体会做出合理的选择,虽然在个别的情况下,也有非理性的情况发生,但其不能影响法制改革的最优化效率配置。

第三节 行政许可执法存续现状与制度重构

行政许可执法状况的内容包括四个方面:执法原则、执法主体、执法方式、执法结果的救济与监管。即遵循执法过程的先后性,先从行政许可的基本原则出发,进而要求执法主体在执法过程中通过执法方式的改变进行主体再定位,最后从执法过程的监督与行政许可相对人的救济方面进行外部的限制。

---

❶ 波斯纳:《法律的经济分析》,中国大百科全书出版社,1997年版。

一、许可执法原则：合法性与合理性

行政许可执法是行政法的实施途径，必须遵循行政法的基础性原则，其在保证执法的基础上需要对行政许可执法理念进行重新构建。

（一）依法原则在行政许可执法中的体现

许可执法的依法原则是指行政许可的设定及实施、行政许可的范围、行政许可的机关及其权限、行政许可的条件和标准、行政许可的程序及其法律后果等都必须依据法律、符合法律，不能同法律相抵触。《行政许可法》明确规定，全国人大及其常委会、国务院和省级地方人大及其常委会可以依法设定行政许可，省级人民政府可以依据法定条件设定临时性行政许可，其他国家机关包括国务院各部门一律不得设定行政许可。行政许可必须依据法律的规定，奥托·迈耶在他的《德国行政法》中也有说明，"行政法是一种自行形成的国家意志，并不只是服务于法律，而是能自行从不同程度优势地位出发决定什么是正确的。以法律形式出现的国家意志依法优先于所有以其他形式表达的国家意志；法律只能以法律形式才能废止，而法律却能废止与其相冲突的意志表达，或使之根本不起作用。这就是我们所说的法律优先"。❶

（二）行政许可执法过程中公开、公平、公正原则的实现

公开、公平、公正原则在我国行政法中占有重要地位，其中反映在行政许可执法过程中，公开原则是要求在法律做出要求的范围内对于任何关于行政许可内容、依据、过程的相关信息必须真实、准确、完整地予以披露。涉及公共利益的重大行政许可事项，行政机关应当向社会公告，并举行听证；涉及第三人的，行政机关在做出行政许可决定前，应告知利害关系人享有要求听证的权利。我国《政府信息公开条例》第10条第7款明确规定，县级以上各级人民政府及其部门应当主动公开"行政许可的事项、依据、条件、数量、程序、期限以及申请行政许可需要提交的全部材料目录及办理情况，公开的形式是主动公开"。公平原则是要求参与活动的一切当事人（包括行政主体及行政相对人）法律地位平等，合法权益受到公平保护。公正原则是要求在行政许可执法过程中，行政主体应避免法律规定之外的其他要素在行政许可程序中进行干扰，同时要求国家和地方监管机关对一切监管对象予以公正待遇。

---

❶ 奥托·迈耶：《德国行政法》，刘飞译，商务印书馆，2002年版，第70页。

第六章　行政许可执法制度理论、研究与评价

行政许可公开原则的真正落实，只依靠《行政许可法》自身的规定，作用是极其有限的，必须辅以《信息公开法》《阳光下的政府法》等法律。日本的《行政程序法》明确规定，行政机关应当制定并公布各种行政许可的条件和标准。美国的《情报自由法》明确规定，公民申请行政许可时，有权取得官方有关信息，政府也有义务向申请人公开并提供这些信息。否则，行政相对人有权提起诉讼，有关行政机关应当承担法律责任。我国的立法机关要保证行政许可公开原则的施行，应在立足国情的基础上，大胆借鉴西方的行政公开制度，制定相应的监督保障机制。一直以来，我国的行政许可都存在重许可轻监管的现象，很多行政主体在进行行政许可时往往会设定较高的标准和门槛，使行政相对人获得行政许可需要经过很多努力，但是行政相对人一旦取得了行政许可就等于是万事大吉，行政主体对其从事行政许可的活动很少过问，并不会去进行监督管理。

（三）行政许可执法过程的高效、便民原则

便民原则是指行政相对人可以以高效便捷的方式获得行政许可。"民为邦本，本固邦宁"，高效便民原则要求行政机关保障行政行为的高效率，在法律规定的时间内完成办理，同时尽可能地为行政许可申请人提供申请上的便利。行政相对人与行政机关相比，处于劣势地位，如果便民原则不能作为一项基本原则贯彻到行政许可实施的始终，易出现权力滥用甚至是权利"寻租""设租"的现象。在我国，长期存在着行政许可"环节过多""手续繁杂"以及"暗箱操作"等现象。随着社会经济生活的日益发展，进行行政许可申请的事项愈加精细化、复杂化。很多情况下，仅仅依靠一个政府部门很难完成一个项目的完整审批过程。为了让老百姓能够方便、快捷地获得行政许可，设立"一个窗口对外""统一受理、分别办理"是有重要意义的。包括我国在内的世界上大多数国家都对此做出了明确规定。2013年6月1日起施行的《四川省政务服务条例》第11条明确规定，"行政许可、非行政许可审批和公共服务等行政管理事项应当纳入政务服务中心办理。因涉密、场地限制不能进入政务服务中心办理的，由同级人民政府决定。省垂直管理部门的政务服务事项进入所在地同级政务服务中心集中受理、办理。经本级人民政府同意未进入政务服务中心受理、办理的政务、服务事项或者单独设立的办事大厅，应当接受同级政务服务管理机构的指导和监督"。

有的学者认为，这种统一受理后再由多个部门分别办理的方式不利于提高

行政效率，特别是对于一些执法人数本就不足的单位情况更是如此。笔者认为，高效便民原则是必须坚持并长期实践的一项内容，至于该原则的实施过程由于"民的效率"带来的"官的不效率"问题，应该通过逐渐改革政府办事机制来解决。效率一方面来自程序的简化，另一方面来自于时间的缩短，由于缺乏竞争机制，政府办事拖延已经成为一个很严重的问题，有时，民众甚至会因为政府办事时间拖得太久而在没有相关许可的情况下先行实施未获审批的行为。故而政府部门对实施行政许可的时间必须做出明确规定，如《行政许可法》第42条明确规定，"除可以当场做出行政许可决定的外，行政机关应当自受理行政许可申请之日起20日内做出行政许可决定。20日内不能做出决定的，经本行政机关负责人批准，可以延长10日，并应当将延长期限的理由告知申请人。但是，法律、法规另有规定的，依照其规定。依照本法第26条的规定，行政许可采取统一办理或者联合办理、集中办理的，办理的时间不得超过45日；45日内不能办结的，经本级人民政府负责人批准，可以延长15日，并应当将延长期限的理由告知申请人"。

从利于民众的角度出发，费用问题成了不得不解决的事项。前文已经提到，由于我国公务员队伍的庞大和行政、财政体制的不完善，不少行政机关借"许可"之名变相收费，将政府的财政负担转化给民众，这与便民原则是相悖的。《行政许可法》第58条规定，"行政机关实施行政许可和对行政许可事项进行监督检查，不得收取任何费用。但是，法律、行政法规另有规定的，依照其规定。行政机关提供行政许可申请书格式文本，不得收费。行政机关实施行政许可所需经费应当列入本行政机关的预算，由本级财政予以保障，按照批准的预算予以核拨"。笔者认为，此处的"费用"应该不仅仅包括各项手续费用，还用包括各种潜在的费用，当某一类行政许可的办理需向有关部门"送礼"已经成为一项"行业惯例"的时候，即此项行政许可的办理必须通过"变相缴费"才能完成，有违便民原则和公正原则的要求。

（四）行政许可执法中信赖利益的保证

保证行政相对人对于行政行为的信赖利益，是指行政机关对于已经生效的行政许可，不得随意变更或撤销，这不仅可防止政府部门的"朝令夕改"，也确保了行政相对人的信赖利益。若因为公共利益原因，确要改变的，也要依法进行，并给予补偿。"人而无信，不知其可也"，伴随着社会主义市场经济体制的逐步确立，我国建立健全社会信用制度的要求日益迫切。信誉体系建设的基础是个人信用，重点是企业信用，核心是政府信用。政府应率先垂范，树立诚信形象，建立政府与公民之间的信任关系，这对推动整个社会信用的构建十分重要。对于行政许可机关做出的行为，行政机关必须言出必行，切实办理，对于出台的法律、法规必须严格遵守，对于符合法律、法规的规范性文件也要作为执法的依据，在办理许可后，不可以进行轻易地变更。确有基于法律的允许进行变更的，需要履行法律、法规规定的程序，对于变更、撤销行政许可后对行政许可相对人的合法权益产生的损害，要进行必要的补偿。

二、许可执法主体：政府角色的重新定位

（一）政府角色的原型——行政许可执法主体的现实地位

"徒法不能以自行"，从某种程度上讲，合理高效的行政机关甚至比好的法律更为重要。我国的行政执法主体主要包括四类：行政机关、被授权组织、被委托机关和委托机构以及联合执法机关。其中，行政机关是指依法行使国家行政权，管理国家行政事务的机关。我国现行行政机关分为中央行政机关和地方行政机关两大部分，中央行政机关即国务院，由各部、各委员会、各直属机构和办事机构组成；地方行政机关包括一般地方行政机关、民族自治地方行政机关。地方行政机关分三级：省、自治区、直辖市人民政府；县、自治县、县级市人民政府；乡、民族乡、镇人民政府。被授权组织的构成包含四个条件：一是主体条件。行政许可权的授权主体必须是特定的国家机关。《行政许可法》规定行政许可的授权由法律、法规规定，这里的"法规"包括国务院行政法规和地方性法规，因此，行政许可权的授权主体必须是享有法律、法规制定权的国家机关。二是内容条件。被授权的行政许可权是共有权力，不是专有权力。三是必须授权转让给具有管理公共事务职能的组织。四是授权的规则。委托实施行政许可的规则主要包括以下几个方面：①受委托行政机关必须以委托行政机关的名义实施行政许可；②受委托机关不得超出委托范围实施行政许可；③委托行政机关不得再转委托。所谓联合许可机关，是指两个或两个以上以共同名义就某一申请事项做出是否准予许可决定的行政机关或被授权组织。《行政许可法》第26条规定了行政许可依法由地方人民政府两个以上部门分别实施的，可以由本级人民政府确定一个部门受理行政许可申请并转告有关部门，等分别提出意见后再统一办理，或者组织有关部门联合办理、集中办理。该条规定了三种联合办理的方式：统一办理、联合办理、集中办理。按照这三

种方式做出的行政许可应视为共同行政许可行为。

（二）政府角色——行政许可执法的再定位

政府的现代社会国家职能不断膨胀，政府的权力触角越伸越远，随之而来的是政府规模的急剧扩大、政府能力危机以及民主危机的出现。这些弊端的出现使得政府开始对自己的社会角色进行思考，重新审视自身的性质、职能、地位及与市场之间的关系，思考何种治理方式最能降低社会成本。于是，政府开始利用企业、团体及个人等市场主体帮助其进行社会管理，发掘其相对于自身的优势，并将部分职能交给市场来解决。这种民主化、多元化、合作化的非意识形态的行政管理，即"治理"式的行政。在这一转变中，首先要解决的是，让政府交出自己手中的权力，困难有多大？是否存在再收回权力的可能？另外，政府交出这部分"权力"后，该由谁来承担？我国的《行政许可法》对这方面进行了初步的探索，《行政许可法》第28条规定，"对直接关系公共安全、人身健康、生命财产安全的设备、设施、产品、物品的检验、检疫，除法律、行政法规规定由行政机关实施的外，应当逐步由符合法定条件的专业技术组织实施。专业技术组织及其有关人员对所实施的检验、检测、检疫结论承担法律责任"。此处由专业技术组织实施检验、检测、检疫，既解决了行政机关技术性缺乏的难题，又不必在行政机关内部强行塞入一个专门的技术鉴定部门，节约了社会管理成本，同时也符合市场经济的规则。从本质上说，"专业技术组织"承担部分管理职能是政府由"统治"向"治理"转变的体现。"就其最抽象的一面来看，治理理论讨论的是国家与市民社会之间长期存在的制衡关系所发生的变化。"[1] 总而言之，向"治理"式的行政过渡过程中，我国政府应当定位于兼具行政"权威性"和市场的"自主性"两方面价值的社会主体。

三、许可执法方式：差异性的行政许可执法过程

正是由于行政许可执法过程中行政主体的角色地位应当进行重建，故而要突出执法方式差异性及电子政务的推行。

行政许可可以有多种分类，在德国，设定行政许可的事项主要有四类，即

---

[1] 格里·斯托克：《作为理论的治理：五个论点》，载俞可平主编：《治理与善治》，社会科学文献出版社，2000年版，第31-35页。

第六章 行政许可执法制度理论、研究与评价

预防性控制的事项、对一般禁止解禁的事项、资格确认性事项以及履行告知或程序义务的事项。❶ 在日本，政府将需要进行行政许可的事务分为经济性事务和社会性事务。对经济性事务实行"原则自由、例外许可"的原则，而对社会性事务，实行"最小限度保留"的原则。狄骥在《公法的变迁》中写道，"'公共服务'的概念已经逐渐取代主权的概念而成为公法的基础"。他认为，公共服务就是指那些政府有义务实施的行为。以满足多样化的公共服务为标准，政府的行为应当具有针对性和多样性。目前的问题是，许多行政执法机关仍然习惯于传统的执法方式，由于传统执法方式强调依法行政，故行政执法机关在执法过程中仅限于采取法定方式，缺乏创新的内在动力。以此为基础，行政执法方式是整齐划一的，以权力行使有相关法律规定为基础，执法方式集中于行政许可、行政命令、行政处罚、行政强制、行政裁决等，结果是使行政执法逐步走向偏执主义和机械的法治主义，而少有创新。目前，由于立法模式的内在缺陷，《行政许可法》的诸多规定带有"一刀切"的倾向，此种做法难以适应目前众多领域中的各种情况。故而，加快制定各种部门法和地方法以体现行政许可的多样性，就显得越发重要。例如，我国正在制定的《电信法（草案）》，一方面规定了市场化配置方式，另一方面规定了牌照的指配方式，为未来的牌照发放提供了法律基础。在地方性、部门性行政许可的制定过程中，部分地方政府和部门直接照搬其他地方性法规，忽视了行政许可的多样性，给许可的具体实施带来了困难，防止这一现象的发生具有重要意义。

在执法方式方面，有部分行政机关已经在进行改革，其中电子政务的推出及实施是其中最具代表性的。电子政务以高效便捷著称，现代行政效率因为电子政务的推行而得到极大的提高。《行政许可法》规定，行政许可申请可以通过电报、电传、传真、电子数据交换和电子邮件等方式提出。行政机关应当建立和完善有关制度，推行电子政务，在行政机关的网站上公布行政许可事项，方便申请人采取数据电文等方式提出行政许可申请；同时与其他行政机关共享有关行政许可信息，提高办事效率。如果行政许可机关具备条件而不推行电子政务，应该如何处理？如果行政机关推行电子政务却疏于管理，导致申请人权益受损的，申请人如何救济，等等，都需要具体的操作规范进行指导。否则，

---

❶ 格里·斯托克：《作为理论的治理：五个论点》，载俞可平主编：《治理与善治》，社会科学文献出版社，2000年版，第31—35页。

推行电子政务的规定很可能流于形式。我国电子政务的法律制度严重滞后于电子政务的发展，因此，尽快制定完善《电子政务法》是落实《行政许可法》中关于电子政务规定的必然要求。

四、对于执法结果的监管和行政相对人的法律救济

（一）行政机关内部法治原则的要求

有权力，必有监督；有权利，必有救济。这是法治的基本原则。《行政许可法》对有些行政许可权力监督与权利救济做了相当明确的规定。例如，《行政许可法》规定：有限自然资源开发利用等行政许可，行政机关应当通过招标、拍卖等公平竞争的方式做出决定。"行政机关违反本条规定，不采用招标、拍卖方式，或者违反招标、拍卖程序，损害申请人合法权益的，申请人可以依法申请行政复议或者提起行政诉讼。"《行政许可法》对此种行政行为明确规定了行政复议权和行政诉讼权。此规定意义重大，它为权力监督和权利救济提供了明确的法律依据。但是，《行政许可法》对其他很多行政许可权力和权利却没有规定明确的监督与救济途径。比如，《行政许可法》规定："设定行政许可，应当规定行政许可的实施机关、条件、程序、期限。"如果设定行政许可不符合这一要求，该"行政许可"的有效性将受到质疑；而且，行政相对人可否对此提出异议也是个不明确的问题。实践中，我国在监管方面存在着许多问题，行政许可执法救济制度与责任追究制度含糊不清，权力与责任相脱钩，如各地方开设用于集中办理许可的行政审批大厅、行政服务大厅、政务大厅不能独立承担法律责任，发生问题后各部门相互推诿，不承担责任。

行政许可执法监管是行政监管的一部分，要彻底解决行政许可执法的监管问题，必须从根源上规范行政监管。首先表现在某些应该设定监管的行业未设立相应的监管机构，如城市公用行业，这种管制的真空状态让监管工作无所适从；包括土地管理制度在内的中央统一监管方式的盲目扩大，给监管的实际运行带来了很大的困难，特别是在一些属地性质非常明显的领域，这一问题的弊端会更加明显；权限分工不明是权力争夺和推诿的根源，这是建立独立的监管制度和创建公平市场环境的必要条件，同时，还可以抑制权力滥用、维护《行政许可法》的权威。当然，要从根源上解决监管问题，必须树立依法监管的理念，淡化"行政化"的执法思路，不断推行"法治化"的执法思路。其中，最主要的是由目前的上级对下级的监管逐步转化为平级监管，即把监管作

为一个独立的部门,与一般的执行部门地位相同。然而,实际的情况是,在各个行政执法部门增加一个独立的监管机构,就不得不考虑行政资源的短缺问题。只有进一步规范包括行政许可执法在内的监管机构的设置和运行,明确划分其与一般执行部门的职权界限,充分发挥监管部门的作用,行政许可执法工作才能在法律限定的框架下,大步地朝着法制化的方向迈进。

(二) 外部相对人救济方式的确认与保护

在对行政许可执法主体进行内部的法律监管之后,还需要借助外部的力量进行限制,实践证明赋予行政许可执法对象的法律救济请求权是最为有效的手段。这是因为在具体的许可执法过程中,行政许可法律关系中强势的政府主体会实施一些有违行政许可法律、法规的行为,而如果行政机关内部的监管机制因为与行政许可主体的利益相关而未发生功效,此时对于该行为违法性的追究就会出现停滞。此时赋予行政许可执法对象法律救济权,执法对象会基于自身的"主观法利益"诉诸行政许可主体监督机构、行政许可主体上级机关,从而重新推动追究机制的继续前进,因为这一救济机制最直接的作用就是保护行政许可相对人的权益,这样导致的结果是附带性地追究行政许可执法主体的责任,从而保护了"客观法秩序"。

法律规定的行政许可救济主要包括两个方面的内容:第一,相对人在许可申请救济时的救济途径;第二,行政主体未按规定行使职权给相对人带来损害时的责任认定和赔偿。在这里相冲突的两种力量是行政权利和行政权力。在接下来的行政许可执法改革中,必须明确,公民的个人权利具有天然正当性,行政权力要进行干涉,必须以"公共利益"受损为先决条件。"行政许可制度的目的建立于公益基础之上,因此,无论是决定是否给予申请者许可,还是认定是否应考虑由此涉及的相关私益时,行政均应从公益的角度进行判断。"相反,政府使用权力的前提是一部分人的权利的行使程度过高,损害了其他人的权利实现。总之,在权力与权利的对决中,需要尽可能衡平二者关系,唯有"公私两便",方得良法。

2009年11月9日由最高人民法院审判委员会第1476次会议通过,自2010年1月4日起施行的《最高人民法院关于审理行政许可案件若干问题的规定》第13条规定:"被告在实施行政许可过程中,与他人恶意串通共同违法侵犯原告合法权益的,应当承担连带赔偿责任;被告与他人违法侵犯原告合法权益的,应当根据其违法行为在损害发生过程和结果中所起作用等因素,确定被告的行政赔偿责任;被告已经依照法定程序履行审慎合理的审查职责,因他人行为导致行政许可决定违法的,不承担赔偿责任。在行政许可案件中,当事人请求一并解决有关民事赔偿问题的,人民法院可以合并审理。"该条规定可以说是针对行政许可救济制度的专项规定,不仅明确了行政许可机构应当承担的义务与责任,同时也为行政相对人提供了救济渠道,诸如这种通过具体的法律解释来实行《行政许可法》,不失为以后我国行政许可执法制度改革的一种路径选择。其一方面可以在某种程度上弥补《行政许可法》在实践过程中,特别是在行政许可执法过程中的立法缺失;另一方面,也是针对我国行政主体权力过大,逐步化解行政执法改革过程中的难题,虽然在进程推行上有所延缓,但却是一种现实而无奈的选择。

第四节 评 价

古希腊著名哲学家、法学家亚里士多德在其传世经典《政治学》中曾说过:"法治应当包含两层意思:已制定的法律获得普遍的服从,而大家服从的法律又应该本身是制定得良好的法律。"可见,一项制度不仅要求其本身的合法合理性,实效性也是考量其制度功能的一个方面。行政许可作为进行社会、经济、文化等行政管理的、具有刚柔并济属性的政府规制手段,也是合理配置社会资源的有效手段。具有双重性质的行政许可存在的基础是市场领域的"信息不对称"或"市场失灵",且它可以帮助政府克服市场的这些缺陷。

行政许可执法活动作为执行《行政许可法》的一种具体行政行为,其将法从文本规定转化为人们的实际行为规范,在行政许可领域表现为实施行政许可具体行为,对于立法确定的实体条件,必须通过行政执法者的审查、审核、考试、考核等方式核实、认定;对于立法确定的程序条件,必须通过行政执法者的审批过程、步骤和顺序实现。[1] 但是,在现实的执法过程中,却产生了偏差与缺失。

本课题正是基于这样的现状,以实证主义及法社会学的视角出发,将许可执法主体、程序的管理以及公众参与引入许可执法实践,追究行政许可执法制度的实质及改革的方向和具体措施,探讨行政许可执法制度改革的途径及方

---

[1] 姜明安:《行政执法研究》,北京大学出版社,2004年版,第19页。

向。在充分分析当前我国行政许可制度的现状和不足的基础上,希望我国行政许可执法制度改革走一条符合当前中国国情和国际形势及行政许可制度本质的道路,从而更好地规范政府的行政行为,更全面地保护公民尤其是相对人的权益,最终极大地促进社会主义市场经济有序、健康和快速的发展与社会主义法治理念的贯彻实施。

参考文献

第一章

一、著作类

[1] 应松年. 行政许可法教程[M]. 北京：法律出版社, 2012.

[2] 伯纳德·施瓦茨. 行政法[M]. 徐炳, 译. 北京：群众出版社, 1986.

[3] 张树义. 行政法学新论[M]. 北京：时事出版社, 1991.

[4] 罗豪才. 行政法学[M]. 北京：北京大学出版社, 1996.

[5] 杨海坤. 中国行政法基本理论[M]. 南京：南京大学出版社, 1997.

[6] 林纪东. 云五社会科学大辞典：第7册[M]. 台北：台湾商务印书馆, 1976.

[7] 王珉灿. 行政法学概要[M]. 北京：法律出版社, 1983.

[8] 王连昌. 行政法学[M]. 北京：中国政法大学出版社, 1994.

[9] 张正钊, 韩大元. 中外许可证制度的理论与实务[M]. 北京：中国人民大学出版社, 1994.

[10] 张焕光, 胡建淼. 行政法学原理[M]. 北京：劳动人事出版社, 1989.

[11] 马怀德. 行政许可[M]. 北京：中国政法大学出版社, 1994.

[12] 杨解君. 行政许可研究[M]. 北京：人民出版社, 2001.

[13] 伯尔曼. 法律与革命——西方法律传统的形式[M]. 贺卫方, 译. 北京：中国大百科全书出版社, 1993.

[14] 威廉·韦德. 行政法[M]. 楚建, 译. 北京：中国大百科全书出版社, 1997.

[15] 张兴祥. 中国行政许可法的理论和实务[M]. 北京：北京大学出版社, 2003.

[16] 王名扬. 美国行政法[M]. 北京：中国法制出版社, 1995.

[17] 杨建顺. 日本行政法通论[M]. 北京：中国法制出版, 1998.

[18] 翁岳生. 行政法：上[M]. 台北：台湾元照出版社有限公司, 2006.

[19] 应松年, 杨解君. 行政许可法的理论与制度解读[M]. 北京：北京大学出版社, 2004.

[20] 王学辉. 行政法与行政诉讼法学[M]. 北京：法律出版社, 2011.

[21] 江必新. 行政许可法理论与实务 [M]. 北京：中国青年出版社, 2004.

[22] 肖金明. 行政许可要论 [M]. 济南：山东大学出版社, 2003.

[23] 中国行政管理学会公共管理研究中心. 公务员行政许可法教程 [M]. 北京：北京广播学院出版社, 2004.

[24] 周佑勇. 行政许可法理论与实务 [M]. 武汉大学出版社, 2004.

[25] 罗文燕. 行政许可制度研究 [M]. 北京：中国人民公安大学出版社, 2003.

[26] 张文显. 法理学 [M]. 北京：法律出版社, 1997.

二、论文类

[1] 顾爱平. 中国行政许可制度改革探究 [D]. 苏州：苏州大学, 2005.

[2] 郭道晖. 对行政许可是"赋权"行为的质疑——关于享有与行使权利的一点法理思考 [J]. 法学, 1997（11）.

[3] 姜明安. 行政执法的功能与作用 [J]. 湖南社会科学, 2004（1）.

[4] 姜明安. 论行政执法 [J]. 行政法学研究, 2003（4）.

[5] 徐斌. 我国地方政府行政许可制度改革的现状与路径研究——以地市级政府为主要分析对象 [D]. 苏州：苏州大学, 2004.

[6] 李富莹. 美国专家谈行政许可立法 [J]. 政府法制参考, 2000（4）.

[7] Eberhard Schmidt‐Apmann. 德国法中的行政许可—高效率的和法治国家式的行政管理的工具 [M] // 行政法制度：比较法文集. 北京：中国对外经济贸易出版社, 2003.

[8] 杨明成. 我国行政许可制度的弊端及其改革 [N]. 法制日报, 2001‐10‐21（3）.

[9] 陈伟. 对我国行政许可制度改革的思考 [J]. 新疆社科论坛, 2002（1）.

[10] 张武扬. 论市场经济条件下行政许可制度的改革与完善 [J]. 安徽大学学报：哲学社会科学版, 2001, 26（1）.

[12] 蔡靖. 我国药品管理行政许可制度改革探析 [D]. 吉林大学, 2010.

[13] 青锋. 关于深化行政执法体制改革的几点思考 [J]. 行政法学研究, 2006（4）.

三、其他类

[1] 袁曙宏. 深化行政执法体制改革 [EB/OL]. 中国共产党新闻网, http：//theory. people. com. cn/n/2013/1127/c40531‐23669003. html, 2013‐11‐27.

[2] 祖亚锋. 行政许可的规范分析 [EB/OL]. 北大法律信息网, http：//article. chinalawinfo. com/article_ print. asp? articleid = 32470, 2005.

第二章

一、著作类

[1] 刘恒. 行政许可与政府管制 [M]. 北京：北京大学出版社, 2007.

[2] 特伦斯. 丹提斯. 宪制中的行政机关——结构、自制与内部控制 [M]. 北京: 高等教育出版社, 2006.

[3] 马怀德. 共和国六十年法学论争实录: 行政法卷 [M]. 厦门: 厦门大学出版社, 2009.

[4] 王名扬. 比较行政法 [M]. 北京: 北京大学出版社, 2006.

[5] 杨建顺. 行政规制与权利保障 [M]. 北京: 中国人民大学出版社, 2007.

[6] 张越. 英国行政法 [M]. 北京: 中国政法大学出版社, 2004.

[7] 大桥洋一. 行政法学的结构性变革 [M]. 北京: 中国人民大学出版社, 2008.

[8] 宋大涵. 行政执法教程 [M]. 北京: 中国法制出版社, 2011.

[9] 张建辉. 行政许可法实务教程 [M]. 北京: 中国法制出版社, 2007.

[10] 陈春生. 行政法之学理与体系: 二 [M]. 台北: 台湾元照出版公司, 2007.

二、论文类

[1] 周仲秋. 论行政问责制 [J]. 社会科学家, 2004 (3).

[2] 韩剑琴. 建立责任政府的新探索——行政问责制 [J]. 探索与争鸣, 2004 (8).

[3] 张贤明. 官员问责的政治逻辑、制度建构与路径选择 [J]. 政治发展研究, 2005 (2).

[4] 宋涛. 行政问责概念及内涵辨析 [J]. 深圳大学学报: 人文社会科学版, 2005 (2).

[5] 周亚越. 行政问责制的内涵及其意义 [J]. 理论与改革, 2004 (4).

[6] 杨中林. 论 "行政问责制" 的内涵、动因及其完善 [J]. 前沿, 2005 (8).

[7] 刘厚金. 我国行政问责制的多维困境及其路径选择 [J]. 学术论坛, 2005 (1).

[8] 陈端洪. 行政许可与个人自由 [J], 法学研究, 2004 (5)

[9] 王锡锌. 依法行政的合法化逻辑及其现实情境 [J]. 中国法学, 2008 (5).

[10] 程明修. 行政行为形式选择自由——以公私协力行为为例 [J]. 月旦法学杂志, 2005 (5).

[11] 杨海坤, 李兵. 建立健全科学民主行政决策的法律机制 [J]. 政治与法律, 2006 (3).

[12] 邓慧强. 行政决策被传统行政法理论遮蔽原因之比较分析 [J]. 邵阳学院学报: 社会科学版, 2011 (3).

[13] 戴建华. 作为过程的行政决策——在一种新的研究范式下的考察 [J]. 政法论坛, 2012 (1).

[14] 张创新, 韩志明. 行政责任概念的比较分析 [J]. 行政与法, 2004 (9).

[15] 郭道晖. 法治行政与行政权的发展 [J]. 现代法学, 1999 (1).

[16] 谢莉. 人民需要责任行政 [EB/OL]. 中国法制信息网, http: //www.chinalaw.gov.cn/jsp/contentpub/browser/contentpro.jsp? contentid = co1459627717.

[17] 程晓敏. 行政执法责任制的制度内涵及实践意义（四）[EB/OL]. 新余环境保护网，http：//www.xyepb.com/html/2005-3-18/200531893019.htm.

[18] 文正邦. 职责本位论初探——行政法理论基础试析[J]. 法商研究，2001（3）.

[19] 郑泰安，周中举. 行政执法责任制理念追寻[J]. 中共四川省委省级机关党校学报，2005（1）.

[20] 李立. 评议考核不能内部循环自我满足[EB/OL]. 法制网，http：//www.legaldaily.com.cn/bm/2005-08/11/content179878.htm

[21] 程干远. 关于行政行为与法律责任的探讨[J]. 法学论丛，1989（2）.

[22] 冯祥武，蒋彩娟. 我国公务员权利保障制度的创新与完善[EB/OL]. 罗马法教研室，http：//www.romanlaw.cn/subother-11.htm.

第三章

一、著作类

[1] 蔡立辉. 电子政务[M]. 北京：清华大学出版社，2009.

[2] 应松年. 行政程序立法研究[M]. 北京：中国法制出版社，2001.

[3] 钱穆. 中国历代政治得失[M]. 北京：三联书店，2001.

[4] 杨寅. 公共行政与社区发展[M]. 浙江人民出版社，2005.

[5] 王周户，徐文星. 现代政府与行政裁量权[M]. 北京：法律出版社，2010.

[6] 张剑辉，张晓琳. 行政许可法实务指导[M]. 北京：中国法制出版社，2008.

[7] 贺荣. 行政执法与行政审判实务——行政许可与行政登记[M]. 北京：人民法院出版社，2005.

二、论文类

[1] 邢轶男. 我国电子政务发展的问题[J]. 合作经济与科技，2006.

[2] 汪倩. 浅谈行政许可制度的创新[J]. 湖南财经高等专科学校学报，2009.

[3] 马瑞. 行政许可模式的审视与重塑[J]. 天水行政学院学报 2011（3）.

[4] 李海龙. 浅析行政制度存在的几个问题[J]. 黄河之声，2012（11）.

[5] 许跃辉，张兄来. 论行政许可中的听证制度[J]. 国家行政学院学报，2005（2）.

[6] 祝丽生. 当前我国行政许可制度存在的问题及对策分析[J]. 行政与法，2007.

[7] 顾爱平. 深化行政许可制度改革的价值取向[J]. 南京社会科学，2009（1）.

[8] 李馈. 试论便民原则在行政许可法中的体现[J]. 北京社会科学. 2006（1）.

[9] 张娟. 关于行政许可制度若干问题的法律思考[J]. 安徽大学报，2003（4）.

[10] 赵燕，严志钦. 论行政许可与行政许可程序[J]. 行政法学，1999（2）.

[11] 王国平，王勇. 从行政诉讼对证据的要求谈行政执法中的取证问题[J]. 环境监测

管理与技术，2002（6）.

第四章
一、著作类

[1] 梁森宏，刘文静．试论行政许可中的自由裁量权行政许可与政府管制［M］．北京：北京大学出版社，2007.

[2] 王周户，李大勇．理念下非政府组织向何处去［M］．北京：北京大学出版社，2007.

[3] 汪永清．行政许可法教程［M］．北京：中国法制出版社，2011

[4] 周佑勇．行政许可法理论与实务［M］．武汉：武汉大学出版社，2004.

[5] 陈海萍．行政许可法新论［M］．北京：中国政法大学出版社，2007.

二、论文类

[1] 徐峰．权利、同意与有限政府——洛克《政府论》的政治哲学解读［J］．山东省青年管理干部学院学报，2010（3）.

[2] 莫晓燕．论授益行政行为的撤销制度构建［J］．法制与社会，2011（4）.

第五章
一、著作类

[1] 金自宁．风险规制与行政法［M］．北京：法律出版社，2012.

[2] 王贵松．宪政与行政法治评论：第六卷［M］．北京：中国人民大学出版社，2012.

[3] 王锡锌．公众参与和行政过程——一个理念和制度分析的框架［M］．北京：中国民主法制出版社，2007.

[4] 莫玉川．柔性行政方式法治化研究——从建设法治政府、服务型政府的视角［M］．厦门：厦门大学出版社，2011.

[5] 李卫华．行政参与主体研究［M］．北京：法律出版社，2012.

[6] 刘福元．行政参与的度量衡 开放式行政的规则治理［M］．北京：法律出版社，2012.

[7] 陈振宇．城市规划中的公众参与程序研究［M］．北京：法律出版社，2009.

[8] 王波．执法过程的性质：法律在一个城市工商所的现实运作［M］．北京：法律出版社，2011.

[9] 朱芒．功能视角中的行政法［M］．北京：北京大学出版社，2004.

[10] 罗伯特·C·埃里克森．无需法律的秩序——邻人如何解决纠纷［M］．苏力，译．北京：中国政法出版社，2003.

[11] 斯图尔特．美国行政法的重构［M］．沈岿，译．北京：商务印书馆，2002.

[12] 戴维·奥斯本，特德·盖布勒．改革政府：企业精神如何改革着公营部门［M］．上

海：上海译文出版社，1996.

[13] J·C·亚历山大，邓正来. 国家与市民社会———一种社会理论的研究路径［M］. 北京：中央编译出版社，1999.

[14] 卢梭. 社会契约论［M］. 何兆武，译. 北京：商务印书馆，2003.

[15] 洛克. 政府论［M］. 叶启芳，瞿菊农，译. 北京：商务印书馆，1964.

[16] 黑格尔. 法哲学原理［M］. 范扬，张企泰，译. 北京：商务印书馆，1961.

[17] 王名扬. 美国行政法［M］. 北京：中国法制出版社，1995.

二、论文类

[1] 蔡定剑. 公众参与及其在中国的发展［J］. 团结，2009（4）.

[2] 姜明安. 行政管理体制改革的目标、任务和路径选择［J］. 理论前沿，2008（12）.

[3] 王锡锌. 中国行政执法困境的个案解读［J］. 法商研究，2005（3）.

[4] 王锡锌. 行政正当性需求的回归———中国新行政法概念的提出、逻辑与制度框架［J］. 清华法学，2009（2）.

[5] 方世荣，邓佑文. "参与式行政"视域下行政法理念的反思与重塑［J］. 理论探讨，2012（2）.

[6] 张芳. 公权与私权的博弈：行政许可设定的法哲学思考［J］. 政法论丛，2004（4）.

[7] 莫于川. 公众参与潮流和参与式行政法制模式———从中国行政法民主化发展趋势的视角分析［J］. 国家检察官学院学报，2011（4）.

[8] 郑传坤. 建设服务型政府与行政执法改革［J］. 行政法学研究，2004（1）.

[9] 杨建顺，高秦伟. 参与型行政：政风建设的理念与制度保障［J］. 成都行政学院学报：哲学社会科学，2003（1）.

[10] 麻宝斌，马振清. 新时期中国社会的群体性政治参与［M］. 政治学研究，2005（2）.

[11] 沈岿，王锡锌，李娟. 传统行政法控权理念及其现代意义［J］. 中外法学，1999（1）.

[12] 余凌云. 公共行政变迁之下的行政法［J］. 华东政法大学学报，2010（5）.

[13] 杨光斌. 公民参与和当下中国的治道变革［J］. 社会科学研究，2009（1）.

[14] 杨敏. 公民参与、群众参与与社区参与［J］. 社会，2005（5）.

[15] 张泽想. 论行政法的自由意志理念———法律下的行政自由裁量、参与及合意［J］. 中国法学，2003（2）.

[16] 陈振明. 评西方的'新公共管理'范式［J］. 中国社会科学，2006（6）.

[17] 俞可平. 全球治理引论［J］. 马克思主义与现实，2002（1）.

[18] 顾训宝. 十年来我国公民参与现状研究综述［J］. 北京行政学院学报，2009（4）.

[19] 罗伯特·B·丹哈特，珍妮特·V·丹哈特. 新公共服务：服务而非掌舵 [J]. 刘俊生，译. 中国行政管理，2002 (10).

[20] 张志斌. 新公共管理与公共行政 [J]. 武汉大学学报：哲学社会科学版，2004 (1).

[21] 杨建顺. 行政法视野中的社会管理创新 [J]. 中国人民大学学报，2011 (1).

[22] 张永伟. 行政观念更新与行政法范式的转变 [J]. 法律科学：西北政法大学学报，2001 (2).

[23] 俞可平. 治理和善治：一种新的政治分析框架 [J]. 南京社会科学，2001 (9).

[24] 程浩，黄卫平，汪永成. 中国社会利益集团研究 [J]. 战略与管理，2003 (4).

[25] 李国旗. 行政决策中公众参与主体的法律界定 [J]. 天津行政学院学报，2012 (5).

[26] 俞可平. 中国公民社会概念分类与制度环境 [J]. 中国社会科学，2006 (1).

[27] 杜国强. 公众参与：主体确定与构造组织化 [J]. 陕西行政学院学报，2011 (3).

[28] 何增科. 公民社会与第三部门研究引论 [J]. 马克思主义与现实，2000 (1).

[29] 李佃来. 古典市民社会理念的历史流变及其影响 [J]. 武汉大学学报：人文科学版，2007 (5).

[30] 郭道晖. 权力的多元化与社会化 [J]. 法学研究，2001 (1).

[31] 俞可平. 中国公民社会研究的若干问题 [J]. 中共中央党校学报，2007 (6).

[32] 伍俊斌. 从全能政府走向有限政府 [J]. 企业导报，2009 (11).

[33] 钱振明. 有限政府及其理论：研究之现状与问题 [J]. 苏州大学学报：哲学社会科学版，2002 (4).

[34] 朱芒. 论我国目前公众参与的制度空间——以城市规划听证会为对象的粗略分析 [J]. 中国法学，2004 (3).

[35] 周汉华. 行政许可法：观念创新与实践挑战 [J]. 法学研究，2005 (2).

[36] 陈炳辉，韩斯疆. 当代参与式民主理论的复兴 [J]. 厦门大学学报：哲学社会科学版，2008 (6).

[37] 谢立斌. 公众参与的宪法基础 [J]. 法学论坛，2011 (4).

[38] 江必新，李春燕. 公众参与趋势对行政法和行政法学的挑战 [J]. 中国法学，2005 (6).

[39] 朱海波. 论中国行政决策程序中公众参与的理论脉络、宪法基础及立法原则 [J]. 甘肃行政学院学报，2013 (2).

[40] 郭道晖. 道德的权力和以道德约束权力 [J]. 中外法学，1997 (4).

[41] 侯建. 三种权力制约机制及其比较 [J]. 复旦学报：社会科学版，2001 (3).

[42] 吴凯. 行政许可监督：主体与内容、缺失与重构 [J]. 山西高等学校社会科学学报，2006 (4).

[43] 毕少斌. 论完善行政许可听证制度 [J]. 广东行政学院学报, 2004 (2).

[44] 杨晓丹. 论行政许可类政府信息公开范围的界定 [J]. 山东科技大学学报: 社会科学版, 2011 (5).

[45] 黄建水. 论行政许可听证制度的法理基础和宪法依据 [J]. 行政与法, 2005 (1).

[46] 杨振宏. 当代中国政府转型中的公民参与问题研究 [D]. 苏州: 苏州大学, 2010.

[47] 伍俊斌. 公民社会建构的基础理论研究 [D]. 北京: 中共中央党校, 2007.

[48] 徐晓明. 行政许可后续监管法律问题研究 [D]. 苏州: 苏州大学, 2009.

[49] 顾爱平. 行政许可制度改革研究 [D]. 苏州: 苏州大学, 2006.

三、报纸类

[1] 莫于川. 参与式行政模式的法治价值 [N]. 人民日报, 2011-7-27 (17).

[2] 陈炳辉. 参与式民主的现代衰落与复兴 [N]. 中国社会科学院报, 2009-4-14 (6).

第六章

一、著作类

[1] 应松年, 宋功德. 依法行政的理论与实践 [M]. 北京: 国家行政学院出版社, 2011.

[2] 崔卓兰, 季洪涛. 行政程序法原理 [M]. 北京: 法律出版社, 2007.

[3] 杨海坤, 章志远. 中国行政法原论 [M]. 北京: 中国人民大学出版社, 2007.

[4] 哈特穆特·毛雷尔. 行政法学总论 [M]. 北京: 法律出版社, 2000.

[5] 杨解君. 行政许可研究 [M]. 北京: 人民出版社, 2001.

[6] 马怀德. 行政许可 [M]. 北京: 中国政法大学出版社, 1994.

[7] 张兴祥. 中国行政许可法的理论和实务 [M]. 北京: 北京大学出版社, 2003.

[8] 赵凯农, 李兆光. 公共政策: 如何贯彻执行 [M]. 天津: 天津人民出版社, 2003.

[9] 梁鱼, 郑传坤, 李殿勋. 行政执法理论与实践 [M]. 重庆: 重庆出版社, 2000.

[10] 金太军, 赵晖. 中央与地方政府关系建构与协调 [M]. 广州: 广东人民出版社, 2005.

[11] 王周户, 李大勇. 治理观念下非政府组织向何处去——以《行政许可法》第28条为视角 [M] //行政许可与政府管制. 北京: 北京大学出版社, 2007.

[12] 周汉华. 《行政许可法》: 困境与出路 [M]. 北京: 北京大学出版社, 2007.

[13] 乔晓阳, 等. 中华人民共和国行政许可法释义 [M]. 北京: 中国物价出版社, 2003.

二、论文类

[1] 施静. 浅析《行政许可法》立法缺陷及其完善对策 [J]. 华章, 2012 (26).

[2] 徐继敏. 相对集中行政许可权的价值与路径分析 [J]. 清华法学, 2011 (2).

[3] 周汉华. 行政许可法: 观念创新与实践挑战 [J]. 法学研究, 2005 (2).

[4] 蔡小慎, 潘加军. 试论行政审批制度创新的成本与方式选择 [J]. 前沿, 2004 (10).

[5] 崔卓兰，于立深．论行政规章制度思维模式的转换［J］．岳麓法学评论，2002，3．

[6] 徐伟，蒋鹏．我国行政许可撤销程序初探——兼论我国信赖保护制度之完善［J］．重庆邮电学院学报，2005（1）．

[7] 陆道平．行政许可的平衡机制［J］．江海学刊，2004（5）．

[8] 杨解君．《行政许可法》实施的条件与难题［J］．法学杂志，2004（5）．

[9] 陈端洪．行政许可与个人自由［J］．法学研究，2004（5）．

[10] 魏明，张亚萍．德国立法成本效益分析与评估体系［J］．水运科学研究，2007（1）．

[11] 吴开明．政策执行偏差防治路径探析——基于政策执行控制的视角［J］．中国行政管理，2009（1）．

[12] 朱广忠．地方政府执行中央政策存在问题的系统分析［J］．理论探索，2000（2）．

[13] 郑传坤．建设服务型政府与行政执法改革［J］．行政法学研究，2004（1）．

[14] 张锐昕．关于公共政策执行者的责任问题［J］．广东行政学院学报，2001（4）．

[15] 张杰，王琳．公共政策执行监督的有效性分析［J］．中共太原市委党校学报，2009（6）．

[16] 陈丽珍．影响政策执行的因素再分析［J］．理论探讨，2000（5）．

[17] 崔晓晖．试论我国行政执法的现状及完善［J］．云南行政学院学报，2002（3）．

[18] 青锋．行政执法体制改革的图景与理论分析［J］．上海政法学院，2007（1）．

[19] 郭道晖．权力的多元化与社会化［J］．法学研究，2001（1）．

[20] 祁飞．我国地方政府公共政策执行层面上的问题研究［D］．济南：山东大学，2007．

[21] 宋丽华．公共政策执行中的问题与其对策研究［D］．长春：东北师范大学，2006．

[22] 陈丽萍．行政许可制度改革的困境研究——以上海市浦东新区综改中城市建设与管理的行政许可实施为例［D］．上海：复旦大学，2009．

[23] 蔡恒．执法效率与有效组织［D］．南京：南京农业大学，2004．

三、其他类

[1]《国务院办公厅关于进一步清理取消和调整行政审批项目的通知》（国办法［2007］22号）。

跋

　　认清行政许可执法的价值和本质，认清我们当下处在一个怎样的时代，认识并带领你的时代，这是我们国民对政府所有执法官员的呼吁和期许。我相信一个政府许可执法的价值，不能用执法者与行政相对人的工资来判断，更不能以他们开的汽车、住的房子来作准，而是应以它的执法者在许可或非许可范围内对社会对人类的正能影响为依归。作为国家公权执行人绝不能把自己比作"义和团"员，一朝有权就狂妄任性，无限放大自身的能量，自以为刀枪不入、水火无惧。

　　行政许可执法制度灌输坚守，不会纵容精英主义和放任不羁。了解东方之珠屿上的香港中文大学历史的人都知道，当年崇基书院有一副对联，这个对联悬挂于校门两侧，上联"崇高惟博爱本天地立心、无向东西、沟通学术"；下联"基础在育才当海山胜景、有怀抱与、陶铸人群"。我带领我的研究生坚持两年将这个论题做完，其目的就是要实现大学教育、科研与地方政府执法理念的沟通，弄清楚大学价值绝非纯粹是一座知识宝库，也非单单是创意和创新的推动者，法学院绝非一所职业训练学校，万万不可沦为培养贪婪、自私、毫无道德和社会责任可言的人的机构，在多次组织助手们收集整理相关资料的过程中，行政许可执法的法益精神已对这些未来的法官、检察官、警察们产生了深刻影响。

　　钱穆老师的一番话，也是我作为一个法学老师不能释怀的。"认识你的时代，带领你的时代。""你们一个人怎么样做人，怎么样做学问，怎么样做实业、事业，我们应该有一个共同的基本条件，就是一定要先认识我们的时代。我们生活在今天的时代，我们就应该在今天的时代中来做人、做学问、做事业。"大部分的人从学生时代就不能认识这个时代，只能跟着时代跑，这就成了流俗。这些人可能流俗到了社会上，变成了政府的公务员，不论法律法规是否许可或是不许可，个人利益都凌驾于群体福祉之上，个人意识成为唯一能够接受的意见。执法许可的临界点往往变成政府各路执法大军任意践踏的双黄线。

　　这究竟是一个怎样的时代，政府公权部门林林总总，各种行政职权主义的解释或上级部门的行政法规，许可的、处罚的、禁止的、强制的、审批的、复议的、裁量的资讯爆炸，是非难辨。每日网上流传的资讯，官方媒体还有自媒体披露的消息，为执法种种带来不少冲击。但是事情往往不是表面看起来那么简单，是非黑白往往需要仔细分析，深入了解。我们做这一课题的目的，意在提醒国家的行政执法者，要培养自身独立思考之精神，在具体的行政执法程序中，应具备慎思明辨的能力。重庆市王立军案，其很大程度表现为公安干警执法队伍翻越许可执法的边界，任意踏进百姓私权的田野采摘甘美的果实。因为这是一个利益在前、道德在后的时代：特别是在权力不受约束监督之后，金钱、职位、权力，已经成为政府职权主义者唯一之物，道德和价值观及良知义务，被忘得干干净净。壁立千仞，无欲则刚。本书的出版，最大的愿景就是警示现在已经是和未来是政府职能部门的行政执法者，不要让利益遮蔽了良心，掩盖了理性，以厚德载物而自欺。作为国家和政府的职能执行者，追求的理应是较名与利更能持久的东西。不流俗，不盲从，做个真正对社会和国家管理有贡献的人，有责任和历史担当的人。

　　本书能够在党中央、国务院强调再三下放政府权力，向全社会公示政府权力清单之"简政放权"依法行政大背景下统合而出版，实得辛于西南政法大学科研处徐权处长、李新蕾科长和行政法学院的主管领导谭宗泽、周祖成教授的支持，更要感谢和记识我亲爱的2012级与2013级的研究生们，还有在他们之前后的博士生们，特别值得首肯称道的是李菊、刘霞、全泓学、刘香歌、蒋雪琴、杨芸祺、邓超、谢承浩、王立、赵艳、李翠翠、杨庆、董小叶、王广震、李会勋、王欣、肖进中、韩锦霞等，是他们贡献了自己的专业学识和时间按照课题分工，分章节逐一准备和整理资料，讨论行政许可执法的现状与困境，实际上爬梳整理零零散散的超过百万字的资料及引文出处的繁复工作全赖于这些研究生们，其间的艰涩也许只有他们那些为之付出的学子知道，"论题虐我千百遍，我待论题如初恋"。纵然现在看来还有许多不足和论述很不周全不周致的地方，有些观点和表达甚至还十分幼稚可笑，但我依然相信，社会是包容的，读者更是宽仁的。因为包括笔者在内的本团队所有成员都是，"不会问政府可以为你做些什么，而是我们可以为国家法治建设做些什么"。

总之，法律的生命在于执行，而执行的生命在于制度，如果法律不被执行，有如一把不能燃烧的柴火、一束不能发亮的光。

是为跋。

曾 哲

2015年5月5日